PR의 테크닉과 실행

PR의 테크닉과 실행

어떻게 할 것인가?

제임스 그루닉 · 토드 헌트 지음
박기순 · 박정순 · 최윤희 옮김

대한민국, 서울, 커뮤니케이션북스, 2006

PR의 테크닉과 실행
–어떻게 할 것인가?

지은이 제임스 그루닉 · 토드 헌트
옮긴이 박기순 · 박정순 · 최윤희
펴낸이 박영률

초판 1쇄 펴낸날 2006년 11월 10일

커뮤니케이션북스
121-869 서울시 마포구 연남동 568-33 충무빌딩 1층
전화 (02) 7474 001, 팩스 (02) 736 5047
출판등록 / 1998년 1월 23일 제1-A2284
전자우편 commbooks@commbooks.com
홈페이지 www.CommBooks.com

CommunicationBooks
1F Chungmu Bldg., 568-33 Yeonnam-dong, Mapo-gu,
Seoul 121-869, Korea
phone 82 2 7474 001, fax 82 2 736 5047
e-mail commbooks@commbooks.com
homepage www.commbooks.com

ISBN 89-8499-677-7

책값은 뒤표지에 있습니다.

편집자 일러두기

『PR의 테크닉과 실행』은 2004년에 번역 출간된 『현대 PR의 이론과 실제』(커뮤니케이션북스)에서 4부만을 묶어 출간된 책입니다.

『현대 PR의 이론과 실제』는 4부로 구성되어, 체계 이론에 입각해 PR의 종합적인 개념틀을 제공하고 PR 모형을 통해 분석틀을 제시하는 PR의 바이블이라 할 수 있습니다. 하지만 그 분야와 내용이 방대하여 특정 부분만을 따로 원하는 분이 계셨습니다. 이러한 독자들의 요청에 따라 각 부별로 분권하여 저렴한 가격으로 보급하는 '파트북'을 독자 여러분께 소개하게 되었습니다. 『현대 PR의 이론과 실제』(4×6배판, 674쪽)의 파트북은 1권 『PR의 역사와 개념』, 2권 『PR의 원칙과 책임』, 3권 『PR의 기능과 운영』, 4권 『PR의 테크닉과 실행』으로 구성되었습니다.

원서에 대한 정보를 위해 『현대 PR의 이론과 실제』의 머리말과 옮긴이의 글은 그대로 실었습니다.

이 책의 원서는 각 부와 장 간의 상호 참조가 빈번하여, 파트북에서는 '부' 대신 그에 해당하는 파트북의 제목을 넣고 장 번호를 새로 부여하였습니다.

앞으로도 독자들이 원하신다면, 이와 같이 원하는 부분만 간추려 실용판을 출간하려 합니다. 언제든 원하시면, 출판사로 연락주시면 감사하겠습니다.

머리말

1982년 1월 국제PR협회(IPRA)는 PR 전문가들이 준비한 『골드 페이퍼(Gold Paper)』라는 보고서를 발행했는데 그들은 이 보고서에서 PR 교육을 위한 모형을 제시하고 있다. 그 『골드 페이퍼』에 의하면 PR은 다음과 같다.

> 학구적이고 전문성을 강조하는 하나의 사회과학으로 학습되어야 한다. 전문적인 실습과 학문적 이론으로부터 도출되어야 한다.
> PR이 더욱 분석적이 되도록 협력해야 한다.

그 보고서는 "이러한 분야를 모두 수렴하는 이론은 없다."고 덧붙였다.

우리는 이 책[1])이 교육자, 학생 그리고 PR 실무자들에게 IPRA가 세운 교육목표를 달성하는데 도움이 되리라고 믿는다.

첫째 이 책은 PR이 하나의 조직체를 위하여 무엇을 하는가와 PR이 하는 일을 어떻게 측정하고 평가하느냐를 체계 이론에 입각해서 하나의 종합적인 개념틀(conceptual framework)을 제공하고 있다. 우리는 네 가지 역사적 모형을 통하여 PR을 분석한다. 우리는 또한 이들 각각의 모형을 왜 각기 다른 환경에 처해 있는 상이한 조직체들을 위하여 기능적이 될 수 있

1) 머리말에서 말하는 '이 책'은 모두 파트북의 원서(原書)가 되는 『현대 PR의 이론과 실제』(커뮤니케이션북스, 2004)를 명명하며, 원서에 대한 이해를 돕기 위해 그대로 표기함 —편집자 주.

는지를 제시한다.

그러나 우리는 이 책을 통하여 타협, 절충과 이해에 기반을 둔 PR의 쌍방 균형 모형(two-way symmetric model)의 우수성을 주장한다.

우리는 이 모형이 PR에 관한 사고를 오랫동안 지배해 온 설득 모형을 대치한다고 보고 있다.

IPRA의 출현으로 PR 전문직과 관련된 지식체계가 사회과학 분야에서 발견될 수 있다고 우리는 믿고 있다. 그러나 이러한 지식체계를 갖추고 있는 PR 실무자는 극히 드물며 이러한 지식을 PR에서 실용적으로 사용할 수 있도록 적절히 해석해 놓은 교과서는 극히 드문 것으로 우리는 알고 있다.

이것이 우리가 이 책의 제목을 *Managing Public Relations*로 택한 이유가 된다. 이 책은 어느 모로 보나 실용적인 입문서이다. 그러나 PR에 관한 책 중 아마도 가장 이론적인 책일 것이다. 사회 심리학자인 커트 레윈(Kurt Lewin)이 "하나의 좋은 이론만큼 실용적인 것은 없다."라고 언급했듯이 우리는 이 책이 그의 말에서 보여준 지혜를 잘 반영하리라고 믿는다.

우리는 관련된 사회과학 이론들이 일반적인 PR 문제들을 어떻게 설명할 수 있는가와 어떻게 이 사회과학 이론들이 PR 프로그램들을 계획하고 조정하며 평가하는데 사용 될 수 있는가를 제시하고자 한다. 이 이론들이 여러 PR 테크닉의 효과를 이해하기 위하여 이런 테크닉이 어떻게 사용되어야 하는지 그리고 언제 사용되어야 하는지를 제시한다. 우리는 이렇게 IPRA가 요구하는 이론과 실제의 통합을 성취하리라고 생각한다.

이 책은 전형적인 PR 교과서보다도 많은 주석과 참고문헌을 싣고 있다. 우리의 아이디어를 어디에서 얻어낸 것이며, 관계된 사회과학 이론이 어디에 있는지 독자들은 알게 될 것이다. 특히 제3부[2]는 제임스 그루닉(James Grunig)의 연구 중 공중의 본질을 체계적으로 결정하기 위한 장기적 연구 프로그램의 많은 부분을 요약하고 있다.

지난 몇 해 동안 최고급 관리자들을 대상으로 실시한 여러 사회조사에서 그들은 조직체의 PR 실무자들에 대한 강한 불만을 나타냈다. 그들은 또한 최고급 PR 직책에 PR 분야에서 훈련받은 사람들보다는 법조·경영관

2) 『현대 PR의 이론과 실제』의 3부를 말하며, 『PR의 기능과 운영』(커뮤니케이션북스, 2006) 이라는 파트북으로 출간됨—편집자 주.

리 또는 행정부 배경을 지닌 사람들을 선호하고 있는 것으로 나타났다.

이러한 불만은 대부분의 PR 실무자들이 관리기술이 부족하기 때문에 생기게 된다. 과거에는 PR 실무자들이 쓰기, 편집 및 출판기술을 갖춘 커뮤니케이션 기술자가 되는 훈련을 받아왔다. 게다가 대부분의 실무자들이 비교적 낮은 수준의 기술에 만족하였는데, 다시 말해서 PR 프로그램을 작성하고 관리하는 데는 관여하지 못한 채 지시를 받아 PR 프로그램을 받아 실시하는데 그쳤다.

오늘날 조직들은 그들 주변에 공중들과 점점 더 많은 갈등을 경험하고 있으며 PR인들이 기술적 커뮤니케이션만으로는 이러한 갈등을 다룰 수는 없게 되었다. PR 프로그램을 실시하기 위하여 기술자들이 아직도 필요하지만 누군가가 이들 기술자들을 감독해야 하며 기술자 본인들은 그들이 무엇을 하고 있으며 왜 하고 있는가를 이해하지 않으면 안 된다.

1981년도에 개최된 미국 신문학회에서 시라큐스(Syracuse)대학의 PR 교수인 윌리암 엘링(William Ehling)은 PR 관리에 관한 그의 논문에서 PR 실무자들은 일반적으로 그들이 무엇을 하고 있는지 왜 그 일을 하고 있는지에 관한 중심 되는 개념을 갖고 있지 못하다고 지적했다. 결과적으로 그들이 하고 있는 일은 의미 없는 바쁜 일로 퇴보하게 된다. "그들은 화살을 허공에다 쏘며 그들이 맞추는 것이란 시위를 떠난 후 그 화살이 겨냥한 과녁이 되는 것이다."라고 엘링은 말한다.

우리는 이 책이 최고관리자와 PR 교육자들이 PR 실무자 훈련에서 확인한 진공상태를 메우게 될 것으로 희망한다. 동시에 전통적인 기술로서의 PR을 등한시하지 않는다. 일반적으로 초급 수준의 PR 실무자는 우선 커뮤니케이션 기술자로 시작하며 그러한 기술을 숙달하지 않고는 PR 일자리를 얻을 수 없게 된다. 그러나 기술적 솜씨를 관리틀(management framework)에 통합시키지 않고는 초급 수준의 PR 실무자를 넘어 진정한 의미에서의 전문 PR인이 되기는 어려울 것이다.

우리는 이 책에서 PR을 하나의 긍정적인 사회적 힘으로 묘사한다. 즉 PR 전문인을 고용하고 있는 조직체는 물론 공중들을 유익하게 하는 힘으로 표현한다. 우리는 PR인들을 그 조직 내의 행동주의자들, 즉 그 조직체가 영향을 끼치는 공중들에게 책임을 지도록 끊임없이 노력하는 사람들로 여긴다. PR을 이해하지 못하는 많은 사람들은 PR 실무자를 조직체를 위한 변명자로 여긴다. 우리는 PR인의 역할을 이와는 정반대로 보고 있다.

이 책은 4개의 부[3]로 되어 있으며, PR의 일반적 내용에서부터 세부적인 내용까지 체계적으로 기술되어 있다. 제1부[4]는 PR을 정의하며, PR의 역사와 현 구조를 설명하고 있다. 또한 PR이 어떻게 조직과 그의 공중들을 이롭게 하는지를 보여주며, PR이 하나의 전문직인지의 여부를 논의한다. 제2부[5]에서는 PR 관리의 중요한 개념을 개발한다. 제3부[6]에서는 이들 개념들을 가장 일반적인 PR 프로그램에 적용한다. 제4부[7]는 가장 일반적 PR 테크닉을 소개한다. 즉, PR 매니지먼트를 어떻게 해야하는지, 이 테크닉을 적용하는 주요한 기술적 지식을 제공한다.

제임스 그루닉은 이 책의 아이디어를 구체화하는 데에 가장 도움이 된 세 분에게 고마움을 표한다. 위스콘신주립대학교 교수를 역임했으며 켄터키주립대학교에서 은퇴한 브루스 웨슬리(Bruce Westley) 교수가 이 책에서 구체화시킨 체계 이론(systems theory)을 제임스 그루닉에게 소개했다. 역시 위스콘신주립대학교 교수를 역임했으며 지금은 워싱턴주립대학교 교수인 리차드 카터(Richard Carter)는 여러모로 그루닉의 사고에 영향을 끼쳐 어느 아이디어가 자기의 것이며 어느 것이 카터 교수의 것인지 구분할 수가 없게 되었다. 특히 카터 교수의 행태적 미분자(behavioral molecule)라는 개념과 흡사한 개념이 이 책 전부에서 하나의 통합하는 개념으로 역할을 한다. 끝으로 이미 작고한 AT&T의 제임스 티론(James

---

3) 총 4부로 구성된 『현대 PR의 이론과 실제』는 『PR의 역사와 개념』, 『PR의 원칙과 책임』, 『PR의 기능과 운영』, 『PR의 테크닉과 실행』 4개의 파트북으로 출간됨—편집자 주.

4) 『현대 PR의 이론과 실제』의 1부를 말하며, 『PR의 역사와 개념』(커뮤니케이션북스, 2006)이라는 파트북으로 출간됨—편집자 주.

5) 원서의 2부를 말하며, 『PR의 원칙과 책임』(커뮤니케이션북스, 2006)이라는 파트북으로 출간됨—편집자 주.

6) 원서의 3부를 말하며, 『PR의 기능과 운영』(커뮤니케이션북스, 2006)이라는 파트북으로 출간됨—편집자 주.

7) 원서의 4부를 말하며, 『PR의 테크닉과 실행』(커뮤니케이션북스, 2006)이라는 파트북으로 출간됨—편집자 주.

Tiron) 씨가 그루닉 교수에게 실용적 PR 연구방법을 소개하였으며 이 책에서 발견되는 이론과 실제의 통합(integration)에 지대한 기여를 하였다.

토드 헌트(Todd Hunt)는 럿거스대학교의 여러 동료 교수들에게 감사를 드리는데 특히 전(前) 언론인도 이 세계를 일반 체계 이론의 시각에서 들여다보는 법을 배울 학습 분위기를 조정해준 리차드 버드(Richard Budd)과 브렌트 루벤(Brent Ruben) 교수에게 고마움을 표한다. 럿거스대학의 몇몇 학생들이 응용된 개념을 조사 및 개발하는데 많은 도움을 주었다. 그리고 예증(例證)과 실례를 제공해준 많은 PR 실무자 중 AT&T 회사의 데이비드 데이비슨(David Davidson), 존슨앤존스(Johnson & Johnson) 회사의 로버트 앤드류(Robert Andrew), 워너 램버트(Warner-Lambert) 회사의 케빈 켈리(Kevin Kelly)와 그루먼(Grumman)사의 브라이언 살리스베리(Brian Salisbury) 씨 등은 그 중 가장 많은 도움이 되었던 분들이다.

이 책 집필과정에 아래 여러 학자들의 많은 제안 및 도움이 있었다. 워싱턴대학교의 존 보우스(John Bowes), 플로리다대학교의 글렌 버틀러(Glenn Butler)와 존 드웨일러(John Detweiler), 오하이오대학교의 휴 컬버트슨(Hugh Culbertson), 시라큐스대학의 윌리암 엘링(William Ehling), 콜로라도주립대학교의 데리 에이논(Derry Eynon), 남가주 대학교의 윌리암 페이스(William Faith), 캘리포니아주립대학교의 삼 펠드맨(Sam Feldman), 센트럴미시간대학교의 데니스 제퍼스(Dennis Jeffers), 서던일리노이즈대학교의 도날드 맥도날드(Donald MacDonald), 클리브랜드주립대학교의 로베사 큐알즈(Rebecca Quarles), 노던일리노이즈대학교의 알버트 워커(Albert Walker), 조지아대학교의 도날드 라이트(Donald Wright).

또한 우리는 이 책을 쓰는 과정에서 전문적인 의견을 제공해 준 홀트, 라인하트 앤 윈스턴(Holt, Rinehart and Winston)출판사의 여러분들께 감사한다. 이들은 홀트(Holt)사에 재직했던 로스 윌코프스키(Roth Wilkofsky) 씨와 커뮤니케이션 고문이신 피터 샌드맨(Peter Sandman) 씨가 이 책을 쓰도록 권한데 대한 감사를 드린다. 우리는 또한 이 저술 계획을 떠맡고 우리들에게 이 책을 완성할 수 있도록 격려해 준 도서구입 책임자인 토마스 고르닉(Thomos W. Gornick) 씨에게 고마움을 표한다. 프로젝트 편집장으로서 여러 어려운 일이 있을 때마다 지원을 아끼지 않은 프랑소와 바르트레트(Francois Bartlett) 씨에게 감사한다. 이 책의 디자인을 담당한 글로리아 젠타일(Gloria Gentile) 씨, 이 책의 문장, 프린팅과 제본의 감독을 맡아본 안네트 마에스키(Annette Mayeski)에게도 감사를 드린다.

끝으로 초고를 준비하는 과정에서 수고한 타이피스트에게 감사하며 이 서문을 끝맺을까 한다.

1983. 8.

제임스 그루닉

토드 헌트

옮긴이의 글

역자들이 번역한 그루닉과 헌트의 책은 20여 년 전 미국에서 발간되었으며, 그들이 머리말에서 밝혔듯이 PR 책 중 가장 이론적인 책일뿐 아니라 실용적 입문서이기도 하다.

이 책에 소개된 이론들은 PR 분야의 근간을 이루는 이론들이며, PR 연구의 틀이 되고 있다. 세 역자들은 현재 대학의 신문방송학과에서 모두 PR을 가르치고 있다. 그간 국내 PR 학자들이 PR 교재를 펴냈지만, PR 입문서의 번역은 아직도 없는 상태이다.

세 역자들은 과거에 그루닉과 헌트의 책을 이론적 · 실무적 특성을 살려, 1989년에는 『현대 PR의 이론과 실제』, 1991년에는 『현대 PR의 테크닉』으로 각각 출간하였다. 그간 이 책이 꾸준히 읽히고 있는 점을 감안하여, 이론과 실무적 내용을 한권에 묶는 것이 PR을 공부하는 이들에게 효과적일 것이라 판단되어 한권으로 내놓게 되었다.

이 책의 목적과 구성에 관해서는 저자의 머리말에서 다루고 있으므로 생략한다. 이 책이 한권으로 다시 출간되도록 여러모로 도움을 주신 커뮤니케이션북스 박영률 사장에게 감사한다.

2004년 6월

역자들

차 례

07 브로셔 · 배경설명 책자 · 광고용 우편

08 뉴스레터, 신문과 잡지

09 사진과 삽화

10 슬라이드와 멀티미디어 프레젠테이션

11 영상물

01
PR 문장

굿올 회사(Goodall Company)는 많은 공공심의 제스처 가운데 또 다른 제스처를 보이기 위해, 저소득층이 사는 헬름슬리(Helmsley) 주택 개발 지역의 작은 어린이들이 여름철에 즐길 수 있도록 시(市)에 1만 달러의 놀이터 설비라는 관대한 선물을 기증함으로써 커뮤니티 개선에 다시 한번 앞장서겠다고 발표했다.

놀이터 설비의 기증은 확실히 뉴스 가치가 있는 사건이다. 대부분의 미디어는 기꺼이 그 기증 스토리에 지면을 제공할 것이다. 만약 그 기증 사건을 '공공심의 제스처,' '다시 한번 앞장서는,' 그리고 '관대한 선물' 등과 같은 과장된 자기선전으로 가득 찬 홍보용 뉴스 보도자료(news release)를 통해 알지 않았더라면 말이다. '여름을 즐기는 작은 어린이들'과 같은 쓸데없이 감상적인 묘사는 실수를 더 악화시킬 뿐이다.

뉴스 편집자들은 그처럼 뻔뻔스럽고 이기적인 문구들에 화를 낸다. 뉴스가 많지 않은 날에는 뉴스 편집자들은 불쾌한 홍보용 뉴스 보도 자료를 기꺼이 기사화 할지도 모른다. 그러나 뉴스가 많은 날에는 시간이 없거나 기분이 내키지 않을 수 있다. 따라서 뉴스 보도 자료의 작성자는 미디어의 뉴스 편집자가 문장 스타일과 구성에서 무엇을 찾고 있는지 알아야 한다.

합당한 뉴스 스토리를 커뮤니티 뉴스 미디어에 게재하거나 방송하는 것은 어떤 조직에서나 중요한 PR 목적이다. 그러므로 뉴스 작성 경험은 다방면의 실무자에게 가장 중요한 필수 조건이다. 200명의 미국PR학회(PRSA) 회원들을 대상으로 1980년에 실시했던 한 연구의 결과에 의하면 PR 분야의 전문가 중 90%가 기초적인 뉴스 작성이 PR의 기초 과목보다 앞설 정도로 PR 전공 학생의 가장 중요한 필수 과목이라고 말하고 있다.[1)]

모든 PR 테크닉이 다 문장 솜씨를 필요로 하는 것은 아니지만 그 테크닉의 대부분은 문장 솜씨가 필요하다. 게다가 문장은 파트북[2)] 『PR의 역사와 개념』에서 소개한 네 가지 PR 모형의 각각에서 중요한 기술이다.

문장의 중요성을 강조하는 PR 전문가 중 많은 전문가가 공공 정보 모형이나 혹은 언론 대행 · 홍보 모형을 이용하고 있다. 문장은 뉴스 미디어에 스토리를 게재하거나 혹은 소책자와 기타 출판물을 발간하는 것이 주요 목적인 공공 정보 모형과 언론 대행 · 홍보 모형을 이용하는 PR 전문가들에게 중요하다. 왜냐하면 뉴스 미디어에서는 명확하지 않은 문장은 채택될 수 없기 때문이다.

그러나 문장은 쌍방 불균형 모형과 쌍방 균형 모형을 위해서도 똑같이 중요하다. 불균형 모형에서 설득적 커뮤니케이터는 종종 독자들의 동기를 찾거나 혹은 설득을 가능하게 만들 문장 구성 기법을 찾는다. 그러나 그 커뮤니케이터는 사람들이 어떤 아이디어를 이해하지 못한다면 그 아이디어를 수용하도록 사람들을 설득할 수 없다는 단순한 사실을 간과한다. 그리고 명확한 문장이 이해를 잘 시키는 비결이라는 단순한 사실도 간과한다.[3)]

쌍방 균형 모형에서는 PR 전문가들이 많은 대인적 커뮤니케이션 채널을 사용한다. 그러나 이 모형에서조차 PR 전문가들은 인쇄 매체나 혹은 방송 매체를 통해 공중과 가장 자주 커뮤니케이트 하기 위해 그들의 메시지를 글로 적어야만 한다. 경영진에게 전달하는 공중에 관한 메시지도 역시 일반적으로 메모나 보고서(문장)로 작성된다. 남이 자신을 이해하기를 바라는 쌍방 균형 모형 실무자들은 글을 잘 쓸 수 있어야 한다.

다음 장들에서는 보도자료, 연설문, 라디오 공고, 스크립트 등 PR 문장의 여러 가지 특별한 종류들을 다루고 있다. 그러나 여기에서는 최대의 객관성, 자료 재검, 원대한 의미의 함축, 최대 효과의 달성, 특별한 스타일의 고려 등을 포함한 PR 문장의 특별한 필요조건들을 일반적으로 살펴보는 것이 유용하다.

비록 우리는 마치 PR 문장이 하나의 하위 분야인 것처럼 자주 말하지만, 가장 좋은 PR 문장이란 그 문장의 전파를 위해서 선택한 매체와 조화를 이루는 스타일과 논조를 채택함으로써 문맥과 잘 어울리는 문장이라는 것을 우리는 인정해야 한다. PR 전문가는 기초적인 뉴스 보도 자료를 쓰기 위해 객관적인 뉴스 스타일을 모방하는 것을 배워야 하고, 잡지 기사를 쓰기 위해서 '특집 기사(feature)' 스타일로 바꾸거나 혹은 환영 연설문의 원고를 쓰기 위해서 대화적 어조로 바꾸는 것을 배워야 한다. 바꿔 말하면, PR 문장이란 공중이 '이것은 훌륭한 PR 문장이다!'라고 생각하기를 결코 중단하지 않을 때 제구실을 하는 것이다.

1. 문장의 목적

파트북『PR의 원칙과 책임』 제2장에서 우리는 PR의 목적이 될 수 있는 커뮤니케이션의 다섯 가지 효과를 간단히 설명했다. 커뮤니케이션, 메시지의 기억, 인지의 수용, 태도의 형성 혹은 변화, 그리고 명백한 행동. PR 실무자는 가장 간단한 PR 메시지를 쓸 때라도 이 목적을 명심해야 한다. 그러나 PR 문장의 가장 가능한 효과는 메시지의 기억이다. 만약 PR 실무자가 글을 잘 쓴다면, 사람들은 그 실무자의 글을 기억할 것이다. 이 효과(메시지의 기억)를 얻으려고 노력하라. 왜냐하면 다른 효과는 문장만으로는 달성될 수 없기 때문이다. 여기에서 그 이유를 열거하면 다음과 같다.

커뮤니케이션 PR 실무자는 자신이 쓴 메시지를 사람들이 읽을 것인지 아닌지를 통제할 수 없다. 만약 사람들이 PR 실무자의 메시지를 읽지 않는다면, PR 실무자가 그들로 하여금 읽도록 만들 수 있는 방법이란 없다!

인지(cognition)의 수용 만약 PR 실무자가 조직을 잘 설명했고 사람들이 그 실무자의 메시지를 기억했다면, 그들은 PR 실무자가 자신의 조직을 이해하는 식으로 더 자주 그 조직이나 혹은 그 조직의 행태를 이해할 것이다. 그러나 사람들이 PR 실무자의 메시지를 기억하는 것이 그것을 받아들인다는 것을 반드시 뜻하지는 않는다. 때때로 사람들은 PR 실무자의 말을 전혀 믿지 않는다. 문장만으로는 그와 같은 사람들의 태도를 변화시키지 못한다.

태도의 형성 혹은 변화 문장은 역시 그것 자체만으로는 이 목적을 달성하지 못한다. 사람들은 많은 이유 때문에 조직을 긍정적으로 혹은 부정적으로 평가한다. 훌륭한 문장은 사람들이 그 조직의 정확한 이미지를 토대로 평가하도록 돕는다. 그러나 때때로 사람들은 평가의 바탕이 되는 조직의 이미지를 아주 싫어한다.

명백한 행동 많은 사람들의 생각과는 달리, 잠재적 공중에게 호소하는 글을 잘 쓴다고 해서 사람들의 행동을 바꾸게 할 수 있거나 행동을 유발시킬 수 있는 것은 아니다. 대부분의 사람들의 행동은 자신의 신념에 토대하고 있다. PR 전문가는 사람들에게 그들이 믿고 행동하기를 바라는 것을 말할 수는 있다. 그것은 문장의 효과이다. 그러나 사람들은 무엇을 믿고 무엇을 행동해야 하는지 자신들이 결정한다. 문장이 사람들을 통제할 수는 없다.

이것이 PR 실무자에게 뜻하는 것은 무엇인가? 그것은 PR 문장의 목적이 객관적이어야 하고… 사람들에게 사실을 제공해야 하며, 사람들이 그 사실을 기억하도록 도와야 하며, 그 다음에 그들 스스로 생각하고 행동하는 방법을 결정하도록 해야 한다는 것을 가리킨다.

2. 최대의 객관성

객관성은 절대적인 것처럼 들린다. 글을 쓰는 사람은 편견을 갖고 있거나 않거나 둘 중의 하나다. 그러나 가장 훌륭한 기자나 편집자는 모든 글이 타협(compromise)이라는 것을 안다. 모든 형용사의 선택에는 진실을 아주 '정확하게' 묘사하는 문제가 있다.

풋내기 기자에게는 객관성이란 자신을 스토리에 개입시키지 않는 것으로부터 시작된다는 것을 가르친다. 개인적 가치관에 토대를 둔 표현으로 '나는 법원 바깥에서 이상스러운 옷차림을 한 사람들의 행렬을 관찰했다.'라고 기사를 쓰는 대신, '식민지 시대의 장로들처럼 옷을 입은 열한 명의 젊은이들이 과세 반대 플래카드를 들고 법원의 층계를 행진해 올라갔다.'라고 쓰도록 배운다. 독자는 그와 같은 사건이 '이상스러운지,' 감동적인지, 혹은 다른 무엇이든지 여부를 결정할 수 있다.

기자들은 자신의 견해를 객관적인 뉴스 스토리에 개입시키지 않을지 모르나 종종 기자들의 이름을 적는 바이라인(byline)이 기자들의 신분을 밝힌다. 이 단순한 바이라인은 한 개인의 눈과 정신이 기사 속의 사실들을 가려낸다는 것을 독자에게 알려주는 효과가 있다. 그러나 PR 실무자는 바이라인이 없이 익명으로 글을 쓴다. PR 문장은 그것을 쓰는 사람의 신원과 분리되어 문장 자체의 장점에 의거해야 한다. 독자가 익명의 글을 수용하도록 단어와 문장이 자명한 권위를 지니고 있고 흠이 없어야 한다.

PR 문장을 쓰는 실무자들은 공신력의 필요성을 그들의 고용주에 대한 충성의 필요성과 조화시켜야 하는 문제를 안고 있다. 그것은 PR 실무자가 글을 쓰기 위해 정보를 수집할 때 자신을 고용하고 있는 조직을 고려하는 문제이고 그 다음에 그 정보를 조직하고 그것을 출판하기 위해 글로 쓸 때 편집자 — 그리고 크게는 독자 — 를 고려하는 문제이다.

바꿔 말하면 제너럴 모터스(General Motors) 자동차 제조회사의 신형 엔진 개발에 관한 기사를 쓰고자 계획 중인 PR 실무자는 아마 단지 GM사의 연구 및 시험 시설로부터 정보를 수집할지 모르지만 신문 기자는 독립적인 연구가들과 랠프 네이더(Ralph Nader)와 같은 자동차 산업 비평가들뿐만 아니라 GM사의 경쟁자들을 인터뷰하지 않으면 안 된다. 그러나

PR 실무자가 앉아서 그 기사를 쓸 때는 신문 기자가 쓸 때와 똑같은 방식으로 정보를 전개시킨다. 즉 처음에는 독자들이 10년 뒤에 어떤 종류의 자동차를 운전하고 있을 것인가를 독자들 스스로가 생각하도록 생생한 관점을 처음에 찾아본 다음 기술자들(engineers)이 상상하는 미래의 엔진 유형들을 요약한다.

신문 기자와 PR 실무자는 모두 글을 쓸 때 다음과 같은 동일한 요소들에 의존한다. 시각적 묘사, 새로운 엔진 시스템의 시험에 관한 일화, 시험 엔진의 성능과 결점을 아는 기술자들의 말을 인용, 그리고 경비 절약이나 혹은 기술 개발의 다른 이점들을 알게 하는 간단한 통계.

3. 출처의 재검토

마감 시간의 압력에도 불구하고 기자가 쓴 글은 인쇄하기 전에 약간 자세히 검토를 받게 되어 있다. 시(市) 담당 편집자나 혹은 뉴스 편집자는 기자가 쓴 글의 내용이 완전하고, 알맞게 설명되었고, 명예를 훼손하지 않으며, 뉴스의 출처가 되는 정보 소식통을 바르게 대고 있는지 확인하기 위해 기자가 쓴 글을 읽는다. 다음에 기사 정리 편집자(copy editor)는 철자와 문법을 점검하고, 뉴스 출처의 주소와 정확한 신원을 확인하고, 부주의하거나 복잡한 글로 인한 불명확성을 고치며 마지막으로 숫자, 인용, 제목, 그리고 구두점 등이 신문의 스타일을 따랐는지 확인한다. 편집자는 사실이나 인용을 확인하기 위해 뉴스 취재원에 전화를 걸어서 기자를 다시 한번 조사하는 일은 좀처럼 하지 않는다. 기자가 기초적인 사실들을 바르게 취재했으리라고 가정한다. 만약 뉴스 취재원이 뉴스의 부정확성에 대해 불평하면 다음날 작은 정정 보도를 하거나 그 뉴스를 분명하게 설명하는 후속 스토리를 게재할 수 있다. 만약 약간 부정확하거나 틀린 강조가 취재원에 커다란 손해를 입히지 않았다고 편집자들이 생각한다면 아무런 정정 조치도 취하지 않을 것이다.

그러나 PR 문장 작성자의 경우는 다르다. 한 교수는 그것을 다음과 같이 표현하고 있다.

어떤 스토리의 취재원이 발행 전에 그 스토리를 검토하는 것은 신문 윤리의 파괴로 간주된다. 기자들은 사실을 틀리게 취재하는 위험이 있을지라도 취재원으로부터 압력을 받게 되는 것을 바라지 않는다.

반면에 PR에서는 취재원이 문장 작성자가 쓴 글을 재검토하는 일은 흔하다. PR용 보도자료의 사실적 정확성이 언론 매체의 스토리보다 훨씬 뛰어난 것은 바로 그런 이유 때문이다. 즉 문장 작성자(writer)가 아니면서 사실을 아주 잘 알고 있는 어떤 사람이 홍보용 자료들을 점검해 왔었다. 대부분의 PR 실무자들은 그와 같은 점검이 어떤 곤란을 덜게 할 수 있는지 경험으로 알고 있다.[4)]

따라서 PR에서는 글을 쓴 사람에게 주는 보상과도 같은 바이라인을 생략할 뿐만 아니라 PR 문장 작성자가 글을 쓰는 사람으로서 갖게 되는 자존심에 또 다른 정신적 짐을 지게 한다. 즉 훌륭한 문장이란 무엇인지 이해할 줄 모르는 타인들(PR 문장 작성자의 글을 재검토하는)을 승인해야 한다는 것이다. PR 실무자가 발전시켜야 하는 중요한 대인 기술 가운데 하나는 자신보다 전문적 사실들을 더 잘 아는 상급자로부터 자신이 쓴 PR 문장에 대한 비평을 듣고, 그 문장에 필요한 수정을 가하며, 그러면서도 미디어 수용자들의 주의를 끌도록 글의 스타일, 흥미, 그리고 완전성을 유지하는 능력이다.

PR 문장 작성자의 일을 조직의 다른 사람들이 민감하게 알도록 하기 위해서 PR 문장 작성자는 자신이 뉴스 미디어의 지면을 얻기 위해 모방하려고 기도하는 미디어 스토리의 본보기를 그들에게 보여주는 것이 유익할 수 있다. PR 문장의 최종 모습을 머릿속에 그려보지 못하는 상급자는 그 대신 재미없는 기술적(technical) 보고서를 머리 속에 떠올릴 수 있다. 반면에 만약 PR 문장 작성자가 목표로 삼고 있는 '특집 기사(spread)'의 예들을 PR 문장 작성자가 상급자에게 보여줄 수 있다면, 그 상급자는 PR 문장 작성자가 편집자의 주의를 끄는 기사를 쓰기 위해 필요로 하는 창조적 활동 시간을 그 작성자에게 허락할 것이다.

4. 장기적 함의/일관성

뉴스 문장은 단명하다. 기자는 보통 24시간 주기의 뉴스 생산에 관해서만 걱정한다. 만약 오늘 취재한 사실들이 내일은 변할 것처럼 보인다면, 그것은 '새로운 각도를 발견함(finding a new angle)'으로써 단지 그 스토리를 새롭게 하면 되는 문제이다.

PR 문장 작성자는 그와 같은 호사를 즐기지 못한다. 공공 매체에의 접근은 당연히 승인된 것으로 여길 수가 없다. 그리고 한 PR 스토리가 미디어에 게재될 때, 그것이 공중에게 남기는 인상은 조직이 홍보용 뉴스 지면을 얻을 '차례'가 다시 올 때까지나 혹은 PR 문장 작성자가 새롭고 알맞은 또 하나의 뉴스 흥미 거리를 가질 때까지 계속될 수 있다. PR 문장 작성자는 조직에 관한 과거의 기사들을 재검토해야 하고, 공중이 조직이나 혹은 PR 프로그램을 어떻게 지각하는지 알아야 하며 그런 다음에 그 작성자가 공중이 읽어주기를 바라는 방식대로 공중이 읽을 문장을 써야 한다. 광고주들은 한 생산품을 위해 '시장의 유리한 위치를 계속 지키는 것(maintaining market position)'에 관해 상담한다. 마찬가지로, PR 문장 작성자는 아이디어를 사고파는 시장에서 유리한 위치를 지키는 한 방법으로서 혹은 조직의 프로그램들의 '위치를 다시 정하는(repositioning)' 한 방법으로서, 필요하다면, 미디어의 기사들을 조사하는 것이 유용하다.

광고와 PR 문장 사이의 또 다른 비교는 반복의 효과를 얻도록 일관성이 필요하다는 점이다. 만약 코카콜라 제조회사 사람들이 한때는 '코크를 마시면 일들이 더 순조롭다(Things go better with Coke).'라고 선전했다가 다음에는 '코크를 마시면 모든 것이 더 맛이 있다(Coke makes everything taste better).'라고 말했다면 어떻게 될 것인가 상상해 보라. PR 실무자는 독자가 메시지에 접한 뒤 그 메시지를 기억하도록 열심히 일해야 한다. 개념을 발전시키고, 그 개념을 글로 표현한 다음 그 개념을 변경시킴이 없이 충실하게 사용하라.

예를 들면, 만약 어떤 박물관이 현재 위치한 시(市)에 속해 있지 않고 또한 문화적 엘리트들만이 그 박물관을 사용하도록 국한시키지도 않는다는 생각을 공중의 마음속에 심고 싶다면, 그 박물관의 홍보 담당자, 관장,

그리고 관리 위원회 위원장은 모든 공공 메시지에서 그 박물관을 '3개 군(郡)의 군민들에 봉사하는 지역 예술 박물관'이라고 부르는 것에 찬성해야 한다. 그리고 만약 기자들이 솔선해서 쓴 기사와 사설에서 지역 예술 박물관이라는 표현이 타당한 박물관의 이름으로 인기를 얻게 되었다면, 그 조직(박물관)이 새로 발전시킨 개념의 표현과 사용이 효과를 나타낸 것이다. 때때로 PR 목표는 사람들이 어떤 기관을 지칭할 때 단지 '건강 계획(Health Plan)'이라고 부르는 대신 '건강 시스템 계획(Health Systems Plan)'이라고 부르도록 다짐하는 것처럼 단순한 목표로 보일 수 있다. 그러나 그와 같은 지칭상의 구별은 공중이 그 기관의 역할과 공헌을 확인하는 능력이라는 점에서 미묘하게 중요할 수 있다.

PR 실무자가 공중을 분석한 결과 사람들은 PR 실무자가 쓴 메시지를 적극적으로 추구하기보다 오히려 소극적으로 처리할 것이라고 밝혀지면 PR 실무자는 특별히 메시지의 반복을 이용하고 싶을 것이다(파트북 『PR의 원칙과 책임』 제3장을 참조할 것). 정보를 적극적으로 추구하는 사람들은 그들의 행동지침이 되도록 그 정보를 사용할 필요가 있기 때문에 그 정보를 기억하는 경향이 있다. 그러나 사람들이 그 정보를 실제로 필요로 하지 않을 때 – 대부분의 PR 메시지들이 그렇지만 – 사람들은 PR 실무자가 한 말을 애써 기억하지 않을 것이다. 그러므로 PR 실무자는 사람들이 메시지를 처리할 뿐만 아니라 메시지를 어느 정도 기억하도록 몇 번이고 자신의 메시지를 반복해야 한다.

5. 최대 효과의 달성

단순성 대 완전성

간단히 말하자면 그것은 PR 문장 작성자가 글을 쓰기 위해 타이프라이터의 키보드 앞에 앉을 때마다 직면하는 딜레마다.

한 PR 상담자가 지적했듯이, '뉴스 시스템은 점진적으로 단순화하고 또한 지나치게 단순화하는 잔인한 과정'이기 때문에 단순성이란 지극히 중요하다.[5] 편집자들과 독자들은 그들 모두의 주의를 끌기 위해 매일 경쟁

하는 수많은 훌륭한 스토리들에 접하여 똑같이 그 스토리들을 소화시킬 만한 크기의 기사들로 다듬고 줄인다.

> 로컬 병원은 더 빠르고 보다 훌륭한 진단법으로 많은 생명을 구할 새로운 CAT 정밀조사기를 갖고 있다.

> 가난한 사람들은 군(郡) 주택 당국으로부터 임대료 보조금을 받을 수 있다.

> 로컬 자동차 조립공장은 일시 해고했던 근로자들을 다시 불러들이도록 자동차 판매의 증가를 기대하고 있다.

실제로는, 위에 열거한 세 가지 중요한 스토리들은 각각 훨씬 더 복잡하다. 그 병원은 CAT 정밀 조사기를 수용하는 병원으로 명명되었기 때문에 주 당국은 그 병원에 심장병 분석 및 치료 센터를 허가하지 않을 것이다. 군 당국의 임대료 보조금을 받는 데 필요한 조건은 복잡하다. 그러므로 저소득 세입자들은 항간에 덜 알려진 연방정부 프로그램에 따라 아파트 수리 지원비를 받을 자격이 있는 아파트 주인으로부터 임대료를 감면받는 것이 더 유리할지 모른다. 자동차 제조업계가 완전고용 상태로 되돌아가는 것은 제조업자가 지방의 제조시설을 점차 없애는 장기 계획을 수립하는 동안 일시적일 수 있다.

단순성인가 혹은 완전성인가? PR 문장 작성자는 읽기 쉽고 재미있게 스토리를 요약하여 간결하고 이해하기 쉬운 12절의 보도 자료를 뉴스 미디어에 제공함으로써 단순성과 완전성 모두를 성취하려고 노력한다(〈도표 1-1〉 참조). 그 다음에 특정한 내용에 관해 더 상세히 다룬 사실 자료를 담은 보도 자료 꾸러미(press packet)를 기자나 편집자에게 제공한다(제7장을 참조할 것).

PR 실무자가 바라는 것은 뉴스 미디어가 일단 스토리를 간략하게 줄인 보도 자료를 사용했으면 심층적으로 상세히 다룬 보도 자료를 필요로 할 것이며 일요판 특집 기사나 혹은 일요판 잡지 부분을 위해 보도 자료 꾸러

도표 1-1

Contact: Angelo V. Bag..vo
201-624-2758
(home) 201-687-0291

Robert V. Andrews
201-524-6925
(home) 201-431-1009

12980

FOR IMMEDIATE RELEASE

New Brunswick, N.J. -- Ground was broken today (Monday, Sept. 29) for construction of a $28 million downtown Hyatt Regency Hotel and conference center before a large group of local, State and Federal dignitaries.

The ceremony marked another milestone in the physical, economic and social revitalization of the City spearheaded by a private-public-community partnership known as New Brunswick Tomorrow.

Richard B. Sellars, Chairman of the New Brunswick Development Corporation (DevCo), sponsor of the hotel project, presided at the ceremony. Participants included James E. Burke, Chairman and Chief Executive Officer of Johnson & Johnson, State Attorney General John J. Degnan, representing Governor Brendan T. Byrne, and Mayor John A. Lynch Jr.

The groundbreaking took place on a cleared site at Albany and Neilson Streets, the gateway to downtown New Brunswick, against a backdrop of several hundred million dollars worth of construction.

Directly across Albany Street, the new $50 million worldwide corporate headquarters for Johnson & Johnson, the health care products manufacturer, is under construction. A few blocks away, the $60 million expension of Middlesex General Hospital as a regional medical center and teaching hospital for Rutgers Medical School, CMDNJ, is under way. One block away, a key transportation project, the State-sponsored extension of the Route 18 expressway, is under construction.

390 GEORGE STREET NEW BRUNSWICK NEW JERSEY 08901 (201) 249-2220

공중은 PR 부서의 문장 작성자들이 뉴스 보도 자료를 준비하고 배포할 때 사건들을 알게 된다. 뉴저지주 뉴 브룬스윅(New Brunswick)시 커뮤니티 지도자 리처드 셀라스(Richard Sellars)가 기자 회견에서 재개발된 뉴 브룬스윅시에 일류 호텔을 신설하는 계획을 발표했을 때, 개발회사[Development Corporation(DevCo)] 직원들은 이미 기자들에게 나눠줄 보도 자료를 준비했었다[사진과 뉴스 보도 자료는 데브코(DevCo) 회사가 제공].

미를 배경 자료로 사용하리라는 것이다. 또 하나의 테크닉은 기자 회견에서 단순화시킨 보도 자료를 배포하는 것이다. 그런데 그 기자 회견에서 필요한 전문 지식을 갖춘 조직의 직원들이 기자들의 더 까다로운 질문에 답변할 준비가 되어 있어야 한다. 만약 미디어가 간결하게 요약한 보도 자료만을 원한다면, 그것으로 좋다. 그러나 미디어가 깊이 있고 폭넓은 보도 자료를 원한다면, 기회는 그 보도 자료에 있다.

6. 문체(스타일)의 문제

지금까지의 논의에서, 어떤 종류의 육감을 가지고 커뮤니케이트 한다는 것은 전혀 불가능한 것처럼 생각될지 모른다. PR 문장 작성자의 일이란 그처럼 복잡하다. 그러나 사실은 그렇지 않다. 일단 모든 그와 같은 다른 곤란한 문제들이 해결되면, 모든 훌륭한 문장처럼, PR 문장도 틀림없이 독자의 주의를 사로잡고, 상상력을 끌어들이며, 궁극적으로는 PR 실무자가 바라는 대로, 승인을 얻게 된다.

글 쓰는 일은 어떤 일이나 독자들을 확인함으로써 — 그런 다음에는 독자들과 일체가 됨으로써 — 시작해야 한다. 국제제지회사(International Paper Company)가 후원했던 한 기업 광고에서 작가인 커트 본네거트(Kurt Vonnegut)는 다른 작가들에게 다음과 같이 주장했다.

> 독자들을 불쌍히 여기라. 그들은 수많은 지면의 작은 기호들을 확인하고 그 기호의 의미를 즉시 이해해야만 한다. 그들은 읽어야만 한다. 그런데 읽기란 대부분의 사람들이 초등학교에서 고등학교까지 12년간 공부한 뒤일지라도 실제로 통달하지 못할 정도로 어려운 하나의 기술이다.[6)]

사람들은 한두 가지 이유 때문에 메시지를 읽거나 듣는 경향이 있다. 때때로 메시지는 사람들에게 실용적인 관계가 있다. 평소에는 메시지가 사람들에게 관련이 없으나 만약 그 메시지가 잘 작성된 것이라면 흥미나 호기심을 유발하기 때문에 사람들이 그 메시지를 읽을 것이다.

먼저 메시지의 관련성을 살펴보도록 하자. 조직과 공중 사이의 유대를 다룬 파트북『PR의 원칙과 책임』제3장의 이론적 용어로 말하자면, 메시지가 만약 독자와 관련도가 높은 어떤 것을 내용으로 담고 있다면 관련성이 있을 것이다. 파트북『PR의 원칙과 책임』제3장에서 논했듯이, 어떤 사람들은 그들과 관련된 것들에 관한 정보를 다만 처리하기보다는 오히려 추구한다.

무엇이 독자들을 관련시키는가? 발전이 어떻게 독자들의 생활을 변화시킬 것인가? 독자들을 위해 그 발전 속에 무엇이 내포되어 있는가?

신제품을 소개하는 기사는 회사가 그 신제품의 시장 판매를 '발표했다(has announced)'는 사실에 초점을 맞추어서는 안 된다. 그 기사는 신제품이 소비자를 위해 할 수 있는 일이 무엇인가에 초점을 맞추어야 한다. '잔디에 비료를 주는 고된 일은 집주인이 잔디를 깎으면서 동시에 비료를 뿌리는 비료 살포기를 잔디 깎는 기계에 부착하여 크게 줄일 수 있습니다. 금주에 …회사는 비료 살포기 겸 잔디 깎는 기계 그린 · 스프레드를 소개했습니다.'

스토리를 글자 뜻 그대로 그리고 비유적으로 명백하게 함으로써(by bringing the story close to home) 독자의 주의를 끌었다면, 그 스토리를 인간답게 만듦으로써 주의를 계속 유지하라. 그것은 사람들이 말하도록 만든다는 것을 뜻한다. 조직이 선전하고 있는 프로그램이나 생산품으로부터 가장 많은 영향을 받는 사람들의 말을 인용문으로 사용하라. 그 사람들이 산만하게 이야기하도록 하지 말라. 그들이 말해야 하는 것을 간결하고 기억하기 쉬운 한두 문장으로 종합하라. "나의 고객들은 내가 그들에게 민들레를 없앨 때라고 말했을 때 신음소리를 내며 괴로워하곤 했습니다." 라고 철물점 주인 하이 벡커(Hy Becker)가 웃으며 말한다. "그러나 그린 · 스프레드는 사람들이 동시에 두 가지 일을 할 수 있게 하고 과로로 쓰러지게 하지는 않습니다."

만약 독자의 관련도가 낮기 때문에 메시지의 관련성을 보여줄 방법이 정말로 없다면 자신의 글을 단순화시키고 밝게 만들어야 한다. 정보를 소화시킬 수 있는 분량으로 묶으면 메시지를 더 재미있게 만든다. 글을 쓰는 사람은 보스에게 전하는 메모에서 40개의 단어로 구성된 문장이 그 메시지에 중요성과 명백한 요점을 추가하는 효과가 있다는 것을 발견할지 모른다. 그러나 한 기사 속에 40단어로 된 문장은 독자가 흥미를 잃고 텔레비전 프로그램으로 되돌아가는 것을 정당화시키는 구실이 될 수도 있다.

그러므로 짧게 글을 쓰라. 짧은 단어, 짧은 문장, 그리고 변화를 주기 위해 때때로 긴 절이 포함될 수도 있으나 기본적으로 짧은 절을 쓰라.

자신의 글을 크게 소리 내어 읽어라. 그리고 문장이 혼합하는 곳이나 자신이 설명구(句)를 삽입한 곳에 구두점을 찍어라. 그 결과 생기는 '시각적 휴식(visual relief)'은 필요한 구조적 구두점을 보충하고 독자의 눈을 편안케 한다.

지나친 대문자 사용을 피하라. 조직은 모든 소분과위원회와 프로그램의 이름을 대문자로 표기하는 경향이 있다. 통신사는 속도와 명확성을 위해 단지 고유명사와 조직의 이름만을 대문자로 표기해 왔다(예로서 Consolidated Edison을 들 수 있다. 그러나 'Rate Advisory Board'라고 쓰기보다 오히려 'Con Ed's rate advisory board'라고 쓴다).

실제로 모든 저널리즘과 PR의 문장 작성 과목은 학생들로 하여금 뉴스 작성 양식과 용법을 다룬 AP 통신사의 스타일 참고서를 사용하도록 요구한다. AP 스타일 규칙을 따르는 뉴스 보도 자료는 분명히 편집자를 즐겁게 할 것이고… 그 보도 자료가 미디어에 게재될 가능성은 높아질 것이다.

글을 충분히 썼을 때는, 산뜻하고 재빠르게 끝내는 것을 두려워하지 말라. 이 문장처럼.

7. 자신의 문장을 평가하기

많은 사람들이 글쓰기란 하나의 예술이다.… 그것은 평가할 수 없다고 생각한다. 현혹되지 말라. 오로지 의식의 흐름(stream-of-consciousness)에 관심이 있는 작가들만이 자신의 작품을 평가하지 못한다.

글쓰기의 중요한 목적은 메시지 기억이기 때문에 자신이 쓴 글을 며칠 동안 한쪽으로 제쳐놓았다가 그 다음에 혼자서 그것을 숙독함으로써 평가할 수 있다. 자신의 메시지를 자신이 기억하고 있는가? 자신이 말하고 싶은 것을 이해하는가? 자기 이외의 어떤 다른 사람에게 자신이 쓴 글을 읽고 자신이 말한 것이 무엇인지 자기에게 말해주도록 부탁해 보라. 그 사람이 자주 자신이 쓴 글을 기억하지 못하는 것에 놀라게 될 것이다.

만약 공식적 평가 방법을 사용하고 싶다면 평가 연구를 다룬 파트북 『PR의 원칙과 책임』 제5장을 참고하라. 거기서 설명한 독이성 테스트 방법은 자신이 쓴 글이 독자들에게 충분히 알기 쉽게 쓴 글인지 아닌지를 확인하는 데 도움이 될 것이다. 중단 신호 테크닉(SST)은 자신의 글을 평가하는 데 아마도 가장 유용한 테크닉이라는 것을 발견할 것이다. 이 중단 신호 테크닉는 자기 자신이나 혹은 다른 사람이 자신의 글을 읽으면서 읽기를 중단하고 싶을 때에는 언제나 그 이유－혼동, 다시 읽기, 혹은 의견 불일치 등－를 적어두는 방법이다. 이 방법은 독자의 머리 속에(혹은 자기 자신의 머리 속에) 무엇이 떠오르는지 발견하는 훌륭한 테크닉이다. 중단 이유들은 자신이 글을 고쳐 쓰거나 편집할 때 도움이 될 것이다.

다음과 같은 격언을 기억하라. 훌륭한 글은 단지 쓰는 것이 아니다… 고쳐 쓰는 것이다.

주

1) Mike Shelly, "PR Professionals Pick News Writing as Priority Course," *Journalism Educator*(January 1981) : 16.
2) 파트북에 대한 이해는 편집자 일러두기 참조-편집자 주.
3) See, for example, Richard E. Petty, Thomas M. Ostrom, and Timothy C. Brock(eds), *Cognitive Response in Persuasion*(Hillsdale, N. J.: Lawrence Erlbaum Associates, 1981).
4) John S. Detweiler, "Public Relaitons Witing Is Different." P*aper presented to the Association for Education in Journalism,* Boston, 1980, p. 16.
5) Richard M. Detwiler, "Executives Make 10 Great Mistakes Mis-Coping with News," *Public Relations Journal* (December 1975) : 17.
6) Kurt Vonnegut, "How to Write with Style," reprints available from International Paper Company, Dept. 5-T, P. O. Box 900, Elmsford, N. Y., 10523.

참고 문헌

Douglas, George A., *Writing for Public Relations*(Columbus, Ohio : Charles E. Merrill, 1980).

Flesch, Rudolf, *The Art of Readable Writing*(New York : Harper & Row, 1974).

Gunning, Robert, *The Technique of Clear Writing*(New York : McGraw-Hill, 1968).

Newsom, Doug, and Tom Siegfried, *Writing in Public Relations Practice*(Belmont, Calif.: Wadsworth, 1981).

Strunk, William, and E. B. White, *The Element of Style*, 3d ed., (New York : Macmillan, 1979).

Zinsser, William, *On Writing Well*(New York : Harper & Row, 1976).

02
보도 자료

경영진에 속한 임원들 가운데 네 명이 방금 부사장에 임명되었다. 이것은 부사장에 임명된 사람들이 각각 살고 있는 도시 주변의 여러 커뮤니티의 주간 신문 독자들에게 뉴스 가치가 있는 사건이다. 이것은 또한 격주로 발행되는 업계지를 통해 당신의 비즈니스에 관한 정보를 놓치지 않고 수집하는 업계지 독자들에게도 흥미 있는 사건이다.

당신의 회사가 새로운 계통의 제품들을 생산하기 위한 준비로 광고 대행사를 새 대행사로 바꾸었다. 광고업계지 칼럼니스트들은 그것에 관해 알고 싶을 것이다. 그 신제품들은 또한 공공매체에 보도되어야 한다.

당신의 공장을 현대화시키기 위한 계획은 많은 다른 분야의 회사들에게는 유리한 건설계약을 뜻한다. 지역 상업회의소 잡지의 중요한 뉴스가 될 수 있는 하나의 개발 사업을 뜻한다.

보도 자료(press release)를 발행하는 다른 경우들은 다음과 같다.

- 회사의 창립 기념일과 같은 획기적인 사건, 백만 명 째의 고객, 혹은 성공적 제품이나 서비스를 소개한 지 10년
- 에너지 보존 시설이나 폐품 재활용 프로그램 등과 같은 새로운 절약이나 절검, 혹은 생산성 제고 목적의 달성
- 어떤 제품의 성분을 생산하거나 새로운 프로그램을 서비스하도록 다른 회사나 혹은 정부기관이 자기 회사를 선정했을 때
- 회사나 혹은 회사의 종업원들이 공로상을 수상했을 때. 또한 경영자들이나 그 밖의 다른 종업원들이 훈련 프로그램을 끝마쳤을 때
- 회사 직원들의 경제에 관한 의견, 비즈니스에 영향을 미치는 미결법안, 혹은 회사가 관심을 갖고 있는 다른 공공 이슈들
- 연구의 결과들
- 경연 대회의 발표

보도 자료를 발행하기 위한 사례의 목록은 사실상 무한할 수 있다. … 이제까지 언급한 사례들은 단지 좋은 뉴스만을 포함했을 뿐이다. 만약 네 명의 부사장들을 해고하거나, 기대했던 계약을 맺지 못하거나, 공장을 현대화하는 대신 폐쇄하거나-혹은 만약 공장이 불에 타서 없어졌는데 소방서장이 회사가 가연성 물질을 잘못 저장했기 때문에 화재가 발생했다고 회사 측에 화재의 책임을 돌린다면, 이러한 경우에도 역시 보도 자료를 발행하는 것이 유용할 수 있다는 것은 명백하다.

공휴일에 시그램 회사(Seagram Company)는 많은 사람들을 즐겁게 하기 위해 술 마시는 카운터(바)에 술을 어떻게 구입하여 들여놓는지 그 방법을 설명하는 특집 보도 자료를 배포한다. 그런데 그 자료는 이상적인 바의 설치(물론 시그램 회사 제품 술병들이 눈에 띄도록 진열된)를 보여주는 사진을 포함하고 있다. 첨단 과학기술(하이테크놀로지) 산업과 관련된 회사는 어떤 회사든지 자기 회사의 과학자들과 기술자들(engineers)로 토론 패널을 구성하여 그들이 향후 10년이나 혹은 1세기의 미래를 예측하도록 할 수 있다. 그 결과 재미있는 논문을 쓰게 되고 그 논문은 일요판 신문 편집자의 관심을 끌게 될 것이다.

편집자들은 보도 자료에 의지한다

어떤 편집자들은 매일 그들의 책상을 가로지르는 '유인물' 더미를 결코 쳐다보지 않는다고 말한다.[1)] 그러나 보통 최대의 뉴스 기관들조차 보도 자료들을 분류한다. 이 보도 자료는 자신의 스타일로 스토리를 모아 정리해서 쓰는 스태프(staff) 기자들에게 비밀 정보나, 아이디어나, 자료나, 혹은 그 밖의 다른 출발점을 제공한다. 일상적으로 거의 모든 신문들이 뉴스 보도 자료들을 특정 칼럼별로 한데 모아 보도 한다. 비즈니스 프로모션, 군대 인사 동정, 문화 및 오락 행사 등의 칼럼들이 바로 그것이다. 이것과 마찬가지로, 지방 신문들과 라디오 방송국들이 보도하는 회의와 사회적 행사에 관한 짧은 '공보 칼럼(bulletin board)' 기사들 가운데 많은 기사들도 보도 자료들이다.[2)]

한정된 자원을 가진 대부분의 주간 신문들과 소규모 일간 신문들은 지면을 채우기 위해 정부, 교육 기관, 상공업협회가 제공하는 뉴스와 특집 기사에 크게 의존하고 있다. 마찬가지로 라디오 방송국 뉴스 담당자들은 PR 부서로부터 특집 기사 자료 테이프를 받는다. 그리고 그 담당자들은 여러 조직체 대변인들의 1분 혹은 그 이상의 '생방송 인용(live quote)' 정보를 그들이 테이프로 녹음하도록 허용하는 '일일 정보 공급(daily feed)' 시스템의 전화번호를 갖고 있다(제4장 참조). 미디어가 보도 자료에서 기사화시키는 기사의 양은 과소평가할 수 없다.

보도 자료의 사용과 관련된 경영상의 고려 사항들을 살펴본 후에 표준 보도 자료를 위한 양식(format)을 살펴보도록 하자. 그 다음에 방송 매체 보도 자료와 인쇄 매체 보도 자료 사이의 차이, 보도 자료 배포의 타이밍 문제, 그리고 그 보도 자료의 제출 방법 등을 검토하도록 하자.

1. 경영상의 고려 사항

이 책의 전반에 걸쳐서 강조되고 있는 점들 가운데 하나는, 만약 PR 테크닉을 사용하는 경영상의 확고한 이유가 없다면 그 PR 테크닉을 사용해서는 안 된다는 점이다. 보도자료는 PR 실무자들이 보도자료 이외에 무엇'을 해야 할지 모를 때 종종 그 보도 자료를 쓰기 때문에 가장 남용되는 PR 테크닉이다. PR 실무자가 보도 자료를 작성하기 전에 고려해야 하는 몇 가지 사항들을 살펴보자.

1) PR의 모형

보도 자료는 언론 대행 · 홍보 모형이 전성기에 있었고 공공 정보 모형은 개발 도중이었던 19세기 후반에 생겼다는 것을 파트북[3] 『PR의 역사와 개념』 제2장에서 밝혔다. 오늘날까지 이 두 PR 모형을 사용하는 실무자들은 보도 자료를 그들의 중요한 도구(종종 그들의 유일한 도구)로 생각한다. 쌍방 불균형 모형과 쌍방 균형 모형을 사용하는 실무자들도 역시 보도 자료를 사용하나 그들은 그 보도 자료를 선별적으로 사용한다. PR 모형이 어떤 모형이든 간에 PR 실무자는 보도 자료를 발행하기 전에 메시지를 전달해야 하는 당연한 이유를 확인해야 한다.

2) 목적

실제로 공중이 PR 메시지에 노출되어 그 메시지를 기억해야 하는 훌륭한 이유가 있는가? 예를 들면 장기 근속한 한 근로자가 25년간 일한 공로로 상을 받았다는 것을 지역사회가 정말 알아야 할 필요가 있는가? 매스미디어는 이 사실을 전달하기 위한 최선의 방법인가?

만약 위의 두 가지 질문에 대한 대답이 긍정적이라고 한다면, 파트북 『PR의 원칙과 책임』 제2장의 목록에 있는 처음의 두 가지 목적들을 생각해 보라. 보도 자료의 첫째 목적은 공중의 성원들과 커뮤니케이트하는 것이다. 그 목적을 달성하기 위해서 보도 자료는 처음에 미디어의 게이트키퍼들을 통과하여 미디어 의제가 되어야만 한다[커뮤니케이션 연구자들이 지금은 '의제 설정(agenda- setting)'을 미디어의 주요 효과로 파악하고 있다는 것을 미디어 관계를 다룬 장에서 설명했다]. 미디어 의제에 포함되기 위해서 보도 자료는 저널리즘적 기준에 맞아야 한다. 두 번째 목적은 메시지의 기억이다. 그것은 보도 자료를 분명하고, 완전하고, 흥미 있도록 작성해야 한다는 것을 의미한다.

3) 프로그램

파트북 3권 『PR의 기능과 운영』에서 논했던 전문화한 PR 프로그램의 대부분은 보도 자료를 미디어 관계(media relations)의 일부로 사용한다. 공공업무(public affairs)와 정부 관계(government relations) 담당 실무자들은 보도 자료를 이용하여 그들의 회사 입장을 발표한다. 뉴스 보도 자료는 환경보호주의자들을 위한 시에라 클럽(Sierra Club) 뉴스레터와 같은 행동주의자 공중을 위한 미디어에 보내진다. 대부분의 재정적 뉴스는 보도 자료를 통해 배포된다.

게다가 많은 조직들은, 그들의 종업원들이 조직의 뉴스를 알도록 하기 위해, 언론 기관에 배포하려고 계획하는 똑같은 보도 자료를 그 종업원들에게도 역시 보낸다. 미디어에 게재된 뉴스 보도를 다시 인쇄한 것을 좋은 종업원 관계(employee relations)를 수립하기 위해 대내적으로 또한 배포할 수 있다.

4) 공중의 커뮤니케이션 행동

보도 자료가 목표로 삼는 공중이 보도 자료의 결과로서 생기는 뉴스 스토리를 적극적으로 추구할 가능성이 가장 많은지 혹은 소극적으로 처리할 가능성이 가장 많은지는 보도 자료가 배포되는 미디어가 어떤 종류인가에 주로 달려 있다. 대부분의 사람들에게, 일반 대중 신문, 라디오, 그리고 텔레비전과 같은 미디어는 주로 관여도가 낮은 정보를 다루는 경향이 있다.[4)]

업계 간행물과 그 밖의 다른 전문화된 뉴스레터와 잡지의 독자들은 그와 같은 미디어로부터 정보를 적극적으로 추구하는 경향이 있다. 따라서 그런 미디어에 게재되는 PR 스토리는 더 솔직할 수 있다; 아마도 그 스토리는 스토리의 화제와 관련이 없는 사람들에게는 사실은 재미없게 생각될 것이다. 예를 들면 새 탱크 트럭에 관한 스토리는 비록 그것이 어떻게 씌어 있다 하더라도『현대의 대량 운송기(Modern Bulk Transporter)』라는 전문잡지의 독자들에게는 재미있을 것이다.

5) 시간과 금전상의 비용

보도 자료는 미디어의 지면에 게재되는 대가로 PR 실무자가 돈을 지불할 필요가 없기 때문에 종종 무료 광고라고 불려진다. 그러나 보도 자료를 만드는 데 시간이 걸리므로 PR 실무자가 그 자료를 작성코자 결정할 때는 비용을 고려해야만 한다. 우편 요금의 비용은 적당한가? PR 실무자의 시간을 다른 보도 자료나 혹은 테크닉에 더 잘 소비할 수 있는가?

타이밍이 중요하다. 따라서 파트북『PR의 원칙과 책임』제4장의 시간 · 예산수립(time-budgeting) 테크닉들[갠트 차트, 프로그램 평가 및 조사 테크닉(PERT), 크리티컬 패스 방법(CPM)]은 보도 자료가 가장 알맞은 시간에 전달되는지 PR 실무자가 확인하도록 도울 수 있다.

6) 평가

PR 실무자의 2대 목적인 커뮤니케이션과 메시지 기억이 달성되었는지 알아보라. PR 실무자가 보낸 보도 자료들이 실제로 사용되었는지 알아보기 위해 신문 기사 발췌 서비스 업체(clipping service)를 이용하거나 PR 실무자 스스로 미디어를 체크하라. 미디어가 사용한 보도 자료와 사용하지 않은 보도 자료를 비교하라. 편집자들에게 보도 자료를 사용하지 않는 이유를 물어 보라. 평가 연구와 미디어 관계를 다룬 장들에서 논한 공식적 독자 조사와 기억 조사를 때때로 실시하라.

2. 뉴스 보도 자료

한 소규모 전자회사는 크림색의 두터운 린넨(linen) 종이에 버건디 색 붉은 잉크로 인쇄된 회사의 편지 용지 상단의 회사 이름과 주소(letterhead)

를 자랑스럽게 여겼다. 그 회사 간부들의 이름들이 편지 용지의 가장자리에 세로로 쭉 인쇄되어 있었고 편지 용지의 가운데에는 컴퓨터 자료의 희미한 모습이 무늬처럼 보이도록 만들어 놓았다. 그 편지 용지는 받아보는 사람이 눈을 가늘게 뜨고 보도록 만들기에 충분했다. 한 순진한 PR 실무자가 뉴스 보도 자료를 쓰기 위해 적색 잉크로 인쇄된 레터헤드(letterhead)가 있는 편지 용지를 사용했을 때 그 적색 레터헤드가 뉴스 보도 자료를 받아 본 편집자들로 하여금 적색을 보도록(see red) 만들었다.[5)]

보도 자료는 그것을 받아본 뉴스 편집자가 가볍게 편집을 하기 위해서 기사를 고쳐 쓰는 기자(rewrite person)에게 재빨리 넘겨줄 수 있도록 작성을 해야 이상적이다. 편집자는 보도 자료를 고쳐 쓰게 한 다음에 그 보도 자료의 상단 왼쪽 여백에 빨리 표제를 쓴다. 라디오 뉴스 방송자(newscaster)는 간략한 1페이지의 보도 자료를 선호한다. 되도록이면 크게, 모두 대문자로 씌어진 보도 자료를 선호한다. 그래야 방송 중에 읽도록 그 보도 자료에 빨리 표시할 수 있기 때문이다.

노스웨스트 오리엔트 에어라인스(The Northwest Orient Airlines) 항공회사의 보도자료(〈도표 2-1〉 참조)는 빈틈없이 잘 작성된 것이다. 그리고 그 보도 자료에 첨부된 회사 최고 경영자(CEO)의 얼굴 사진은 미디어가 그 보도 자료를 사용할 가능성을 높여준다. 그러나 보도 자료 그 자체는 문체의 간소함을 보여주는 하나의 본보기라는 것에 주목하라.

뉴스 보도 자료를 평가하기 위해 다음과 같은 점검표를 사용하라.

1) 뉴스 보도 자료 점검표

① 보통의 백색 복사용 종이의 한 쪽에만 인쇄하라. 자줏빛 잉크를 사용하는 복사기도 괜찮지만 질이 높은 등사판을 사용하는 것이 더 좋다. 만약 보도 자료를 한 부나 두 부만 복사하여 배포해야 한다면, 타자기로 친 원본을 선명한 사진 복사기로 복사하는 것이 좋다.

② 한 줄 띄어서 타자하는 것이 뉴스 보도 자료의 표준이다. 그리고 두 줄 띄어서 타자하는 것도 드문 일은 아니다. 납세자들의 돈을 절약하기 위해 어떤 정부기관들은 처음의 몇 개 절(paragraph)들은 한 줄

도표 2-1

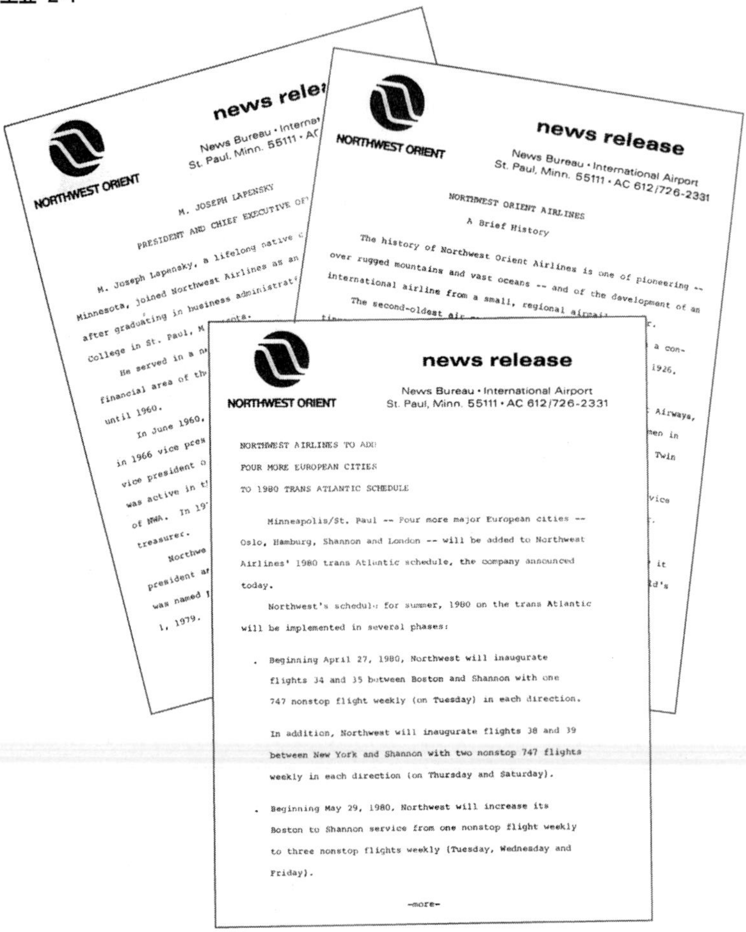

news release

NORTHWEST ORIENT

News Bureau • International Airport
St. Paul, Minn. 55111 • AC 612/726-2331

NORTHWEST AIRLINES TO ADD
FOUR MORE EUROPEAN CITIES
TO 1980 TRANS ATLANTIC SCHEDULE

Minneapolis/St. Paul -- Four more major European cities -- Oslo, Hamburg, Shannon and London -- will be added to Northwest Airlines' 1980 trans Atlantic schedule, the company announced today.

Northwest's schedule for summer, 1980 on the trans Atlantic will be implemented in several phases:

. Beginning April 27, 1980, Northwest will inaugurate flights 34 and 35 between Boston and Shannon with one 747 nonstop flight weekly (on Tuesday) in each direction.

In addition, Northwest will inaugurate flights 38 and 39 between New York and Shannon with two nonstop 747 flights weekly in each direction (on Thursday and Saturday).

. Beginning May 29, 1980, Northwest will increase its Boston to Shannon service from one nonstop flight weekly to three nonstop flights weekly (Tuesday, Wednesday and Friday).

-more-

씩 띄어서 타자한 다음 기사를 고쳐 쓰는 기자가 어떤 경우든 글을 고쳐 쓸 것이라는 생각으로 줄을 띄지 않고 곧장 이어서 타자한다. 보도 자료의 분량을 한 페이지가 넘지 않도록 하면 편집자가 보도 자료의 모든 정보를 잠깐 보고 알 수 있게 하므로 좋다.

③ 깨끗한 표준 타자기 자면을 사용하라. 사무실용 타자기의 카본 리본이나 필름 리본을 사용하면 글자가 가장 검고 가장 흠 없이 찍힌다. 만약 보도 자료가 단지 라디오 방송용이라면 특수 타자기에만 장치

노드웨스트 오리엔트 에어라인스 항공회사가 발행한 보도 자료는 첫머리에 적색의 회사 로고(logo)가 그려져 있다. 노드웨스트 회사가 새로 네 개의 대서양 횡단 항공 노선을 개설했을 때 기자들에게 제공한 보도 자료 키트(press kit) 속에는 모든 목적에 사용하는 보도 자료, 회사 간부 직원들의 인물 소개, 회사의 역사, 여러 개의 사진들, 회사의 연례보고서와 비행기내 잡지 등이 포함되어 있었다. 노드웨스트 회사는 더 많은 정보나 문의를 위해 접촉해야 할 특정한 회시 직원의 이름을 보도 자료에 적어 놓지 않는다. 이유는 회사 본부에 있는 '뉴스부(news bureau)'에서 근무 중인 사람에게는 누구에게나 질문해 주기를 바라기 때문이다(노드웨스트 오리엔트 에어라인스 제공).

되어 있는 1/4인치 크기의 자면으로 타이프 할 수 있다. 이처럼 큰 자면은 '탤런트'나 뉴스 방송자가 보도 자료를 읽기 쉽도록 만든다.

④ 페이지 상단의 제목은 독특한 것은 좋지만 어수선해서는 안된다. 페이지의 약 1/5 정도는 보통 다음과 같은 것들을 포함한다.

a. 보통의, 흑색 대문자로 타자한 뉴스(NEWS)라는 단어.

b. '긴급 보도자료(For immediate release)'란 단어들을 타자하거나,

필요하다면, '10월 23일, 금요일 오후 6시(동부표준 시간) 한(限) 보도자료(For release at 6 p.m. EST Friday, Oct, 23)' 등과 같은 보도시한을 표시한다. 만약 조간신문과 아침에 자동차로 출근하는 시간의 라디오를 위한 보도 자료라는 것을 가리키고 싶다면, '5월 3일, 화요일 오전용 보도 자료(For release AMS Tuesday, May 3)'라고 표시하라[그와 같은 '시한부 보도 금지(embargo)'의 적절성에 대해서는 이 장에서 나중에 논하고 있다].

c. 정보를 더 알기 위해 접촉해야 할 사람의 이름, 주소, 그리고 전화번호.

d. (이것은 선택적 항목이다.) PR 부서가 매일 혹은 매주 몇 개의 보도 자료를 만드는 경우에 유용한 것으로서 보도 자료의 시한과 일련번호. 이것은 기자들이나 편집자들이 추가 정보를 바라거나 혹은 정보에 대한 설명을 필요로 할 때 빨리 알아볼 수 있도록 도와준다.

⑤ 샘플 표제. 신문은 종종 보도 자료의 샘플 표제를 사용한다. 그러므로 그 표제는 단순하고, 직접적이고, 또한 능동태로 적어야 한다.

휠링 스틸 철강 회사 피츠빌 주조 공장장에 록크 임명
(WHEELING STEEL APPOINTS LOCKE TO HEAD PITTSVILLE FOUNDRY)

그러나 보통 신문 편집자들은 그들 자신의 설명에 맞도록 표제를 쓴다. 따라서 샘플 표제는 주로 보도 자료의 요점을 요약하는 하나의 방법이다. 만약 PR 실무자가 보도 자료에 표제를 써서 제공하지 않는다면 편집자가 표제를 쓰도록 페이지에 약 1/4을 공백으로 남겨 두어야 한다. 뉴스 가치가 적은 보도 자료를 사용하느냐 안 하느냐 하는 결정은 종종 편집자가 단순히 그 보도 자료를 쉽게 처리할 수 있느냐 없느냐 하는 문제와 같다.

⑥ 소위 데이트라인(dateline)이라고 부르는 날짜 기입란과 함께 스토리를 쓰기 시작하라. 그런데 이 데이트라인은 더 이상 날짜를 적지 않고 뉴스가 발생하는 도시의 이름만 적는다. 많은 신문들이 도시의

이름을 스토리의 본문 속에 집어넣지만 어떤 신문들은 여전히 데이트라인을 선호한다. 어떤 조직은 보도 자료 전반에 걸쳐서 언급된 도시의 이름을 대문자로 표기 한다. 이것은 그 도시 이름이 신문에 게재될 때에도 대문자로 인쇄되기 때문이 아니라 보도 자료 속에서 지방에 있는 이름과 장소를 찾느라고 훑어보는 신문사 편집자의 눈에 띄도록 대문자로 표기하는 것이다. 빈틈없는 조직은 승진과 임명이나 혹은 수상자 명단을 적은 보도 자료 2페이지의 벨빌(Bellville)에 관한 언급이 주간지 『벨빌 뷰글(Bellville Bugle)』의 편집자 눈에 확 띄도록 보도 자료를 접어서 그 부분을 빨간 잉크로 표시하기까지 한다.

⑦ 신문이 기사 편집에 사용하는 표준 표시와 상징을 처음부터 끝까지 사용해야 한다. AP통신사 『스타일 참고서(Style Manual)』를 사용하라. 만약 보도 자료가 1페이지 이상이면 '계속(more)'이란 단어를 마지막 페이지 이외의 각 페이지 하단에 표시해야 한다. '30' 혹은 '#'과 같은 끝 표시는 더 이상 페이지가 없다는 것을 가리킨다. 2 페이지와 이어서 계속되는 다음 페이지에는 상단에 다음과 같은 '슬러그(slug)' 표시를 해야 한다.

승진-추가 1
승신-주가 2

슬러그 단어(이 경우에는 '승진')는 스토리의 첫째 절에서 선택하여 뉴스의 가장 중요한 면에 맞추는 단어이다.

3. 방송 보도 자료

라디오의 보도 자료 작성에 필요한 조건은 인쇄 매체의 조건과 다르다. 라디오는 지면-시간 필요조건(space-time requirement)에서 인쇄 매체보다 훨씬 더 엄격하다. 라디오의 뉴스 기사는 보통 길이가 몇 개 문장에 불과하다.

여기에 방송 보도 자료의 필요조건들을 나열하면 다음과 같다.

잘 보고 읽을 수 있도록 보도 자료 내용을 전부 커다란 대문자로 타이프하라.

기사의 길이가 읽는 데 약 1분 걸리는 200단어가 넘지 않도록 하라.

절(paragraph)을 짧게 쓰라. 각 문장(sentense)을 독립된 절처럼 보이도록 하는 것이 유용할 수 있다.

뉴스 방송자가 보도 자료의 읽기를 잠깐 멈추고 한숨을 돌려야 할 곳을 표시하기 위해 절(clause)이나 혹은 긴 문장의 부분들을 생략 부호(…)로 분리시켜라.

단축어, 발음하기 곤란한 단어, 약어, 혹은 잘못 말하게 할 수 있는 그 밖의 어떤 것이든 피하라.

잘 모르는 단어나 이름은 어떤 것이든 그 뒤에 곧 이어서 괄호 안에 발음 방법을 표시하라. 예를 들면 Tomas Arguea(toe- MASar-GWAY-ah). 악센트가 있는 음절을 어떻게 표시하는지에 주의하라.

시작하는 구나 문장 속에 이름, 숫자, 혹은 그 밖의 다른 중요한 정보를 포함시키지 말라. 첫 문장은 청취자를 위한 스토리의 '색인(index)' 노릇을 해야 하고 일반적인 화제에 이름을 붙임으로써 청취자의 주의를 끌어야 한다.

오(誤) : 재무국 부국장 히렘 윌리엄스는 오늘 시 위원회에 4백20만 달러 예산을 제출했다(Deputy Director of Finance Hirem Williams today submitted a $4.2 million budget to city council).

정(正) : 내년도 시 운영예산은 더 줄어들 것이다(It will cost less to run

the city next year).

4백만 달러가 넘는 예산은 .... 등이었다(A budget of over four million dollars was ...etc.).

1) 대변인을 이용할 수 있게 하라

라디오가 보도 자료를 사용하도록 부추길 수 있는 것 가운데 하나는 라디오가 전화로 조직체 대변인을 인터뷰 할 수 있다는 데 있다. 보도 자료의 하단이나 혹은 별첨 페이지에 그 보도 자료에서 지명된 사람(대변인)이 '전화 인터뷰에 응할 수 있는지'를 밝히고 전화번호도 제공하라. 대변인에게는 보도 자료의 사본과 인터뷰에서 토론할지도 모르는 내용의 개요를 제공했는지 확인하라. 전형적으로 라디오 방송국의 기자는 전화 '비퍼(beeper)' 시스템을 이용하여 몇 분 동안만 인터뷰를 실시할 것이다.

만약 대변인이 라디오나 텔레비전 토크쇼나 공공 업무 프로그램에 출연할 수 있다면, 그 대변인의 전문 지식과 출연 가능성을 요약한 아주 짧은 메모를 보도 자료에 첨부하고 또한 그 대변인의 출연을 PR 실무자가 주선할 수 있도록 PR 실무자 자신의 전화번호를 밝히도록 하라.

4. 보도 자료의 타이밍

어떤 중요한 사건이 발생할 때, 혹은 단 하루 동안만 어떤 것이 뉴스 가치가 있을 때, PR 실무자는 로컬 담당 편집자에게 전화를 걸고 뉴스 가치가 '소멸할 수 있는(perishable)' 보도 자료를 미디어에 전달하기 위해서 급사를 곧 보내야만 할지 모른다. 그러나 보통은 뉴스 보도 자료를 보낼 때, 특히 그것을 사진과 함께 보낸다면, 충분한 리드 타임(lead time)[6]을 허용해야 한다. PR 실무자가 신문 편집자나 방송국 뉴스 책임자에게 리드 타임이 짧다는 사실을 미리 경고했을 때에만 PR 실무자는 하루보다 짧은 리드 타임으로도 주요 뉴스 기사를 신문에 게재할 수 있거나 방송되도록 할 수 있다.

그것은 긍정적 PR 가치를 가진 어떤 사건을 기대한다는 것을 뜻한다. PR 실무자는 보도 자료를 준비하고 사진을 만드는 데 충분한 시간을 가져야 한다. 만약 보도 자료가 급사를 통해서 전달해야 할 정도로 중요하지 않다면, 우편배달에 걸리는 시간으로 적어도 2일 혹은 3일을 계산하라. 그 다음에 미디어가 그 보도 자료의 사진을 처리하도록 2일 혹은 3일의 시간을 더 주어야 한다.

1) '시한부 보도 금지'의 사용

적당한 시간에 미디어가 정보를 입수하도록 하기 위해서는 조직체가 그 정보를 배포하고 싶어 하는 시간 전에 조직체의 PR 실무자가 사실들을 미리 밝히는 것이 필요할지 모른다. 어떤 날짜에 발표될 예정인 장학금 수혜자들 혹은 대회 우승자들의 명단은 만약 이름, 주소, 주거 도시 등의 긴 목록을 식자해야 한다면 특정한 발표 날짜 전에 명단을 미리 신문에 제공해야 한다. 공장 신설 계획과 새 공장이 지역사회에 미치는 영향을 묘사하는 그림과 도표는 조직체가 기자 회견에서 그 공장 신설 계획을 공표 하는 날에 맞춰 신문이 알맞은 그림을 준비하도록 일찍 신문사 미술부의 수중에 들어가 있도록 해야 한다.

그런 경우 언론 기관은 그 보도 자료를 준비하는 조직체가 그 보도 자료에 '시한부 보도 금지(embargo)'를 취하도록 하리라는 것을 알고 있다. 그런데 이 시한부 보도 금지란 보도 자료에 보도 날짜를 표시하고 미디어가 그 날짜까지 보도 자료를 보관만 하고 보도하지 않도록 되어 있는 것을 뜻한다. PR 부서가 시한부 보도 금지를 사용할 때는 모든 미디어의 요구 조건들에 아주 민감해야 한다.

대부분의 미디어가 준수하기로 합의하는 합리적 시한부 보도 금지는 오전 6시까지의 보도 금지이다. 이것은 모든 조간신문들에 보도 자료가 게재될 수 있고 사람들이 자동차로 운전하며 출근하는 시간에 라디오로 방송될 수 있다는 것을 뜻한다. 보도 자료가 연설문에 토대를 두고 있을 때 그리고 보도 시한이 연설자가 청중 앞에 나타나는 정확한 시간과 일치하는 한 하루의 시간 중 거의 어떤 시간을 시한부 보도 금지로 정해도 좋다. 마찬가지로 어떤 연구 결과에 대한 시한부 보도 금지를 '9월 15일'로 정한다면, 그것은 그 날짜에 어떤 학술회의에서 그 연구 결과를 발표하리라는 것을 보도 자료가 시사할 때 이해할 수 있는 것이다.

불행하게도 어떤 조직은 명백한 이유도 없이 보도 자료에 임의적 보도 시한을 부여한다. 미디어는 그와 같은 시한부 보도 금지를 무시하거나 단순히 그 보도 자료를 쓰레기통 속에 던져버릴 가능성이 더 많다.

2) 수교의 필요성

어떤 보도 자료는 특별한 취급을 요한다. 중요한 인사이동의 발표로 조직 내에서 어떤 사람들은 커다란 승자가 되고 다른 사람들은 커다란 패자가 될 때, PR 부서의 장이 직접 보도 자료를 쓰고 복사하는 것이 보통이다. PR 부서의 장은 중요한 인사이동에 관한 보도 자료를 보호하기 위해 배포하지 않고 보관하고 있다가, 인사이동 당사자들에게 인사이동을 통보중이라는 말을 회사 최고 경영자(CEO)로부터 전달 받으면 미디어에 그 보도 자료를 직접 수교(手交, hand delivery)하는 것이 보통이다.

마찬가지로, 회사가 비행 때문에 정부 당국으로부터 고소를 당했다거나 혹은 어떤 사고로 회사 시설이 파괴되고 손상을 입은 경우와 같은 위기 상황에서는 규칙이 바뀐다. 기자들이 회사에 찾아오게 되고 PR 책임자는 그 기자들에게 브리핑을 해야 하며 성명서를 발표해야 한다. 중요한 사실과 그 성명서의 요점들을 현장 보도 자료의 형식으로 배포하도록 준비하고 있어야 한다.

> 애크미 고무 제품 제조회사(Acme Rubber Products Company)의 한 대변인은 오늘 회사가 불법적인 가격 협정에 관여했다는 비난을 부인했다. PR 책임자 칼 베이커(Carl Baker)는 포담로(Fordam Road)에 있는 본공장에서 기자회견을 소집하고 애크미 회사가 스포츠 다이빙 장비 판매 시장의 약 25%를 점유하기 위해 맹렬한 경쟁을 벌였다고 밝히는 정보자료를 배포했다.

우리는 지금까지 주로 일간 뉴스 미디어에 초점을 맞추었다. 거의 신문처럼 기능하는 업계의 주간(weekly) 출판물들을 제외하고 대부분의 잡지들은 마감 시간이 며칠 혹은 몇 주라기보다는 2개월 혹은 3개월이다. 신제품 계열이나 계절적 자료에 관한 보도 자료는 만약 잡지들에 사용할 예정이라면 훨씬 앞당겨 준비해야만 한다.

5. 보도 자료의 제출

만약 보도 자료를 모든 미디어에 보낼 목적이라면 표준 주소 성명록에서 그 미디어의 주소를 얻을 수 있다. 신문의 경우에는 『편집자 및 발행인 연감(Editor and Publisher Yearbook)』에서 그리고 라디오와 텔레비전의 경우에는 『방송 연감(Broadcasting Yearbook)』에서 주소를 얻을 수 있다. 보도 자료를 인쇄 매체에 보낼 때는 수신자를 '편집자(editor)'로 하고 방송 매체에 보낼 때는 '뉴스 국장(news director)'으로 하라.

그러나 미디어에 전달되는 보도 자료의 양은 많기 때문에 가능하다면 보도 자료의 수신자를 더 구체적으로 정하는 것이 유익하다. 대부분의 일간 신문들은 편집국장이 편집국의 운영을 매일 감독하고 시 편집자(city editor)는 로컬 보도를 담당한다. 전문 편집자들의 명단을 찾기 위해 연감을 체크할 만한 가치가 있다. 만약 보도 자료가 신문의 비즈니스 페이지에 관련된 것이면 비즈니스 편집자에게 보내라. 경우에 따라서는 보도 자료가 교육 페이지에서 더 나은 취급을 받을 수 있거나 혹은 여성 담당 편집자로부터 더 나은 취급을 받을 수도 있다. 신문을 잘 아는 것이 유익하다.

1) 선별적일 때

보도 자료를 많은 미디어에 보낼 정도로 보도 자료가 일상적인 것이라면 미디어와 개인적으로 접촉하는 것은 보통 특별한 도움이 안 된다. 그러나 만약 보도 자료에 특별한 관심이 있는 소수의 미디어에게만 선별적으로 보도 자료를 보낸다거나 혹은 각 신문을 위해 특별한 기사나 사진을 시간을 들여 준비했다면 편집자에게 전화로 그 보도 자료가 '보도 독점 기사(exclusive)'라고 알려주는 것이 유익하다. 편집자는 일반 미디어가 받고 있는 보도 자료와는 다른 보도 자료를 PR 실무자가 자기에게 보내줄 때 그것을 깨닫고 감사하게 될 것이다.

보도 자료를 선별적으로 미디어에 우송할 경우의 이익을 항상 분석하라. 만약 편집자가 독점 기사라는 것을 알게 되면 조직체의 사람들이나 혹은 프로그램에 관한 특집 기사들이 중요하게 취급될 수 있다. 반면에 일상적 보도 자료는 모든 공중과 모든 편집자가 조직체의 이름을 기억하도록 모든 미디어에 똑같이 보내주어야 한다. 예를 들면 주 정부가 운영하는 하계 미술관의 PR 책임자는 모든 신문사에 똑같은 보도 자료를 보낸다. 그러나 여러 경쟁 미디어가 사용하도록 인기 있는 유명 인사들의 사진과 자세가 다른 것들을 선택한다. 그렇게 보내면 어떤 석간신문 편집자도 유명 인사의 똑같은 사진이 조간신문들에 이미 게재되었다는 단순한 이유 때문에 그 사진과 그리고 함께 우송된 보도 자료를 쓰레기통에 버리지는 않는다.

뉴스 보도 자료를 미디어가 게재하도록 설득하는 데 있어서 '기술(art)' ─ 사진, 표, 그래프, 혹은 도해 등 ─ 의 역할을 과소평가할 수 없다는 것에 주의하라. 인쇄 보도 자료와 함께 미디어에 전달하기 위해서 사진과 사진의 설명 문구를 어떻게 준비해야 하는지 알고 싶거든 제9장을 참고하라.

6. PR 통신(PR wire)의 사용

보도 자료의 배포는 최신 우편물 수취인 명부를 작성하고, 자료를 복사하며, 봉투에 수취인의 주소와 성명을 쓰고 내용물을 집어넣으며, 우표를 붙이는 일 등을 포함한다. 앞에서 언급한 것처럼 『편집자 및 발행인 연감』과 지역 미디어 주소 · 이름 기록부는 주간과 일간 신문들의 주소와 이름을 찾는 데 유용하다. 그와 같은 기록부에 적힌 편집자의 이름은 곧 바뀔 수 있다. 만약 편집자가 휴가 중이기 때문에 그 편집자에게 보낸 보도 자료가 유용한 때가 지나도록 미결함 속에 놓여 있다면 어찌 될 것인가? PR

부서가 직면하는 또 하나의 문제는 우편 요금이 점점 비싸지는 미국 우체국의 서비스가 종종 믿을 수 없다는 것이다.

'시간 가치(time value)'가 있는 보도 자료를 규칙적으로 배포하는 PR 부서를 위해서는 PR 뉴스와이어(PR Newswire) 통신 서비스나 혹은 12개의 남부 주들에 서비스를 제공하는 남동부 언론 관계 뉴스와이어(Southeastern Press Relations Newswire)와 같은 지역적 통신 서비스를 사용하는 것이 그 문제에 대한 해답이 될 것이다.

1) PR 통신사의 일

PR 뉴스와이어와 여러 지역 PR 통신사들은 수수료를 받고 조직을 위해 보도 자료들을 많은 중요한 뉴스 미디어와 비즈니스 미디어의 컴퓨터 단말기와 고속 텔레타이프에 전자 송신한다. PR 뉴스와이어에 보도 자료를 보낼 수 있는 방법은 사환, 텔렉스, 팩시밀리, 혹은 전화 등이다. 특정한 시간에 보도 자료를 미디어에 보내도록 PR 통신사가 그 보도 자료를 보관할 수도 있다. 그러나 만약 그 보도 자료가 즉각적 뉴스 가치가 있으면 즉시 미디어에 전달한다. PR 통신사는 보도 자료를 모든 미디어나 혹은 단지 한정된 미디어에만 배포할 수 있다.

PR 뉴스와이어의 특별 서비스인 투자자 연구 통신사(Investors Research Wire)는 공기업체들에 관한 뉴스를 은행, 투자 회사, 그리고 금융 관계 출판물들에 전달한다. 그와 같은 뉴스를 전자적 수단으로 즉각적이고 동시적으로 전달함으로써 파트북 『PR의 원칙과 책임』 제6장과 파트북 『PR의 기능과 운영』 제7장에서 다뤘던 '시의적 발표(timely disclosure)'의 필요조건을 충족시키도록 돕는다.

2) 정보 검색 고리

PR 뉴스와이어를 통해 배포되는 보도 자료는 PR, 뉴스 미디어, 그리고 전문 비즈니스와 산업계 출판물의 연구자들이 정보 검색을 위해 사용하는, 컴퓨터에 저장된 데이터베이스의 일부분이 될 수 있다. 넥시스

(NEXIS) 데이터베이스는 『워싱턴포스트』, 『뉴스위크』, 『콩그레셔널 쿼털리(Congressional Quarterly)』, AP 통신사, PR 뉴스와이어, 그리고 많은 다른 통신사와 출판물에 게재되는 정보를 비축해 두는 뉴스 검색 서비스이다.

연구자는 데이터베이스를 이용하여 조직에 관한 뉴스 스토리와 사실 보고서(fact sheets)뿐만 아니라 그 조직의 보도 자료와 주식 매물에 관한 성명서, 신제품, 경영상의 결정, 혹은 확장 계획 등도 자세히 조사할 수 있다. PR 뉴스와이어 사장은 넥시스 데이터베이스의 매력적인 특징들을 다음과 같이 지적했다. 뉴스 검색 시스템인 넥시스의 보도 자료 저장은 출판물과 비슷하다. 바꿔 말하면 그 보도 자료를 인쇄하는 매체는 없을지라도 연구자들은 뉴스 검색 시스템 속에 저장되어 있는 그 보도 자료를 이용할 수 있다는 것이다.[7)] 분명히 컴퓨터 시대가 전통적 PR 뉴스 보도 자료를 새롭고 넓게 사용토록 만들었다.

7. 마지막 말

PR에서 마지막 말은 '감사합니다(thanks)'라는 말이어야 한다.

만약 사소한 보도 자료마다 신문에 게재되거나 방송된 다음에 PR 실무자가 이를 감사하는 편지를 하거나 전화를 건다면 편집자들은 아마 그 PR 실무자를 귀찮은 사람으로 생각할 것이다. 그러나 조직에 정말 이로움을 준 신문 보도나 방송 프로그램에 대해서 진심으로 감사를 느낄 때는 전화나 짧은 편지를 보내는 것이 편집자에게 보답하는 좋은 방법이다. 사실은, PR과 저널리즘 모두 준수해야 할 직업적 윤리 강령들이 있다는 것을 생각할 때, PR 실무자가 전화나 짧은 편지로 하는 감사 표시는 실제로 편집자가 되풀이해서 호의를 베풀도록 하기 위해 PR 실무자가 인센티브(incentive)를 제공하는 유일한 방법이다.

주

1) See, for example, Chuck Honaker, "News Releases Revisited," *Public Relations Journal* (April 1981) : 25-27; Chuck Honaker, "Why Your News Releases Aren't Working," *Public Relations Journal* (March 1978): 16-19; Ed Zotti, "Journalists Gripe: Too Much, Too Little," *Advertising Age* (January 5, 1981): S6-S7; Gerald Powers, "For Immediate Release: View From the Editor's Desk," *Public Relations Journal* (September 1971): 18.
2) See James E. Grunig, "Time Budgets, Level of Involvement and Use of the Mass Media," *Journalism Quarterly 56* (1979): 248-261.
3) 파트북에 대한 이해는 편집자 일러두기 참조－편집자 주.
4) A. E. Jeffcoat, "A Touch of Amazement," *Public Relations Journal*(May 1981): 34-36.
5) see red는 투우가 적색을 보면 노해서 달려들 듯이 노한다는 뜻이 있기 때문에 편집자들이 빨간 레터헤드를 보고 거부 반응을 보였다는 것을 시사한다－역자 주.
6) 리드 타임이란 기사의 계획에서 완성까지의 시간을 뜻한다－역자 주.
7) David Steinberg, letter to the editor, "Press Relations: a New Dimension," *Public Relations Journal*(July 1981): 8.

참고 문헌

Douglas, George A., *Writing for Public Relations*(Columbus, Ohio : Charles E. Merrill, 1980).

Lendt, David L. (ed). *The Publicity Process*(Ames, Iowa : Iowa State University Press, 2d ed., 1975).

Newsom, doug, and Tom Siegfried, *Writing in Public Relations Practice*(Belmont, Calif.: Wadsworth, 1981).

Weiner, Richard, *Professional's Guide to Publicity*(New York : Richard Weiner, Inc., 1975).

03
언론의 요구에 응하기

정치와 미디어를 취재하는 CBS 텔레비전 방송국의 제프 그린필드(Jeff Greenfield)는 자신의 시사 해설 가운데 하나에서 다음과 같이 말했다. 언론(the press)을 "위험하나 잠재적으로 가치가 있는 동물처럼 다뤄야 한다. 언론에 거처할 곳을 주어야 하고, 먹을 것도 주어야 하며, 이따금 귀여워 해주어야 한다. 결코 언론에 두려움을 보여 주어서는 안 된다. 그렇지 않으면 언론이 당신을 적대할 것이다. 당신이 바라는 방향으로 언론이 나아가도록 그 언론을 상냥하면서도 단호하게 가이드 해야 한다."[1)]

언론의 비위를 맞추는 일－숙박 제공, 음식 제공, 그리고 애정 표시－은 대부분의 PR 부서들이 가끔 행하는 일일뿐이다. 당연히 언론기관과 PR 부서는 양쪽 모두 일상적인 정보를 전달하기 위해 보도 자료에 의존하는 것이 더 쉽다는 것을 알고 있다. 전문가들에게 질문할 기회를 기자들에게 제공하는 것이 결과적으로 더 의미 있고 효과적인 뉴스 취재가 된다는 것이 분명할 때 기자 회견을 이용해야 한다. 조직이 기념일과 같은 어떤 종류의 이정표를 표시할 진짜 이유를 갖고 있다든가, 혹은 우주비행사들이 어떤 정부 계약업자를 방문할 때처럼, 유명 인사들의 참석이 흥분케 만드는 이유가 될 때에는, 기자 회견의 즐거운 사촌격인 언론 파티를 개최하는 것이 적당하다.

몇 가지 다른 예들을 들면 다음과 같다.

> 뉴욕 증권거래소 바로 근처에 브로드 스트리트(Broad Street)에 사무실을 두고 있는 뱅크 오브 아메리카(The Bank of America)는 회사 경제 전문가들이 이율로부터 은행업 경영 방법의 추세에 이르기까지 여러 화제에 관해 실시하는 브리핑을 듣도록 정기적으로 비즈니스 기자들을 초청한다. 그와 같은 초청 행사는 커피와 도넛 과자를 제공하는 약식 행사이며 기자들에게 표제 기사를 제공하기보다 배경 정보를 제공하는데 중점을 두고 있다.

> 내셔널 풋볼연맹(NFL) 경기 필름의 중요 장면들을 다루는, 주 30분의 텔레비전 프로그램의 후원자인 아메리칸 익스프레스(American Express)는 경기 장면과 관련된 한 뉴욕 음식점에서 칵테일파티를 열고 스포츠 기자들과 다른 저널리스트들을 초청한다. 앞으로 방송될 예고편 텔레비전 프로그램의 중요 장면들로 구성된 짧은 필름의 시사를 기자들에게 보여준다. 그 다음에 기자들은 열두 명 정도의 일류 선수들과 감독들, 영화 제작자들, 혹은 아마도 NFL 커미셔너(최고 책임자) 피트 로젤(Pete Rozelle) 등과 개인적으로 혹은 그룹으로 얘기할 기회를 갖는다. 영화의 스틸 사진과 해설자의 전기를 담은 프레스 패킷(press packet)을 기자들에게 나눠준다.

> 입으로 먹는 소아마비 백신(왁친)을 개발한 앨버트 새빈(Albert Sabin) 박사는 종종 전국의학총회에서 인기 있는 토론자 역할을 떠맡는다. 그래서 언론은 의학 분야의 새로운 발전에 관한 그의 견해를 듣는 데 관심이 있다. 새빈 박사는 보통 기자들과 몹시 만나고 싶어 하고, 지방신문사와 텔레비전 방송국이 기자 회견에서 그와 인터뷰 할 수 있도록 자신의 점심시간을 포기할 수도 있다.[2)]

언론을 상대로 한 PR 행사가 실패로 끝나는 경우는 많다. 그런 행사의 뉴스 가치가 적을 경우에 기자들은 속은 것처럼 생각한다. 기자 회견을 열겠다고 알리는 보도 자료가 언론에 필요한 모든 정보를 내포하고 있을 수 있다. 그런 경우에는 기자들이 기자 회견장에 나타나지 않는다. 그래서 손님이나 혹은 피회견자(interviewee)가 당황하게 된다. 손님이나 피회견자가 기대했던 만큼 기자 회견을 잘 하지 못할 때도 있다. 그런 경우에는 기자 회견이 왜 소집되었는지 기자들이 의아하게 생각한다. 타이밍(적당한 시간을 포착하기)이 나쁠 수 있거나 혹은 뉴스보다 뉴스 공표 행사가 기자들의 주의를 먼저 앗아갈 수 있다. 방송 기자들이 조명등과 마이크를 사용하여 신문 기자들을 심술궂게 만들 수도 있다. 그 결과 부정적인 홍보가 된다. 언론을 상대로 한 PR 행사를 실시하려고 결정하기 전에 이 모든 잠재적 실수들을 신중하게 생각해야 한다.

1. 경영상의 고려 사항

일반적으로 PR 경영자들은 기자들이 조직에 관한 기자들 자신의 스토리를 발전시키도록 돕기 위해 PR 행사를 계획할 때 PR 경영자들이 그들 자신의 보도 자료에 적용하는 것과 똑같은 경영상의 고려점들을 적용할 수 있다. 그러나 기억해야 할 차이점들이 몇 가지 있다.

1) PR 모형

비록 PR의 네 가지 모형 모두에서 사용되긴 하지만, 기자 회견 그리고 이것과 유사한 PR 행사들은 쌍방 균형 모형에서 특별히 효과가 있다. 이 모형은 대화를 강조한다. 대언론 PR 행사는, 기자들이 자세히 조사하고 질문할 수 있으며 기자들이 그들 자신의 스토리를 위한 의제를 설정할 수 있기 때문에, 기자들과의 대화를 촉진시킨다.

만약 대언론 PR 행사들을 언론 대행 · 홍보 모형이나 혹은 쌍방 불균형 모형을 위해 사용한다면 조심해야 한다. 그 두 모형에서는 PR 실무자가 기자들에게 전달되는 정보 가운데 언론을 이간할 수 있고 그 결과 불리한 홍보가 될 수 있는 정보를 통제하려고 종종 노력한다.

대언론 PR 행사는 공공 정보 모형의 경우에는 정보를 확산시키는 합리적 방법이다. 이 모형에서는 기자들이 토론을 위해 의제를 설정할 기회를 얻기가 보통 더 적다. 그러나 기자들이 조직의 대표가 한 말을 분명하게 하기 위해 단지 질문만 할 수 있는 기회는 더 많다.

2) 목적

보도 자료에서는 PR 목적이 커뮤니케이션(어떤 스토리를 미디어 의제에 포함시키는 것)과 메시지의 기억이다. 대언론 PR 행사에서는 PR 실무자가 아닌 다른 사람, 즉 기자가 스토리를 쓰기 때문에 PR 실무자는 메시지 기억이라는 PR 목적을 별로 통제하지 못한다. 그러므로 PR 실무자의 목적은 그 실무자가 속한 조직체의 견해가 미디어 의제 속에 포함되도록 하는 것이어야 한다. 그 밖의 다른 것은 어떤 것이나 PR 실무자가 통제하기 어렵다.

그러나 PR 실무자는 대언론 PR 행사의 결과 미디어가 조직을 취재할 때 그 취재의 정확성을 조사함으로써 메시지 기억이라는 변인을 감시할 수 있다. 조직의 입장을 정확히 보도하지 않는 기자들에게 정보와 설명을 더 제공하라. 그러나 기자들을 괴롭혀서 조직의 입장을 받아들이도록 하거나 [이것은 '인지의 수용(acceptance of cognition)' 목적이다.] 혹은 조직의 입장을 호의적으로 평가하도록 [이것은 '태도(attitude)' 변화 목적이다.] 하지 말라.

3) 프로그램

대언론 PR 행사는 보도 자료처럼 그렇게 많은 프로그램들에서 사용될 수는 없다. 그러나 조직이 공중에 영향을 끼치거나 혹은 공중에게 널리 관심거리가 되는 뉴스를 갖고 있을 때, 대언론 PR 행사는 일반적인 미디어 관계에서 사용될 수 있다. 대도시에서는 커뮤니티 관계 PR 담당자들이 대언론 PR 행사를 개최할 수 있다. 미디어가 별로 없는 작은 지역사회에서는 기자들과 개별적으로 만나는 것이 좋다.

단순한 언론 대행업이나 혹은 쌍방적 커뮤니케이션을 포함할 수 있는 한 대언론 PR 행사가 뉴저지 주 뉴 브룬스윅(New Brunswick) 시 도심지의 부활을 보여주고 있다. 시장과 새 하이아트 리전시(Hyatt Regency) 호텔의 판매 책임자가 빌딩 위로 미국 성조기가 게양되는 것을 지켜보고 있다(오른쪽 사진). 뉴 브룬스윅의 미래(New Brunswick Tomorrow)의 사장(아래 사진에서 서 있는 사람)에게 기자들이 질문하고 있다. 사장은 뉴 브룬스윅 시에서 가장 큰 기업체의 임원이기도 하다. 기자들은 국제적으로 유명한 건축가인 페이(I. M. Pei, 아래 사진의 오른쪽에 앉아 있는 사람)에게 토지 사용에 관한 그의 계획에 대해서 질문할 기회를 갖게 될 것이다.

대언론 PR 행사들은 공공업무(public affairs)와 정부 관계 프로그램에서 정책적 입장을 발표하기 위해 개최될 수 있고 또한 행동주의자 공중들을 위한 미디어와 만나기 위해 개최될 수 있다. 대언론 PR 행사들은 재정

적 정보를 발표하기 위해서 거행될 수도 있다. 프로모션 전문가들은 새로운 자동차 모형, 스포츠 행사, 혹은 모금 운동 등을 홍보하기 위해 자주 대언론 PR 행사를 이용한다.

4) 공중의 커뮤니케이션 행동

대언론 PR 행사는 관련도가 높은 공중과 낮은 공중 모두에게 봉사하는 미디어를 위해서 사용될 수 있다. 그러나 관련도가 높은 공중과 낮은 공중을 동시에 섞지 않도록 주의하라. 상세한 기술적 정보가 행동주의자 공중들이 이용하는 업계지나 미디어에 필요할 것이다. 단순화된 정보는 대중(관련도가 낮은) 미디어에서 일하는 일반적 취재 보도 임무를 띤 기자들에게 필요할 것이다.

5) 시간과 금전상의 비용

대언론 PR 행사는 보도 자료보다 비용이 더 많이 든다. 방을 빌려야 하고, 다과를 준비해야 하며, 장비를 빌려야 한다. 따라서 그와 같은 항목들을 위한 예산 수립을 확실히 하라. 그리고 추가로 돈을 더 쓰기 전에 대언론 PR 행사가 정당한 목적에 이바지하는지 확인하라.

대언론 PR 행사는 또한 신중한 타이밍을 필요로 한다. 갠트(Gantt)와 퍼트(PERT) 도식과 같은 네트워크 분석 방법을 행사에 사용하면 특히 유용할 수 있다.

6) 평가

어떤 대언론 PR 행사의 결과 조직에 대한 언론의 취재가 증가했는지 여부와 그 취재가 정확한지 여부를 결정함으로써 그 대언론 PR 행사를 평가하라. PR 실무자는 미디어 관계를 다룬 파트북[3)] 『PR의 기능과 운영』 제1장에서 설명한 대로 신문의 오려낸 기사들을 내용 분석함으로써 대언론 PR 행사의 두 가지 효과, 즉 언론의 취재 증가 여부와 그 취재의 정확성 여

그럼맨 코퍼레이션(Grumman Corporation) 회사의 PR 부서는 회사가 정부와 중요한 계약을 체결하거나 혹은 발표해야 할 다른 좋은 뉴스가 있을 때마다 텔레비전과 신문의 사진 기자들이 찍을 수 있는 무언가 생기 있고 다채로운 사진 보도감을 확인한다. 이 사진에서는 '1976년도의 정신(Spirit of '76)' 고적대와 기수가 회사의 중역들을 격납고로 인도하고 있다. 이 격납고에는 그럼맨 코퍼레이션 회사가 다른 회사의 적대적 인수 합병 기도를 막아낸 뒤, 회사 종업원들이 그들의 '독립'을 축하하기 위해 모였다(그럼맨 코퍼레이션 회사 제공).

부를 측정할 수 있다. 가능하다면 기자들에게 대언론 PR 행사에 대한 그들의 공식적 혹은 비공식적 반응을 물어 보라. 그러나 PR 실무자는 기자들이 무엇을 쓰는가에 대해서보다 기자들을 대언론 PR 행사에 오도록 해서 그 행사에 관한 스토리를 쓰도록 돕는 것에 더 많은 통제력을 갖고 있다는 것을 기억하라. 그것에 따라서 PR 실무자로서의 자신의 업무 수행을 평가하라.

만약 PR 실무자에게 흥미 있고 뉴스 가치가 있는 어떤 행사가 있다면, 그 PR 실무자는 즉시 몇 가지 고려를 할 수 있어야 한다. 즉 누구를 그 행사에 초청할 것인가, 초청장은 어떻게 발급할 것인가, 어떤 곳에서 그 행사를 개최할 것인가, 어떤 즐거움을 제공할 것인가, 기자들이 행사에 와서 그 행사에 관한 정보를 가장 쉽게 취재 · 송신할 수 있다는 것을 어떻게 보장해 줄 것인가 등에 관한 고려들이다.

2. 누구를 초청해야 하는가?

처음에는 그것이 쉽게 생각될지 모른다. 그러나 기자 회견에 누구를 초청할 것인가를 결정하는 일은 자동적인 것이 아니다. 만약 우리가 초청장이나 보도 자료를 편집국장이나 사회부장에게 보낸다면 그 행사에 일반 취재 기자(general assignment reporter), 즉 우연히 취재 지시에 응할 수 있게 된, 경험이 적은 기자를 보낼 수 있다. 만약 PR 스토리가 경제와 관련된 것이라면 경제부장을 초청하고, 입법과 관련된 것이라면 정치부 기자들을 초청하고, 문화적 행사를 후원하는 일이라면 연예 담당 특별 기고가를 초청하며, 만약 조직이 남보다 혜택을 받지 못하는 어린이들을 위한 하계 캠프를 운영하고 있다면 '생활 스타일(lifestyle)' 담당 기자를 초청하는 것이 훨씬 더 현명하다.

진짜 기자들만을 초청해야 하는가 아니면 보다 광범위한 여러 분야의 저널리스트들을 초청해야 하는가? 만약 스토리가 정당한 현장 뉴스로서의 흥미가 있다면, 언론에 붙어 다니는 사람들(press hangers-on)의 행사 참석이 마감 시간을 지켜야 하는 기자들을 방해할지 모른다. 이와 반대로 기자 회견이 장기간에 걸쳐 취재 보도할 가치가 있는 지속적 스토리를 제공할 예정이라면, 장기적 뉴스 보도 정책의 기획 책임을 지닌 편집국장들과 논설위원들을 초청하는 것이 현명할지 모른다.

똑같은 기자 회견에 신문과 방송 기자들을 양쪽 모두 초청해야 하는가? 만약 그래야 한다면 신문 기자와 방송 기자 양쪽 모두를 충분히 만족시키는 것을 어떻게 보장할 수 있는가? 이른 아침과 늦은 오후는 신문 기자들에게 편리한 시간이다. 그러나 텔레비전 방송 기자들에게는 보통 정오가 더 좋다. 더욱이 만약 텔레비전 요원들이 조명 장치와 마이크를 갖추고 대거 도착하면 신문 기자들은 옆으로 밀려나게 될 수 있다. 텔레비전 기자들은 되도록 시각적 흥미가 있는, 힘 있고 간결한 1분간의 진술만을 바랄지 모르나 신문 기자들은 그들의 취재 시간과 지면을 이용하여 심층 스토리를 면밀히 조사하기를 선호할지 모른다. 여러 가지 미디어의 각기 다른 요구들로 인한 딜레마의 한 가지 해결책은 기자 회견을 분리시켜 한 쪽에서는 텔레비전 기자들을 초청하고 다른 한 쪽에서는 오로지 신문 기자들만을 초청하는 것이다.[4)]

1) 난처하게 만드는 침묵을 피하라

만약 기자 회견에서 어떤 기자도 처음에 질문을 하려고 하지 않거나 혹은 언론이 – 무지나 태만 때문에 – 이용 가능한 모든 화제를 탐색하지 못한다면 그 기자 회견은 위태롭게 될 것이다.[5)] 어떤 조직은 PR 직원 가운데 한두 명이나 혹은 조직의 사보 편집자를 기자들과 함께 앉혀 놓고 그들로 하여금 적당한 시간에 추가적 질문을 하도록 해서 일반적으로 '기자 회견이 계속해서 잘 진행되도록' 하는 것이 상례이다. 물론 그와 같은 책략은 뉴스 미디어 편에서 도움이 된다고 인식하도록 다뤄져야 한다. 그러나 '한통속 사람 노릇을 하는(shilling)' 서툰 일로 인식하도록 해서는 안 된다. 만약 기자들이 질문을 던지지 않고 태만하다면 PR 실무자가 연설자로 하여금 스스로 질문을 제기하고 답변하도록 준비시키는 것이 아마도 더 좋을 것이다.

만약 조직체가 기자 회견에 알맞게 준비가 되어 있지 않거나 혹은 기자들의 질문을 어떻게 다루는지 모르는 대변인을 내세운다면 그 기자회견은 곧 실패로 끝난다. 핵규제위원회(Nuclear Regulatory Commission)

가 쓰리-마일 아일랜드(Three-Mile Island) 핵발전소 사건을 취재하는 기자들에게 브리핑을 할 적당한 대변인을 임명할 때까지 기자들은 핵발전소의 위급한 사태에 관한 '상충적이고 모순된 설명'에 불평을 했다. 그 결과 뉴스 취재가 혼란스럽고 불완전했다.[6]

PR 실무자는 또한 기자 회견에 참석하기를 거절하는 기자들에 대비해야 한다. 그들의 거절 이유는, 어떤 저널리즘 기사 작성 교과서의 표현에 따르면, 기자들이란 그들의 경쟁자들이 이용하고 있는 아주 똑같은 자료를 가지고 일하기를 싫어하기 때문이다.[7] 어떤 신문 기자들은 텔레비전 카메라가 작동하고 있을 때 "내가 질문에 대한 답변을 신문에 기사화할 수 있기도 전에 TV가 그 답변을 먼저 방송하도록 해야만 하는가?"라고 말하며 질문을 던지는 것을 단호히 거절한다.[8] 만약 기자들이 불평하더라도 그들의 취재가 PR 실무자에게 중요하다면, 그들이 조직의 연사를 인터뷰할 수 있거나 혹은 다른 방법으로 정보를 얻을 수 있도록 특별한 조정을 할 준비를 하라.

3. 초청장 발급 방법

기자 회견 하루 전에 연락을 받은 편집자는 다음과 같은 반응을 한다. "여보십시오, 나의 기자들은 모두 바쁩니다. … 취재를 바란다면 나에게 더 많은 리드 타임을 주어야 합니다."

미리 연락을 받은 편집자의 반응은 다음과 같다. "지금부터 2주 뒤라고요? 당신은 우리가 매일 매일을 기초로 하여 일한다는 것을 알고 있습니다. 내게 … 하루 전날 전화하십시오."

따라서 초청 시기를 정한다는 것은 어렵다. 게다가 다음과 같은 딜레마가 있다. 초청할 때 문서로 하기를 주장하는 편집자가 있는가 하면 모든 일을 전화를 통해 말로 하는 편집자가 있다. 유일한 절충안은 PR 행사 10일 전쯤 보도 자료(원한다면, 초청장과 참가 여부를 알리는 RSVP 엽서를 함께 포함한)를 보내는 것이다. 그 다음 기자 회견 하루 전날 편집자에게 전화를 걸어 기자를 보내줄 것인가 아닌가 확인하라. 자신의 중요한 강점은 개인적 설득력이라고 생각하는 PR 실무자들은 초청 절차를 거꾸로 할 수 있다. 즉 10일 전에 편집자에게 전화를 걸어 다가오는 PR 행사를 미리 알린 다음 기자의 근무교대일 하루나 이틀 전에 보도 자료가 편집자에게 전달되도록 시간을 맞춘다. 편집자는 보도 자료를 받아보고 행사를 상기하게 될 뿐만 아니라 기자의 근무교대 일정에 맞추어 취재 지시를 할 수 있다.

1) 신문 윤리의 고려

언론을 위한 파티나 혹은 사회적 행사에 기자들을 할 때, 많은 신문들이 서약한 윤리 강령—AP 통신사 편집국장 강령과 같은—을 특별히 고려해야 한다. 전문 저널리스트 협회인 시그마 델타 카이(Sigma Delta Chi)의 윤리 강령 가운데 한 가지 중요한 조항은 이렇다. "가치가 있는 것은 어떤 것이든 받아서는 안 된다."[9] 이 말은 일반적으로 액면 가치가 아닌 실질 가치를 가진 선물(그러나 글자가 새겨진 볼-포인트 펜과 같은 프리미엄이나 기념품을 제외한)을 뜻하는 것으로 해석되고 있다.

대부분의 저널리스트들은 칵테일 시간이 먼저 있고 다음에 호텔식의 보통 디너가 제공되는 사교적 파티에 참석하는 것이 그들의 성실한 이미지를 손상시킬 것이라고 생각하지는 않는다. 그러나 대신문사들은 손님들에게 부과되는 요금을 신문사가 떠맡아서 지불하도록 저널리스트에게도 부과하라고 요구하는 것이 점점 일반적으로 되어 가고 있다. 비록 그것이 어떤 저널리스트들은 음식값을 지불하는가 하면 다른 저널리스트들은 공짜 식사를 이용한다는 것을 의미할지 몰라도, PR 실무자들은 이러한 경향에 민감한 것이 현명하다.

윤리적 고려를 한다면 또한 초청장을 기자의 집으로 보내서는 안된다. 그렇게 하면 기자를 전문 기자 자격으로 초청하고 있는지 아니면 개인 자격으로 초청하고 있는지 혼란스럽게 만든다. 마찬가지로, 디너 겸 댄스파티와 같은 성격의 행사이기 때문에 부부가 참석하는 것이 규범이라는 것을 분명히 밝히지 않는다면, 배우자를 참석토록 초청하는 것은 윤리적 문제를 일으킬 수 있다.

4. 행사 개최 장소

만약 조직이 확성 장치를 갖추었고 적어도 반나절 동안 이용할 수 있는 커다란 회의실, 강당, 혹은 다목적 시설을 가지고 있다면, PR 실무자는—즉 만약 기자 회견 장소가 언론사로부터 가까이 있고 이용 가능한 주차장도 적절하다면—조직의 시설을 이용하여 기자 회견을 개최할 수 있다.

PR 실무자에게는 조직의 시설을 이용하는 것이 편리하다는 이유 이외에도 기자들을 그 시설이 있는 곳으로 초청하는 또 하나의 타당한 이유가 있다. 만약 행사의 목적이 신설 공장이나 혹은 설비의 일부를 자랑해 보이는 것이라면 기자들 쪽에서 겪게 되는 약간의 불편은 정당화할 수 있다. 기자들이 편리한 중심지에 일단 모였다가 그곳에서 행사 장소까지는 버스로 이동하도록 PR 실무자가 조정할 수 있다. 그러나 그와 같은 초청은 진짜로 흥미가 있거나 신기할 정도로 매력이 있어야 한다는 것을 전제로 한다.

호텔, 모텔, 그리고 요리점 등이 기자 회견 장소로 빈번히 사용되고 있는데 이것은 놀라운 일이 아니다. 왜냐하면 그와 같은 장소는 중심지에 위치하고, 충분한 식사를 제공하며 확성기와 시청각 장비를 제공할 수 있기 때문이다(유명한 호텔의 이름이 붙은 탁자 뒤에 연사가 서 있는 모습이 저녁 텔레비전 뉴스 가운데 첫 번째 뉴스로 등장하는 경우는 얼마나 많은가!).

1) 시설들을 체크하라

PR 부서의 행사 담당자들은 시설 임대 책임자와 함께 다음과 같은 시설을 체크하기 위해 적어도 한번은 현장 검사를 해야 한다 :

- 시청각 장비를 위한 적당한 전기소켓
- 충분한 물주전자와 글라스
- 재떨이, 그리고 금연자의 경우 금연 장소에 놓을 음식
- 실외 전화 부스(phone Booth)(만약 전혀 없거나 수가 너무 적으면,

전화회사가 이동식 임시 전화 부스를 가져오도록 조정할 수 있다)

- 편안한 의자와, 만약 필요하다면, 글을 쓰기 위한 테이블이나, 배포 인쇄물과 소책자를 전시하기 위한 테이블

효과를 망치게 하는 확실한 방법 한 가지는 칸막이를 한 방의 절반을 빌리는 것이다. 취약한 칸막이 방의 다른 쪽 절반에서 돼지소리내기(hog-calling) 경연 대회나 스테레오 스피커의 시범 행사가 예정되어 있다는 것을 알게 되면 일을 그르치게 된다. 따라서 방 전체를 빌리도록 하라. 행사를 위해 평화와 조용함을 보장할 뿐만 아니라 칸막이를 열거나 닫아서 행사에 사람들이 많이 참석했으나 그렇다고 혼잡하지는 않게 보이도록 만드는 데 필요한 조정을 할 수도 있다.

그리고 마지막으로, 만약 회의 장소의 배치가 혼란스럽다는 것을 현장답사에서 발견한다면, 미술 부서로 하여금 적당한 외부 출입구, 회의실, 전화, 그리고 물론 화장실 등으로 가는 길을 가리키는 많은 표지를 준비하도록 하라. 기자들이 부족한 편의 시설 때문에 화가 나지 않도록 하는 것이 그린필드(Greenfield)가 의미하는 언론을 '귀여워해주기(petting)'이다.

5. 즐거움의 제공

기자들에게 선물을 제공하거나 오락을 제공하는 것은 PR 윤리뿐만 아니라 신문 윤리도 위반할 수 있다. 그러나 기자 회견에 참석하는 기자들이 간단한 식사를 할 겨를도 없이 다른 취재 임무로부터 서둘러 기자 회견에 참석했을지도 모른다는 사실을 인정한다면, 기자들에게 도넛과 쿠키와 함께 커피와 청량음료를 제공하는 것은 결코 부당한 일이 아니다.

마찬가지로, 대부분의 뉴스 취재 기자들은 그들 자신의 종이와 연필을 휴대하고 있지만 그것을 다 써버렸거나 어디에 잘못 둔 기자들을 위해 기자용 테이블 위 손 가까이에 종이와 연필을 놓아두는 것이 유용하다.

기자들에게 특별히 필요한 것을 예상하라. 라디오 방송국 기자들은 연

설이나 발표를 종종 녹음하고 싶어 한다. 그리고 신문 기자들까지도 필기 보조 도구로서 휴대용 테이프 녹음기를 사용한다. 기자들이 연사의 탁자 주위에 마이크를 놓으려고 모두 노력할 때 발생하는 쟁탈전을 예방하라. 쟁탈전과 같은 불편을 연사에게 끼치지 않도록 회피해야 한다. 또한 사진 기자들이 사진을 잘 찍을 수 있도록 시야를 어수선하지 않게 하라. 그렇게 하려면 한 개의 마이크가 기자 회견장의 확성장치에 연결되도록 해야 할 뿐만 아니라 기자들이 각각 마이크 음성을 녹음하도록 플러그를 꽂을 수 있는 콘센트가 부착된 연단 아래의 상자나 혹은 한쪽에 놓아둔 테이블 위와도 그 마이크가 연결되도록 조정해야 한다. 이런 방법을 취하면 기자들이 30분마다 녹음 카세트를 녹음기에서 꺼낸 다음 그것을 뒤집어서 다시 집어넣는 등 연사의 주의를 산만하게 하거나 예의를 깨뜨리는 일을 하지는 않을 것이다.

1) 도움이 되는 유인물을 배포하라

얼마나 많은 인쇄물을 어디에 언제 배포하는가 하는 문제는 항상 복잡한 문제이다. 만약 PR 실무자가 연설문의 사본과 많은 배경 자료를 배포한다면, 기자들이 기뻐할 것이다. 그러나 기자들은 또한 그들이 받은 유인물을 뒤적거리면서 기자 회견의 진행을 방해하거나, 혹은 더 나쁜 것은, 기자들이 유인물에서 스토리를 얻을 수 있다고 생각하고 일찍 회견 장소를 떠날 결심을 할 수도 있다. 반면에 기자들이 기자 회견의 처음부터 끝까지 많은 필기를 하고 난 즉후에야 연설문의 사본을 받게 된다면 화가 날지 모른다. 해결책은 여러 테크닉의 결합이다. 기자들이 취재할 자료를 1페이지로 요약한 것을 기자들이 앉을 모든 의자 위에 놓아둔다. 진상 설명서의 발췌문을 기자용 테이블 위에 놓아 둔다. 주요 연사의 연설 원문을 기자들이 떠날 때 문에서 배포한다.

기자들의 취재에 지장이 없도록 기자들을 돕는 일 이외에 PR 실무자는 자신의 이기적 이해관계를 유의해야 한다. 모든 사람이 참석했는가 그리고 그들이 정보를 충분히 얻었는가? PR 직원 가운데 한 사람이 피초청자 명부와 PR 자료가 든 봉투를 들고 문간에 서 있도록 함으로써 어떤 기자가

PR 자료를 받았는지 체크할 수 있어야 한다. 기자 회견 계획 가운데 중요한 부분은 기자 회견에 초청했으나 참석하지 않았던 기자들의 수중에도 가능한 한 빨리—필요하다면, 배달 서비스 회사 편으로—모든 인쇄물들이 들어가도록 보장하는 것이어야 한다.

6. 기자실 제공

기자들이 회의, 총회, 혹은 어떤 조직의 회의록 등을 취재하고 있는 장소 곁에 붙은 방에는 '환대실(hospitality room)' 이라고 부르는 방이 종종 설치되어 있다. 전형적으로 그와 같은 방에는 얼음과 여러 가지 음료가 잘 준비되어 있다. 그것은 '미국식으로 비즈니스를 하는 방법(the American way of doing business)'이다. 만약 비즈니스에 관여하는 모든 당사자들이 그러한 관습은 이롭지 않다는 것을 발견했다면 그것은 계속되지 않았을 것이다. 기자들은 그러한 분위기 속에서 정보 출처와 다른 기자들과 함께 비공식적으로 이야기하는 것을 즐긴다. 그 결과 사람들은 종종 대회의장이나 기자 회견의 공식적 분위기 속에서는 발견할 수 없는 솔직함을 가지고 얘기를 하게 된다. PR 실무자의 견해로 본다면 그와 같은 사교적 상황이 지니고 있는 가치는 무시할 수 없다. 따라서 솔직한 접촉이 더 많은 환대실에서 어떤 토론이든 계속하는 것이 일반적으로 유용하다.

기자들이 본사에서 멀리 떨어진 곳에서 오랫동안 시간을 보낼 필요가 있을 때는 언제든지 그들은 임시 취재 시설 서비스—실용적인 기자실—가 필요하다. 물론 규모가 큰 정치적 집회에서는 대언론사들이 본사와 직접 연결된 전자 통신 시설을 설치하고 운영한다. 그러나 다른 행사의 경우—시사회나 박람회, 전문 직업인들의 집회나 노동조합의 집회, 그리고 마운트 세인트 헬렌스(Mount St. Helens)와 쓰리-마일 아일랜드(Three-Mile Island)와 같은 자연재해나 참화 등을 포함한—기자들은 그 행사 후원자나 혹은 그 행사와 가장 밀접한 관계가 있는 조직이 … 때때로 즉각 … 기자실을 설치하기를 기대한다.

군대, 공공 유틸리티(수도 · 전기 · 가스 따위) 회사, 그리고 일상적으로 본사와 아주 멀리 떨어진 곳에서 행사를 개최하는 대기업체들은 트레일러나 버스에 전화, 타자기, 음료수 냉각기, 그리고 잠깐 낮잠을 잘 수 있는 잠자리 등을 갖추는 것이 이롭다는 것을 안다. 그러나 대개 호텔에서 공간을 임대한다. 혹은 통신사와 중요한 언론사와 연결된 임시 기자실을 설치하기 위해 공공시설을 이용하는 방법을 택할 수도 있다.

1) PR 스태프와 언론의 관계

때때로, 집회 자료들을 집회에 참석한 대표자들에게 배포하기 위해 복사하는 방은 기자실보다 두 배는 커야 한다. 비록 이것이 PR 부서의 이익에는 도움이 안 될지 모르나 기자들에게는 복사기에서 복사된 정보를 얻는다는 이점이 있다. 게다가 조직의 공공 정보 담당 스태프와 취재 기자들의 일하는 습관이 일치하지 않을 수 있다. 따라서 각각 다른 일에 따라 따로 따로 분리된 방을 갖는 것이 가장 좋다. 이미 앞에서 언급했듯이, 텔레비전과 신문이 필요로 하는 것은 서로 다르다. 그러므로 TV 취재 요원들이 그들의 장비를 보관했다가 TV 인터뷰를 할 수 있는, 신문 기자들로부터 분리된 방을 마련하는 것이 또한 유리하다.

PR 스태프 가운데 한두 명은 규칙적으로 기자실에서 일하도록 선정하는 것이 좋은 아이디어이다. 그들의 일이란 브리핑을 한다든지, 배경 정보를 제공한다든지, 혹은 기자들이 필요한 서비스에 관한 기자들 자신의 제안과 불평을 들어주는 것 등을 뜻한다.

지식이 있는 PR 스태프를 기자실 근무에 임명하는 것이 대단히 중요하다. 회사의 잡일 담당자나 사무원을 임명해서는 안 된다. 양질의 정보를 기자들이 이용할 수 있도록 하는 것이 중요하다. 그리고 PR 스태프는 또한 사무를 간소화하고 중요한 정보 출처에 대한 기자들의 접근을 신속히 처리하는 권한을 가져야 한다.[10)]

장비에 관한 한, 가장 작은 기자실일지라도 타자기, 전화, 타자지, 연필, 보관 장소, 사전, 기자를 위한 프레스 키트(press kits), 홍보 사진, 음료수, 그리고—만약 예산이 허락한다면—봉투, 우표, 간단한 다과 등을 갖추고 있어야 한다.[11)]

7. 사후의 계속적 접촉이 중요하다

모든 행사나 기자 회견에 참석하는 기자들을 신중하게 기억하라. 이전 행사나 기자 회견에 대한 기록을 잘 해놓으면, 다음 브리핑, 기자 회견, 혹은 특별 행사에 누구를 초청해야 할지 결정하는 데 도움이 된다.

조직의 행사에 참가하는 각 개인을 조직이 적절히 영접했는지 확인하라. 그리고 각 개인을 충분히 많은 다른 손님들에게 소개를 했거나 각 개인에게 이름표를 달아주었는지 확인하라. 마찬가지로, 누군가 문간에 서서 각 손님에게 작별 인사를 하는지 확인하고 또한 그 손님에게 교통수단을 마련해 주었는지 확인하라.

PR 부서의 입장에서는 기자들이 떠날 때 행사가 끝나는 것은 아니다. 그 행사가 간단한 기자 회견이었든지 일백주년 기념 무도회이었든지, 다음 날 아침 PR 스태프는 그 행사의 성공 혹은 문제들을 충분히 재검토해야만 한다. 누가 참석했고, 누가 참석하지 않았으며, 그 이유는 무엇이었는지를 적어두기 위해 언론사의 모든 기자들의 이름이 적힌 체크리스트를 간직하고 있어야 한다. 뉴스 스토리를 발전시키고 있는 경우에는 추가적인 사실 설명서와 함께 행사 후의 계속적 연락을 위한 우편물(follow-up mailings)을 수일 내에 보낼 준비를 해야 하고, 축제 리셉션의 경우에는 그 행사에서 찍었던 기념사진들을 동봉하여 보낼 준비를 해야 한다.

그리고 마지막으로, 행사가 뉴스로 보도되었는지 (따라서 앞으로도 그 행사를 반복할 가치가 있는지) 알아보기 위해 미디어를 모니터 해야 한다.

주

1) Jeff Greenfield, "A Charm Book for Candidates," *Columbia Journalism Review* (July/August 1980) : 34-37.
2) John L. Normoyle, "Split Media Press Conferences," *Public Relations Journal*(May 1979) : 14-15.
3) 파트북에 대한 이해는 편집자 일러두기 참조-편집자 주.
4) Normoyle; see also Gary B. Bassford, "The Tube vs. the Pencil Press," *Public Relations Journal* (May 1979) : 16-22.
5) Lou Cannon, "Nessen's Briefings: Missing Questions (and Answers)," *Columbia Journalism Review*(May/June 1975: 12-26.
6) Peter M. Sandman and Mary Paden, "At Three Mile Island," *Columbia Journalism Review*(July /August 1979): 43-58.
7) Mitchell V. Charnley and Blair Charnley, *Reporting* 5th ed.(New York: Holt, Rinehart and Winston, 1979), p. 281.
8) Charnley, p. 222.
9) Adopted by the national convention of SPJSDX, Nov. 16, 1973. See also Todd Hunt, "A Study of Ethics Codes in New Jersey Daily Newspapers," Institute of Communication Studies monograph, Rutgers University(1977).
10) R. Stanwood Weeks, "Setting up the News Room," *Public Relations Journal*(December 1969): 18.
11) Weeks.

04
라디오 이용

라디오는 많은 사람들에게 말하는 또 다른 개인과 같은 기능을 한다. 라디오는 지방적(local)이다. 그리고 라디오의 비용은 메시지 당(當) 값이 비교적 싸다. 따라서 조직은 어떤 메시지가 효력이 없어질 때까지 그 메시지를 라디오로 반복할 수 있다.

바꿔 말하면, 라디오는 PR 실무자가 고려해야 할 매우 중요한 매체이다.

유료 광고로부터 공공 서비스 스폿(spot) 광고에 이르기까지 라디오가 제공하는 포맷(format)을 분석함으로써 라디오가 PR 캠페인에 어떻게 적합한지 논해보도록 하자.

1. 라디오 정보 포맷

1) 유료 광고

만약 자신의 광고 메시지의 정확한 내용, 시간, 날짜를 자신이 원하는 대로 지정하고 싶다면 광고 시간을 돈을 지불하고 사야만 한다. 그런데 돈을 주고 살 수 있는 유료 광고의 종류는 광고 예산의 크기에 따라 결정된다. 불면증 환자들이 주요 청취자인 늦은 밤 시간대의 라디오 스폿 광고 시간은 많은 자가용 자동차 통근자들이 카 라디오를 청취하고 있을 때인 자동차 운전 시간대의 광고 시간보다 더 싸다. 광고주가 스폿 광고를 매일 저녁 로컬 뉴스 방송 전에 나가도록 위치를 정하는 것은 라디오 방송국이 위치를 정해서－아마도 광고 가운데 일부는 프라임 타임(prime time)에 방송해 주겠다는 보장과 함께－똑같은 광고를 30번 혹은 40번 반복하는 일괄 거래 광고(package deal)를 사는 것보다 더 비싸다.

라디오를 이용하는 방법 가운데 매력적이고 유용한 방법이 많이 있지만 유료 광고가 효과적이다. 따라서 가족계획회사(Planned Parent- hood, Inc.), 전국우유제조업협회(the National Milk Council), 국제여성복근로자노동조합(the International Ladies Garment Workers Union), 그리고 미 연방정부 우정국(the U. S. Postal Service) 등과 같은 다양한 조직들이 유료 광고를 이용하고 있다.

아마도 라디오의 가장 중요한 속성은 급히 준비된 메시지를 충분한 예고 없이 일반 공중이나 혹은 전문 공중에게 전달할 필요가 있는 돌발 사태 시나 혹은 비상사태 시의 효용성일 것이다. 1981년 초 항공관제사 노동조합이 미국 전역에 걸쳐서 항공 서비스를 몹시 마비시켰던 파업을 단행했을 때 항공회사들은 즉시 방송 광고 시간을 사서 간단한 광고를 했다. 이 광고에서 침착하고 권위 있는 아나운서는 어떤 비행기 편이 정상적으로 운항하고, 어떤 항공 서비스가 단축되었는지, 그리고 지역 주민들이 다양한 서비스 정보를 얻기 위해 무슨 전화번호를 사용해야 하는지 등을 설명했다. 전화번호 가운데 하나는 비행기 승무원, 또 다른 하나는 지상 근무 직원, 또 다른 하나는 특정한 날에 예정된 비행기 편의 탑승객, 그리고 또 다른 하나는 일반 정보를 위한 번호들이었다.

2) 공공 서비스 광고

방송 면허를 갱신하기 위해 상업 방송국들은 정부기관, 자선 단체, 그리고 커뮤니티 개선 그룹 등이 제공한 유용한 정보를 커뮤니티에 전파하는 공공 서비스를 제공했다는 것을 증명해야 한다. 그 정보가 무료 광고의 형태로 전파될 때 그것을 공공 서비스 광고(public- service announcement, PSA)라고 부른다.

종종 PSA는 유료 광고처럼 멋있게 비용을 들여서 만든다. 그런데 질병이나 사회적 문제를 퇴치하기 위한 연구 기금을 모금하는 조직과 같은 전국적 조직이 우편으로 이 PSA를 라디오 방송국에 보낸다. 다른 종류의 PSA는 대본(script) 형식으로 라디오 방송국에 보낼 수 있다. 혹은 조직의 대변인이 스튜디오에 와서 PSA를 녹음할 수도 있다. 라디오 방송국은 또한 뉴스 보도 자료나 편지에서 정보를 얻어 그것을 아나운서가 읽기 좋도록 라디오 포맷으로 고쳐 쓴다.

보통 비영리 단체들만이 그들의 PSA가 방송되기를 바랄 수 있다. 그러나 전기회사와 전문직업협회가 제공하는 소비자 정보도 비영리 단체의 PSA와 같은 범주에 포함된다. 어떤 형태로든가 PSA를 제출한 조직은 라디오 방송국이 유료 광고를 팔 수 없는 시간대에－즉 라디오 청취자 가운데 오직 일부만이 청취하고 있을 때－그 PSA를 방송해 주기를 기대해야만 한다.

보통 PSA를 한 개 이상 변형시켜 방송국에 제출한다. 그와 같은 변형들은 청취자에게 공공 서비스 광고의 다양성을 제공하고 방송국이 그 광고의 스케줄을 짜는 데 융통성을 주기 위한 것이다.

3) 커뮤니티 게시판

많은 방송국들이 '커뮤니티 게시판(Community Bulletin Board)', '마을 주변 소식(Around the Town)', 혹은 '우리 마을의 오늘 소식[In (our town) Today]' 등이라고 다양하게 부르는 PSA의 변형을 제공한다. 수십 년 동안 미니애폴리스-세인트 폴(Minneapolis-St. Paul) 지역의 시민들은 한 명랑한 여성 아나운서가 모금 행사, 노인들을 위한 무료 연예 오락물, 보건 진료소, 헌혈 자동차 운행 스케줄, 그리고 교육 혹은 문화 행사 등의 일람표를 읽고 소개할 때 그것을 듣기 위해 매일 아침 9시경 CBS 지사 WCCO에 라디오 주파수를 맞추었다. 대부분의 방송국들은 커뮤니티 게시판을 비영리 단체에 제한하거나 혹은 기업체들이 후원하는 비영리적 행사들에 국한한다.

광고 시장이 가장 큰 곳에서는 커뮤니티 게시판 광고들이 보통 군(郡) 규모 행사들에 국한되어 있다. 또한 특정한 시간대에 할당되어 있다기보다 오히려 하루의 프로그램 전반에 걸쳐서 임의적으로 흩어져 있다. 여하튼 PR 부서가 커뮤니티 게시판 포맷으로 PSA 광고를 하기란 쉽다. 왜냐하면 방송국장 앞으로 간단한 편지를 쓰면 되기 때문이다. 혹은 프로모션 담당 매니저나 뉴스 담당자에게 전화를 걸어 PSA 광고를 부탁하는 것도 가능하다.

4) 로컬 뉴스 방송

보도 자료는 라디오가 특별히 필요로 하는 것일 때 그리고 그 보도 자료가 정당한 뉴스 스토리를 포함하고 있을 때, 라디오로 방송될 수 있다. 상연 행사(staged event)는, 언론 대행 · 홍보 모형이 어울릴 때, 공짜 뉴스 취재가 되도록 만드는 또 다른 방법이다. 뉴스가 많지 않은 날에는 정오의 라디오 방송이 메인가와 브로드웨이가의 교차로에서 닭처럼 분장한 한 남자가 가로등 지주를 타고 올라가는 모습을 2~3분간 생방송 하는 것은 이상스럽지 않다. 잇따른 인터뷰가 그 광경이 '닭고기 더 많이 먹기 주간(Eat More Chicken Week)'을 선전하는 곡예라는 것을 알릴 때 모든 사람들이 낄낄 웃는다. 그리고 양계업자협회의 언론 대행자는 그 이벤트가 성공적이었다고 기록으로 적어둔다.

5) 토크쇼

라디오는 끊임없는 방송 시간을 소리로 채워야 한다. 이와 같은 성격을 지닌 라디오 프로그램 가운데 제작비가 가장 싼 프로그램 중의 하나가 청취자 전화 쇼(listener call-in show)이다. 포맷은 매우 다양하다. 때때로 프로그램 사회자는 그 날의 프로그램 토픽을 하나 혹은 그 이상 발표한다. 다른 때에는 어떤 것이나 말할 수 있도록 토픽이 제한되어 있지 않다. 전형적으로, 프로그램에 참가하는 사람들이 방송국에 전화를 걸어오면 잠깐 끊지 말고 기다리도록 한 다음 7초 동안의 녹음 테이프 지연 끝에 방송한다. 이러한 지연 방송은 청취자가 혹시 전화로 불경한 말이나 비방을 할 경우 방송국이 그것을 삭제토록 할 수 있다.

전화를 거는 사람 가운데 어떤 사람들은 분명하게 말하고 소식에 밝은가 하면 어떤 사람들은 극단적인 입장을 미친 듯이 주장하는 사람들이며 어떤 사람들은 단지 수다쟁이들일 뿐이다. 포맷의 수명은, '보통 사람(common person)'이 무엇을 생각하고 말하는가에 관한 지표로서 만이라도, 혼합(mix)형이 보통 흥미가 있다는 사실을 증명한다 [어떤 청취자들/전화 거는 사람들(listeners/callers)은 다른 사람들이 행동하도록 자극하고 싶은 욕망 때문에 전화를 거는가 하면[1)] 다른 사람들은 순전히 외로워서 청취한다고[2)] 연구는 밝히고 있다].

프로그램들은 PR 기능을 할 수 있다. 따라서 많은 조직들이 적어도 한 명쯤 정보에 밝은 사람에게 각 방송을 모니터하는 임무를 부여한다. 그런 식으로, 만약 방송의 대담 프로그램이 총기 제한, 산아 제한, 자제(self control), 혹은 조직과 관련된 것은 무엇이든지 토픽으로 다루게 되면, 조직의 기준선을 제공할 기회가 주어진다. "나는 리 카운티 입양 서비스(Lee County Adoption Service)의 엘리사 댄드리지(Elissa Dandridge)입니다 … 나는 얼마 전 방송국에 전화를 걸고 입양하려면 2년을 기다려야 한다는 얘기를 들었다고 말한 여자 분에게 응답하고 싶습니다. 다행히도 만약 입양 당사자가 소수민족 어린이나 혹은 출생 시 별로 중요치 않은 결함을 갖고 태어난 어린이를 입양하고자 생각한다면 2년까지 기다리지 않아도 좋습니다. 누구든 관심 있는 사람은 입양에 관한 정보를 얻기 위해 이 전화번호로 전화를 걸어야 합니다 …"

어떤 라디오 토크쇼는 쇼의 토론자들이 토론을 시작하고 또한 전화를 걸어오는 청취자들에게 응답하도록 한다. 정부와 사회기관들은 토크쇼에 참가함으로써 그들의 견해를 청취자들에게 말할 기회를 가질 수 있다. 방송국이 토크쇼의 토픽을 미리 알릴 경우에는 조직도 조직의 성원들이 일반 청취자들과 함께 토크쇼에 전화를 걸도록 하는 것이 유익할 수 있다.

6) 공공업무 프로그램

미 연방통신위원회(FCC)는 방송국이 규정에 따라 공공서비스 프로그램을 방송하도록 요구한다. 이 규정을 지키는 또 다른 방법으로 대부분의 방송국들은 일주일에 두 개 혹은 세 개의 프로그램들을 방송한다. 이러한 프로그램에서는 뉴스 스태프나 방송 경영진 가운데 한 사람이 뉴스가 되는 사람(newsmaker), 정부의 대표자, 커뮤니티 그룹의 대변인, 기업체의 PR 담당자 등을 인터뷰한다. 프로그램을 제안하거나 주간 쇼 가운데 일부분을 제안하기 위해 청취자들이 방송국 경영자에게 전화를 걸거나 편지를 보낸다면 보통 응답을 얻는다. 프로그램들 중 대부분은 저녁 늦게 혹은 일요일 아침 일찍 방송되지만 그러한 시간일지라도 방송을 듣는 라디오 청취자들은 많다.

7) 디스크자키의 지껄임

디스크자키는 레코드를 바꾸는 동안 청취자들과 지껄이기를 좋아한다. 디스크자키의 대부분은 충성스러운 팬들이 따른다. 디제이(deejay)는 항상 새로운 자료가 필요하고 종종 진기한 토막 정보를 수집한다. 만약 흥미 있는 이야깃거리가 있다면, 디제이에게 전화를 하거나 짧은 편지를 써서 보내라.

8) '동등한 방송 시간(equal-time)'응답

미 연방통신위원회(FCC)의 공평원칙(Fairness Doctrine)은 방송에서 비판을 받는 사람은 누구에게든지 방송국이 그 비판에 응답할 권리를 주도록 규정하고 있다. 인신공격에 관한 규정에 의하면 방송국은 인신공격을 받은 사람 혹은 사람들에게 응답 권리를 통보해야 하고 공격한 사람의 최초의 방송 대본의 사본도 제공해야만 한다.

많은 방송국들이 공평주의 개념을 자발적으로 확대하고 있다. 그 결과 '다른 견해를 대표하는 책임 있는 그룹들이나 개인들'은 방송국 경영진이 사설 형태로 말하는 어떤 의견에도 응답할 수 있다. 이러한 '사설 응답(editorial reply)'은 방송국 경영진의 의견을 방송했을 때와 똑같은 일반적 방송 시간대에 똑같은 포맷으로 방송된다. 그리고 방송국은 응답을 희망하는 사람은 누구든지 방송국 기술자와 감독이 돕도록 한다.

방송국 경영진이 방송으로 발표한 의견과는 다른 의견들이 많이 있다는 것을 인정하는 다른 방송국들은 청취자들의 편지를 읽기를 좋아하거나, 혹은 방송국에 전화를 걸어 의견을 말한 시민들의 전화 통화에서 인용한 말들을 이어 맞추기를 좋아한다. 어떤 조직이든지, 정치적, 사회적, 혹은 공공 업무적 입장을 지니고 있는 조직은 로컬 방송국들을 모니터하고 방송 매체에 대한 접근권을 이용할 준비가 되어 있어야 한다.

9) 전문화한 기회

라디오 방송국들은 종종 다른 사람들이 준비한 프로그램을 공공 정보로 사용한다. 예를 들면 대학교는 교수들과 농업 개혁 확산 요원들로 하여금 그들이 전문적으로 잘 알고 있는 토픽들을 토론하게 한다. 많은 방송국들이 주말 아침에 주로 방송하는 녹화 프로그램은 교육 기관의 명성을 높여준다. 기업체와 전문 조직체는 직업에 관한 공공업무 프로그램을 제공하고 비즈니스 업체들은 소비자 정보를 제공한다. 대기업체들이 공영 텔레비전의 문화 프로그램을 후원하는 것처럼, 대기업체들은 또한 공영 라디오가 대기업체의 후원을 프로그램의 처음과 끝에 밝혀주는 대가로 공영 라디오에 기금을 제공한다.

2. 경영상의 고려 사항

PR 메시지를 전달하기 위해 라디오를 사용해야 할지 안 할지 결정할 때 유의해야 할 네 가지 요소들이 있다.

라디오는 많은 포맷을 제공하므로 융통성이 있는 매체다.
라디오는 주로 로컬 매체다.
라디오는 전문화한 청취자들을 상대로 하는 전문화한 방송국들을 갖고 있다.
거의 모든 공중들이 라디오를 이용한다.

이와 같은 일반적 요소들이 어떻게 특별한 경영적 고려의 대상으로 바뀌는지 살펴보도록 하자.

1) PR의 모형

이 책의 저자 그루닉과 헌트가 이미 밝힌 네 가지 PR 모형의 각각에 어울리는 라디오 포맷이 있다.

유료 광고, 디스크자키의 수다, 토크쇼, 그리고 공공서비스와 커뮤니티 게시판의 알림 등은 언론 대행 · 홍보 모형의 PR 실무자에게 행사나 서비스를 알리는 수단을 제공하거나 혹은 조직을 홍보하는 수단을 제공한다.

공공 정보 모형의 PR 전문가들은 그들의 공중들에게 알리기 위해 로컬 뉴스 방송, PSA(공공서비스 광고), 공공업무 프로그램, 그리고 앞에서 언급한 전문화한 기회들(specialized opportunities)을 이용한다.

쌍방 불균형 모형의 PR 실무자들은 그들의 견해를 선전하기 위해 자주 유료 광고(paid announcement)를 구입한다. 이 모형에 의존하는 많은 PR 실무자들이 또한 PSA 방법을 사용할 수 있다. 특히 그들이 금연, 마약 퇴치, 혹은 심장 질환 퇴치 캠페인과 같은 사회적으로 바람직한 운동을 촉진하고 싶을 때 그렇다. 그들은 또한 그들의 캠페인 옹호자를 토크쇼나 공공서비스 방송에 내세울 수도 있다.

쌍방 균형 모형의 PR 실무자들은 조직의 메시지를 전달하기 위해 모든 라디오 포맷들을 사용할 수 있다. 그러나 그들은 토크쇼와 그 밖의 다른 종류의 대화 프로그램이 특별히 유용하다는 것을 알아야 한다. 활동적 공중의 성원들과 함께 토크쇼나 혹은 청취자 전화 쇼에 출연하는 조직체 경영진의 임원들은 그와 같은 공중의 대표자들로부터 배울 수 있고 새로운 아이디어들을 시험할 수 있다. 토크쇼나 청취자 전화 쇼를 청취하는 공중들은 그 쇼에 출연한 조직체 경영진의 대표자들이 이슈를 논하고, 그들의 주장을 제시한 다음 역시 그 쇼에 함께 출연한 공중의 대표자들과 협상하고 타협하는 것을 들을 수 있다. 바꿔 말하면 라디오는 공중의 성원들이 균형적 대화를 들을 수 있게 한다. 그러나 PR 실무자들이 기억해야 할 것은 조직체 경영진의 대표자들에게 쇼의 방송 중 교섭하고 협상토록 조언하는 것이다. 대화의 상대방을 위협하여 복종하게 하지 않도록 조언하는 것이다.

2) 목적

일반적으로 PR 실무자들은 라디오를 사용하는 목적으로 인쇄 매체의 사용 목적과 동일한 목적을 선택한다. 그들은 사람들이 조직의 메시지를 들을 수 있도록 라디오 프로그램 일정 속에 조직이 포함되기를 바란다.

PR 실무자들은 또한 사람들이 조직의 메시지를 잊지 않고 기억하기를 바란다. 따라서 방송국이 그 메시지를 방송하는 시간이 어떤 시간인가에 따라 커다란 차이를 낳는다. 일요일 새벽 5시 30분에 방송되는 30분간의 토크쇼는 아침 일찍 잠이 깨는 갓난아이를 가진 부모들이나 혹은 이른 아침 종교적 예배 때문에 일찍 일어나는 사람들을 제외하고는 누구도 청취하지 않는다. 그러나 만약 전문 직업인들에게 메시지를 전달하고 싶다면 직장인들이 자동차로 출퇴근하는 시간에 방송토록 하라. 그러나 가정주부들에게 메시지를 전달하기 위해서는 주간(daytime) 시간을 이용해야 한다. 틴에이저들은 어떤가? 학교가 끝난 뒤 팝과 록(pop and rock) 음악 프로그램을 주로 방송하는 라디오 방송국을 이용하여 그들에게 메시지를 전달할 수 있다.

지금까지 설명한 라디오 포맷 가운데 대부분은 방송 시간을 통제할 수 없으나 종종 방송 시간을 예측할 수는 있다. 라디오 방송국에 보낸 조직의 메시지가 방송될 가능성이 가장 많다 하더라도 목표 공중이 그 메시지를 청취할—그리고 기억할—가능성이 없다면 다른 매체를 선택하라.

유료 광고는 사람들의 태도와 행동 가운데 어떤 면들을 변화시킬 수 있다. 그러나 그와 같은 변화 효과는 달성하기가 어렵다는 것을 기억하라. 목표 공중이 광고 메시지를 수용하고, 기억하며, 이해하도록 노력하라. 그와 같은 목표를 달성하는 광고(announcement)는 보통 가장 설득력이 있는 광고이다.

3) 효과적 프로그램

파트북[3)] 『PR의 기능과 운영』에서 설명했던 모든 프로그램들이 목표로 삼는 공중들에 도달하기 위해서 라디오를 사용할 수 있다. 그러나 라디오는 로컬 공중들을 겨냥한 PR 프로그램들을 위해 사용할 때 가장 효과적이다.

라디오는 지역사회와의 관계를 돕는 데 명백한 효과가 있다. 라디오는 또한 로컬 프로모션과 기금 모금에 사용될 수 있다. 조직의 고용인들이 많으면 방송국들은 그 조직의 고용인들을 목표로 한 광고(announcement)를 방송한다. 그리고 조직의 메시지가 재정적 뉴스일 경우에는 그것을 비즈니스 프로그램에 포함시켜 방송할 수 있다.

거의 모든 사람들이 라디오를 청취하지만 관련도가 높은 공중의 성원들은 특정한 시간에 특별한 방송국을 선정하여 라디오를 듣는다. 신중하게 프로그램을 계획하라. 그러면 특별한 조직의 관심사에 관해 자각적이고 활동적인 공중들과 커뮤니케이트 할 수 있다.

4) 시간과 돈의 비용

라디오는 조직이 보도 자료를 방송국에 보내거나, 혹은 조직의 대표자가 토크쇼, 공공업무 프로그램, 동등한 방송 시간 배정 원칙에 따른 응답(equal-time reply) 프로그램에 출연한다면 비용이 들지 않는 매체이다. 그러나 비록 이와 같은 방송 포맷들이 비용은 많이 들지 않는다고 하더라도, 포맷을 짜는 데 상당한 시간이 걸릴 수 있다.

만약 공공서비스 광고(PSA)나 유료 광고를 한다면 라디오가 인쇄매체

보다 더 많은 비용이 들 것이다. 탤런트를 고용해야 하고, 음악 작품권(music rights)을 사야하며, 음성 녹음테이프를 만들어 배포해야 하고, 방송국의 방송 시간을 사야만 할 것이다. 음성 포맷은 또한 갠트 차트(Gantt chart)나 네트워크 도표를 사용하는 계획과 조정을 필요로 한다.

5) 평가

공중이 라디오 방송을 통해 조직의 메시지를 수용하고 기억하도록 하는 PR의 목적이 달성되었는지 평가하기 위해서, 즉 라디오 메시지의 효과를 평가하기 위해서, PR 실무자들은 방송국이 조직의 메시지를 방송했는지, 그 메시지를 청취한 사람들이 있는지, 그리고 그 청취자들이 메시지를 기억하고 있는지 알고 싶을 것이다.

라디오 방송의 특성은 하루살이처럼 단명하기 때문에 무엇을 방송했고 청취자들이 어떻게 반응했는지 기록으로 유지하는 것은 어렵다. 정리해 보관할 발췌 기사(clipping)도 없고 청취자의 반응을 측정할 수 있도록 청취자가 광고나 상품에서 떼어 우편으로 보내는 우대 쿠폰도 없다. 주요 시장에서는 방송을 모니터하고 어느 시간에 어떤 메시지를 방송했는지 증명하는 '방송 체크(air check)' 일지를 작성하는 서비스 회사에 그와 같은 서비스를 신청할 수 있을지 모른다.

방송된 지 하루나 이틀 이내에 PR 실무자가 방송국에 전화를 걸면 프로모션 담당 국장은 틀림없이 방송 대본을 찾아내어 PR 실무자가 필요로 하는 사본을 만들어 줄 수 있다. 물론 PR 실무자가 방송국에서 일하는 사람들 가운데 한 사람을 잘 사귀어 놓았다면 그 사람은 방송 직후 PR 실무자가 적절한 사본을 받도록 확인할 수 있다. 공공서비스 광고(PSA)일 경우에는 미 연방통신위원회(FCC)에 방송국이 공공서비스 광고 시간을 할애했다는 것을 문서로 증명하기 위해 방송국은 PSA를 신청한 조직에 '지불필(paid)'이라고 표시한 청구서 형태의 확인서를 보내주는 것이 관례다.

누군가 조직의 메시지를 청취했는지 확인하기 위해 PR 실무자는 인쇄매체용 보도자료에서 사용하는 것과는 다른 주소나 전화번호를 라디오 스폿(spot) 광고에 포함시킬 수 있다. 또 다른 방법은 역시 인쇄 매체용 메시지와는 다른 중요한 문구를 라디오 메시지에 포함시키는 것이다. 이것은 나중에 PR 실무자와 커뮤니케이트 하는 청취자가 PR 실무자가 라디오를 위해 변형시켜 놓은 라디오 매체용 메시지를 들었는지 여부를 시사해 준다.

물론 청취자들은 비록 PR 실무자와 곧 커뮤니케이트 하지 않는다 하더라도 PR 실무자의 메시지를 기억했는지 모른다. 어떤 라디오 포맷을 사용하면, 청취자들이 메시지를 수용하고, 태도를 형성 혹은 변화시키거나, 혹은 어떤 식으로 행동하리라고 PR 실무자는 바랄지 모른다. 따라서 방송 후의 전화 서베이는 메시지가 바란 대로 효과가 있었는지 여부를 PR 실무자가 결정하는 데 도움을 줄 수 있다.

3. 라디오 스폿(spot) 광고의 작성

인쇄 매체를 위해 글쓰기를 익힌 기자들과 광고 문안 작성자들은 결국 라디오 매체를 위한 문장 작성이 아주 다르다는 것을 알아야 한다. 인쇄 매체에 실린 메시지는 음성 매체를 위한 메시지로 직접 바꾸기가 거의 불가능하다. 시간은 돈이나 마찬가지이기 때문에 음성 메시지는 더 경제적이라야 한다. 그리고 음성 메시지는 인쇄 매체가 필요로 하는 보다 형식적 문장 구조를 따르기보다 오히려 보다 회화적 스타일로 써야 한다. 예를 들면 〈도표 4-1〉에서 롱아일랜드 조명 회사(Long Island Lighting Company)의 찰스 피어스(Charles Pierce) 회장이 자신을 '찰리(Charlie)'라고 부른 것에 주목하라.[4)]

가장 단순한 형태의 라디오 스폿 광고는 단지 다음과 같은 메시지를 말하는 한 사람의 아나운서로 구성되어 있다.

> 아나운서 : 오늘 적십자사 헌혈 자동차가 에디슨(Edison)에 있는 포드 자동차 제조회사의 공장을 방문합니다. 헌혈 자동차는 공장의 남쪽 주차장에서 오전 8시부터 오후 2시까지 종업원들과 그들의 가족들로부터 헌혈을 받습니다. 혈액형이 O형인 사람의 헌혈이 특별히 시급하다

고 합니다. 우리 고장 트라이카운티(Tri-County) 지역의 위급한 혈액 부족 사태를 해결토록 도웁시다. 오늘 헌혈하십시오!

모든 라디오 방송국은 방송하기로 수락한 자료는 어느 것이든 아나운서가 읽도록 한다. 많은 방송국들은 또한, 전에 스튜디오에서 녹음해둔 배우들이나 '진짜 사람들(real people)'의 목소리를 포함하여, 스폿 광고를 개선하기 위한 다른 요소들을 추가하도록, 광고주들과 그리고 비영리 조직까지도 기꺼이 도와준다. 대부분의 방송국들은 소리 효과 자료를 보관한 도서관을 갖고 있다. 방송국들은 그 자료를 처음 구입했을 당시에 돈을 지불했기 때문에 라디오 방송에 사용할 권리가 있다. 만약 방송 대본이 조용한 목가적 음악이나 '도시풍(city beat)'의 빠른 템포의 '도입과 사라짐(lead-in-and-fade-under)'을 효과 음악으로 요구한다면 방송국 기술자가 음악 도서관에서 그와 같은 효과 음악을 빨리 찾아낼 수 있다.

이러한 기본적 요소들은 정교한 소리의 혼합이나 순식간의 타이밍을 필요로 하지 않는 단순한 PSA나 상업적 스폿 광고에 쉽사리 이용할 수 있다. 그러나 로컬 방송국이 제리 스틸러(Jerry Stiller)와 앤 미라(Anne Meara) 혹은 딕(오킨)[Dick(Orkin)]과 버트(버디스)[Bert(Berdis)]의 멋있는 대화를 다룬 스폿 광고와 같은 훌륭한 스폿 광고를 만들도록 PR 실무자를 도와줄 것이라고 기대하지 말라. 그와 같은 수상(award-winning) 경력이 있는 스폿 광고들은 감독과 일단의 기술자들이 특별한 스튜디오에서 만든 다음, 녹음된 형태로 개별 방송국들에 배포된다.

1) 가장 좋은 순간을 포착하기

일단 기본적 소리 요소들이 선택되었으면, 중요한 제한적 요소는 시간이다. 인쇄 매체의 기자는 메시지를 알리는 데 900개의 단어들을 사용할 수 있고, 광고 문안 작성자는 활자 크기를 조작해서 그보다 약간 더 많은 단어들을 사용할 수 있는 반면, 라디오 방송 기자는 30초(PSA 광고에 사용되는 전형적 시간)만큼 짧은 포맷으로 문구를 작성해야만 한다. 이 시간은 40초나 50초로 늘릴 수 없다.

도표 4-1

ACCOUNT:. TITLE: " OPENING SCRIPT" P. 1

Identification #: 1 Length: 90
RADIO

<u>CHARLES PIERCE:</u>

THIS IS CHARLIE PIERCE, CHAIRMAN OF THE LONG ISLAND LIGHTING COMPANY.

THIS IS THE FIRST IN A SERIES OF PROGRAMS LILCO IS SPONSORING.

THE REASON FOR DOING SO IS SIMPLE.

THERE ARE A LOT OF TOUGH ISSUES FACING LILCO AND THE PEOPLE OF LONG ISLAND.

AND WE BELIEVE WE SHOULD FACE THEM TOGETHER.

BECAUSE THE DECISIONS WE FACE AFFECT EACH AND EVERY ONE OF YOU.

AND THEY AFFECT LILCO TOO, BECAUSE WE'RE ALSO A PART OF THE LONG ISLAND COMMUNITY.

I'M NOT JUST TALKING ABOUT YOUR UTILITY BILL, ALTHOUGH THAT'S ONE OF THE ISSUES WE'LL BE DISCUSSING ON THESE PROGRAMS.

THERE ARE OTHER KEY AREAS: THE ENVIRONMENT, THE LOCAL AND NATIONAL ECONOMY FUTURE INVESTMENT, NUCLEAR ENERGY, CONVERSION FROM OIL TO COAL, AND UTILITY MANAGEMENT.

I ALSO WANT TO USE THESE PROGRAMS TO REVIEW PAST POLICIES, ANNOUNCE NEW PROGRAMS, AND GENERALLY KEEP YOU INFORMED WITH NEWS ANNOUNCEMENTS.

YOU MAY NOT AGREE WITH EVERYTHING WE HAVE TO SAY. OR EVERYTHING WE HAVE TO DO. BUT I <u>WILL</u> GIVE YOU THE FACTS.

WE'LL TALK ABOUT THINGS WE'VE DONE IN THE PAST AND WHAT WE'LL DO IN THE FUTURE. AND WE'll EVEN TALK ABOUT SOME MISTAKES WE'VE MADE.

I ALSO INTEND TO INVITE PEOPLE WITH OPPOSING POINTS OF VIEW TO SPEAK ON THIS PROGRAM,AND I MAY NOT AGREE WITH WHAT THEY SAY.

BUT THERE'S A TREMENDOUS NEED TO DISCUSS OUR PROBLEMS OPENLY AND IN PUBLIC, AND WE DON'T THINK OUR CUSTOMERS SHOULD HAVE TO PAY FOR IT.

THAT'S WHY THESE PROGRAMS WILL BE PAID FOR BY OUR SHARE HOLDERS

THANK YOU FOR LISTENING.

THIS IS CHARLIE PIERCE FOR LILCO.

(:84)

1981년 롱 아일랜드 조명 회사 릴코(Lilco)는 '솔직한 이야기(straight-talk)'라는 메시지를 다룬, 90초에서 2분 사이의 라디오 스폿 광고 시리즈를 방송하기 시작했다. 이 메시지는 회사 회장 겸 최고 경영자인 찰스 피어스(Charles R. Pierce)가 읽었다. 그런데 그는 스폿 광고마다 자기 자신을 '찰리 피어스(Charlie Pierce)'라고 불렀다. 이와 같은 일련의 '지속적 광고 프로그램'은 핵발전소, 석탄 전환, 요금인상 요구 등을 포함한, 공공사업 산업(utility industry)이 직면한 곤란한 이슈들을 대단히 강조했다. 성공적인 광고 시리즈 가운데 최초의 방송 대본인 〈도표 4-1〉이 가리키듯이, 릴코 회사는 회사를 비평하는 사람들에게도 그들의 견해를 말하도록 방송 시간을 공짜로 제공했다(롱아일랜드 조명 회사 제공).

적당한 속도로 읽을 경우 60초가 걸리는 광고 문안(copy)은 약 140단어에 해당한다. 그러나 한 행에 70단어만큼 15행을 타이프하면 정확히 1분간의 방송 시간이 소요된다. 그러나 짧고 빠른 문구들은 아나운서가 읽는 시간(방송 시간)을 줄일 수 있는 반면 발음하기 어려운 긴 말들은 읽는 시간을 느리게 할 수 있다. 따라서 믿을 수 있는 유일한 체크 방법은 한두 명의 다른 사람들에게 방송 대본을 크게 읽도록 하는 것이다. 스튜디오에서 시험적으로 읽고 연습을 해본 뒤에 단어나 문구를 몇 개 삭감하거나 추가하라.

시간제한은 종종 하나의 완전한 아이디어를 한 개의 형용사로 표현해야만 한다는 것을 뜻한다. PR 실무자는 앞에서 언급했던 혈액 부족 사태의 이유를 설명하고 싶을지도 모른다. 그러나 PR 실무자는 '위급한(critical)'이라는 형용사가 청취자들을 감동시켜 특별한 이유를 듣지 않고서도 헌혈에 대한 호소를 믿도록 만들 것이라고 희망하지 않으면 안 된다.

시간제한은 또한 판에 박힌 소리나 문구에 호소하는 것을 의미할 수 있다. 몇 소절의 캠프파이어 음악, 박수, 그리고 "캠프 와나트샤에 어서 오십시오(Welcome to Camp Wanatsha)"라는 대사는 청취자들이 틀림없이 어떤 YMCA 스폿 광고의 야영장을 머리 속에 떠올리도록 만들지 모른다. 아나운서나 혹은 대화적 스폿 광고에서 처음에 말하는 사람이 다음과 같은 묘사적 단어들을 사용함으로써 청취자가 하나의 상을 마음에 그리도록 할 수 있다.

> "애야 조깅복 차림이구나 … 우유 마실 필요가 없을 정도로 몸이 자랐니?"
> "(헐떡, 헐떡) … 아니오!"

2) 스폿 광고의 변형

10초부터 60초 사이의 여러 가지 표준 시간대에 맞추기 위해 라디오 스폿 광고를 다르게 변형시키는 것이 보통이다. 유료 광고(paid announcement)의 경우 꼬박 60초의 스폿 광고 캠페인을 소개한 다음 모든 중요한 요소들을 포함하고 있으면서도 간결하게 요약된 20초 혹은 30초의 스폿를 이용하여 바라는 반복 효과를 달성함으로써 비용을 절약할 수 있다.

비영리 단체가 PSA를 준비할 때는, 방송국이 방송국의 포맷에 가장 잘 어울리는 스폿 변형들을 선택할 수 있도록 10초, 20초, 30초, 그리고 60초의 스폿 변형들을 방송국에 제공하는 것이 좋은 아이디어다. 예를 들면, 여기에 지방의 비영리적 전문극장인 조지 스트리트 극장(George Street Playhouse)을 위해 작성한 동일한 PSA 광고를 다르게 변형시킨 것들이 있다.

> 아나운서 "조지 스트리트 극장에서 연극을 상연합니다. 가장 좋은 좌석을 얻도록 확인 하십시오. 지금 예약하십시오. 전화번호는 246-7717입니다."(10초)

> 아나운서 "조지 스트리트 극장에서 연극을 상연합니다. 상연할 연극은 토배코 로드(Tobacco Road), 작크 브렐(Jacques Brel), 사생활, 셰익스피어, 그리고 두 개의 훌륭한 미국의 신연극들입니다. 예약하시면 가장 좋은 좌석에 앉습니다. 정기 입장권을 예약하시려면 246-7717로 지금 전화를 거십시오."(20초)

> 아나운서 "조지 스트리트 극장에서 연극을 상연합니다. 공연 시즌은 토배코 로드(Tobacco Road)와 함께 9월 막을 올립니다. 즐거운 뮤지컬 작크 브렐(Jacques Brel)을 보시면 감동하실 것입니다. 시즌을 장식할 다른 연극들은 닐 카워드(Neel Coward)의 훌륭하고 재치 있는 사생활(Private Lives), 윌리엄 셰익스피어의 감동적인 헨리 4세, 그리고 두 개의 훌륭한 미국의 신연극들입니다. 예약하신 분은 가장 좋은 자리를 얻습니다. 정기 입장권을 지금 예약하십시오. 기다리시면 안 됩니다. 246-7717로 전화하십시오."(30초).

정보량을 갑자기 늘리기 위해 광고 시간을 더 사용하지 않는다는 것에 주목하라. 오히려 형용사를 더 추가하고, 상세한 내용을 약간 집어넣으며, 청취자에게 더 큰 친밀감을 보여줌으로써, 보다 짧은 스폿 광고의 기본적인 아이디어에 살을 붙이기 위해 광고 시간을 더 사용한다는 것에 주목하라.

4. 광고 자료의 제출

시간 제약이 대부분의 라디오 방송국들로 하여금 그들이 사용하는 PSA를 고르는 데 까다롭도록 만든다. 방송국이 PSA를 고를 때 어떤 PSA는 거절하게 되는 주요 원인들은 다음과 같다.

> 자료가 지나치게 하찮거나 재미없다.
> 스포트에 지방적 관점(local angle)이 없다.
> 스포트의 어조가 방송국의 포맷과 어울리지 않는다.
> 제출한 테이프가 방송국이 요구하는 기술적 질의 기준에 미치지 못한다.[5)]

라디오 방송국에 테이프 형태로 제출해야 하는 자료는 스튜디오에서 사용하는 훌륭한 장비를 가지고 새로운 1/4인치 전자 녹음테이프에 녹음한 것이라야 한다. 만약 사본 테이프 하나만이 필요하다면 마스터 녹음 릴에서 그 테이프를 잘라 작은 플라스틱 릴에 다시 감는다. 만약 방송국이 스폿을 반복적으로 사용할 계획이라면, 단추를 누르기만 함으로써 스폿가 자동적으로 돌아가도록 그 스폿를 플라스틱 카트리지에 옮길 것이다.

만약 복사가 필요하면 마스터 테이프를 다중 복사기가 있는 스튜디오로 가지고 가라. 고속 다중 복사기는 동시에 여섯 개의 사본(copy)을 만들어 낸다. 그 다음에 이 사본들은 개별적인 릴이나 카트리지에 다시 감아놓을 수 있다. 자주 사용하기 위해 다량으로 배포하는 PSA는 카트리지 형태로 포장해야만 한다. 그 이유는 방송국 경영자가 카트리지로 잘 포장된 스폿은 언제나 편리하게 사용할 수 있기 때문에 그 스폿을 승인할 가능성이 증가하기 때문이다.

만약 PR 실무자가 PSA나 테이프에 녹음한 다른 정보를 라디오 방송국에 제출하려고 하는데 방송국 경영진을 잘 알지 못한다면, 그 자료를 신문사의 경우 편집자에 해당하는 제너럴 매니저(general manager) 앞으로 보낼 수 있다. 만약 그 자료가 뉴스 가치가 있다면 뉴스 담당국장 앞으로 보내질 것이다. 그러나 만약 그 자료가 다른 포맷에 더 잘 어울린다면 프로그램 담당 국장에게 보내질 것이다.

라디오를 자주 사용하려고 계획하는 조직은 방송국에 보내는 자료와 직접적인 관계가 있는 사람에게 그 자료를 보낼 수 있도록 하기 위해 방송국의 뉴스부와 프로그램 제작부 양쪽에 아는 사람들을 만들어 놓아야 한다. 방송국의 질문에 대답할 수 있거나 혹은 방송국에 추가 정보를 제공할 수 있는 조직의 담당자 이름, 주소, 그리고 전화번호를 커버 편지(covering letter)의 상단, 방송 대본, 그리고 테이프 릴 자체에 표시하는 것을 잊지 말라. 방송국의 자료 담당자들이 조직에 전화를 걸려고 결정하는 순간 그들이 수중에 어떤 자료를 갖고 있을지 결코 알 수 없기 때문이다. 자료를 제출하는 방법이나 누구에게 제출해야 하는지를 확실히 모르는 사람은 누구든지 방송국의 응접실에 가기만 하면 보통 짧은 인터뷰와 오리엔테이션을 받는다. 라디오 방송국은 미 연방통신위원회(FCC) 규정 때문에 신문사보다도 방문객을 더 접대하는 경향이 있다.

5. 라디오 방송용 정보의 전화 제공 서비스

PR 부서가 거의 매일 라디오 방송국들을 상대하고 있다는 것을 깨닫기 시작할 때는—즉 경제, 에너지, 안전, 혹은 연구 등과 같은 토픽에 관하여 조직 내부의 대변인들이 발언한 내용을 방송국들에 매일 인용문으로 제공하고 있다는 것을 깨닫기 시작할 때는—'음성 정보 제공(audio feed)' 시스템을 만들 때이다. 그 다음에 라디오 방송국들은 계속적인 자동 정보 제공을 위해 조직이 녹음해 놓은 1분 혹은 2분짜리 자료를 테이프에 녹음하기 위해 조직의 특정한 전화번호로 전화를 걸 수 있다. 사실은 라디오 방송국의 테이프 녹음기가 PR 부서의 테이프 녹음기를 전화로 듣고 복사하는 것이다. 방송국 측의 이점은 방송국이 몇 분간의 노력만 하면 특별한 주선을 하지 않아도 '생방송 인터뷰(live interview)' 자료를 얻는 것이다.

그와 같은 정보 제공 시스템이 많은 조직들에게 가치가 있지 않다는 것은 분명하다. 그러나 다가오는 경기에 관해 감독들로부터 한두 마디 말을 듣기 위해 수많은 방송 매체 종사자들이 매일 전화를 거는 스포츠 팀의 경우에는 이 시스템이 효과를 잘 발휘한다. 하루에 네 번 혹은 다섯 번의 비율로 인쇄 매체 보도 자료를 발행하는 큰 대학교는 주(州)와 지역의 많은 라디오 방송국들에 음성 정보 제공 시스템으로 정보를 제공하는 것이 자연스럽다.

아마 전화를 통한 정보 제공(Fone-Feed) 서비스를 가장 많이 사용하는 기관은 미연방정부의 성(省)들일 것이다. 워싱턴에 있는 거의 모든 기관들은 홍보가 잘 된 전화번호를 갖고 있기 때문에 기자들은 프로그램 자료의 전송을 그 전화로 요구할 수 있다. 『워싱턴포스트』 지는 방송자가 즉시 이용할 수 있는 다양한 자료들에 관해 조롱하듯이 익살스럽게 쓴 기사들에서 그러한 전화번호의 일부를 목록으로 만들어 게재했을 정도로, 사실은 전화를 통한 정보 제공 관행이 널리 만연되어 있다.

전화를 이용한 정보 제공 시스템이 성공하려면 시초에 홍보를 활발히 해야만 한다. 본래 그와 같은 홍보는 모든 지역의 라디오 방송국 뉴스 담당 국장들에게 직접 전화를 걸어 그들에게 그 정보 제공 시스템이 어떻게 작동하는지 설명한 다음 전화로 샘플 테이프를 들려줌으로써 이루어진다. 그 후 권유 편지를 방송국에 보내고 이 편지와 함께 생각나게 만드는 카드(혹은 저절로 달라붙는 접착 딱지)를 보내어 뉴스 데스크 전화기 옆에 붙여 놓도록 한다. 물론 카드나 딱지에는 정보제공 전화번호가 적혀 있어야 한다.

1) 테이프 고리의 준비

메시지를 보내는 사람은 매일 한두 개의 짧은 기사를 제공할 준비가 되어 있어야 한다. 보통 이러한 기사들은 특집 기사들이다. 그러나 만약 현장 뉴스 스토리가 공표되면 조직의 사장, 매니저, 혹은 조직을 대변할 수 있는 위치에 있는 직원 누구든지 성명서를 언론에 제공하기 위해 전화를 통한 정보 제공 시스템을 사용할 수 있다.

메시지는 걸려오는 전화에 의해서 작동하게 되는 식으로 전화기에 부착된 되돌리기(playback) 장비의 음성 테이프 고리(tape loop)에 녹음해 둔다. 테이프 고리는 전화 연결이 끊기면 자동적으로 다시 감긴다. 메시지는 머리말 부분과 음성 정보 부분의 두 부분으로 구성되어 있다. 아래의 방송 대본은 라디오 뉴스 담당 직원이 좋아하는 대문자 포맷으로 적혀 있는 것에 주목하라.6)

> 저는 주립대학교 스포츠 정보 담당 국장 로버트 로빙스(Robert Robbings) 입니다. 오늘의 성명서는 알렉산더 앤더슨(Alexander Anderson) 풋볼 감독이 토요일에 센트럴 테크(Central Tech) 대학교와 갖게 될 시합에 신참 쿼터백을 선택한 이유에 관한 40초짜리 성명서와, 체육관 시설을 위한 공채 발행 수정 법안을 지지하는 대학교 총장 하워드 혹시(Howard H. Hoxie) 의 50초짜리 성명서입니다. 정보가 더 필요하면 999-9999번으로 저에게 전화를 거십시오. 전화 정보 제공 서비스는 삑 하는 소리와 함께 시작될 것입니다.
>
> (5초 동안 멈추었다가 삑 하는 소리가 난다.)
>
> 우리는 … 에 … 우리는 테크(Tech) 대학교와의 시합에 랜스 라슨(Lancelarson)을 내세우기로 결정했습니다. 그 이유는 테크 대학교 풋볼 팀이 런닝 공격에 대한 방어가 강하다는 것을 보여주었기 때문입니다. 그러나 우리는 그들이 패스에 대해서는 약하다고 생각합니다. 그래서 랜스는 우리의 … (등등)

인쇄 매체용 특집 보도 자료를 정기적으로 발행하는 조직은 전화 정보 제공 시스템이 라디오로 그와 같은 보도 자료를 더 많이 방송되도록 도울 것이라는 것을 발견할지 모른다. 만약 테이프 녹음기가 인쇄된 보도 자료를 '설명하기 위한' 음성 정보를 담고 있다면 그 보도 자료 상단에 특별한 박스(box)를 표기하여 라디오 방송국들이 주의를 하도록 경고해야 한다. 그리고 박스 안에는 다음과 같은 글을 적어 놓는다.

라디오 뉴스 담당 국장님 귀하, 아래 스토리의 중요한 인용문들을 말로 녹음한 보도 자료를 듣고 싶으시면 999-9999번으로 전화 정보 제공 서비스에 전화를 걸어주십시오.

음성 정보 제공 시스템(audio-feed system)이 효과를 발휘하도록 만들기 위해 공공 정보 부서는 신중한 사전 준비를 해야 하고 스태프 가운데 한 사람을 테이프 준비와 장비 유지 업무를 맡도록 임명해야 한다. 어떤 조직은 일 년 내내 매일 전화 정보 제공 서비스를 하는 것은 불가능하다는 것을 알고 있다. 그러나 집회, 주(州) 토너먼트 경기 대회, 혹은 미디어가 여분의 서비스를 요구하는 또 다른 연중행사 등과 같은 특별한 때에는 전화 정보 제공 시스템이 유용하다는 것을 알고 있다. 뉴저지 주에서는 주지사의 커뮤니케이션 사무실이주 의회가 열릴 때 매주 낮이나 밤이나 음성 정보를 제공하고 주 의회 회기가 끝날 무렵 주지사가 중요한 법안에 서명할 예정일 때는 낮에만 제공한다.

주

1) John Crittenden, "Democratic Functions of the Open Mike Forum," *Public Opinion Quarterly* (Summer 1971): 200-210.
2) Feffrey Bierig and John Dimmick, "The Late Night Radio Talk Show as Interpersonal Communication," *Journalism Quarterly* (Spring 1979): 92-96.
3) 파트북에 대한 이해는 편집자 일러두기 참조—편집자 주.
4) 찰리는 찰스의 애칭—역자 주.
5) See, for example, William B. Toran, "Radio: Fertile Ground for Nonprofit Public Service Sports," *Public Relations Journal*(August 1977): 24-25.
6) 영어 원문에서는 대문자로 표기되어 있으나 우리말 번역에서는 대문자 표기가 불가능하므로 이를 무시했다—역자 주.

참고 문헌

Broussard, E. Joseph, and Jack f. Holgate, *Writing and Reporting Broadcast News* (New York: Macmillan, 1982).

Guimary, Donald L., *Citizens' Groups and Broadcasting*(New York: Praeger, 1975).

Hilliard, Robert L., *Writing for Television and Radio*, 3d ed.(New York: Hastings House, 1976).

Stephens, Mitchell, *Broadcast News*(New York: Holt, Rinehart and Winston, 1980).

05
텔레비전과 비디오테이프

미국 CBS 네트워크 텔레비전의 〈댈러스(Dallas)〉라는 프로그램에 악인으로 등장하는 사악한 J. R. 유잉(J. R. Ewing)은 미국 실업가들의 대표적 인물인가?

1981년 5월 '악한, 사기꾼 그리고 어릿광대 : TV 오락물에 등장하는 실업가'라는 제목의 한 연구는 텔레비전에 묘사되는 기업체 사장들의 대부분은 불법적 행동을 저지른 반면 단지 3%만이 사회적으로 생산적인 행동을 하는 것으로 묘사되었다고 보고했다. 모빌 오일(Mobil Oil) 석유 회사는 'TV 카메라가 사회를 왜곡하는가?'라는 표제가 붙은 회사의 공공이슈 광고 가운데 한 광고에서 기업인들에 대한 이와 같은 견해에 이의를 제기하고 "텔레비전은 개인들의 소집단이 갖고 있는 사회적이고 경제적인 견해가 미국 국민들에게 지고 있는 빚보다도 더 많은 빚을 미국 국민들에게 지고 있다"고 말했다[1][이 연구를 실시했던 미디어연구소(Media Institute)라는 비영리 단체는 모빌 오일 석유회사를 포함하여 300명의 개인 및 기업체 회원들의 지원을 받고 있다].

얼마 전 국제기계기술자협회(International Association of Machinists) 회장은 텔레비전이 노동조합 근로자를 '아치 벙커(Archie Bunker) 타이프

—무능하고 가난한 시골뜨기'로 묘사한다고 주장했다.[2] 협회 회원들은 그와 같은 스테레오 타이프 이미지와 싸우기 위해 광범위한 텔레비전-모니터링 캠페인을 통해 육체노동자들의 부정적 묘사를 밝히기로 결정했다.[3]

텔레비전은 텔레비전의 이미지가 매우 생생하고 또한 텔레비전이 도처에 널리 보급되어 있기 때문에 사회의 압력 단체 전반에 걸쳐 흥분토록 자극한다. 만약 TV가 누군가의 이미지를 나쁘게 묘사한다면 … 이제 그 사람은 나쁜 이미지를 갖고 있는 셈이다.

1) TV의 인정 기능

텔레비전 프로그램에 출연하여 시청자들의 주의를 끄는 축복을 받게 되면 공중의 인정과 승인을 받는 길이 열릴 수 있기 때문에 사회의 각계각층이 텔레비전의 환심을 사고자 한다. 미국PR학회의 실버 앤빌(Silver Anvil) 상 수상자들 가운데 많은 사람들이 그들의 성공적 캠페인에 대한 텔레비전의 중요성을 말하고 있다.[4]

> 코카콜라(Coca-Cola) 회사는 레이크 플래시드(Lake Placid) 동계 올림픽 경기대회와 관련을 맺고 있다는 것을 홍보하기 위해 스케이트를 타는 로봇을 사용했을 때, 두 개의 텔레비전 필름 클립(clip)을 공개했다. 이 필름은 119개 도시의 136개 텔레비전 방송국들이 총 214회에 걸쳐 방송했고 예측한 대로 3천7백만 세대가 이를 시청했다. 로봇이 23개 도시를 여행했을 때는 더 많은 취재를 받았는데 텔레비전 시간으로 125분에 달했고 시청자 수는 3천만 명이었다.

> 영국 체신청(British Post Office)은 미주리주 세인트 조세프로부터 캘리포니아주 새크라멘토까지 최초의 속달우편(Pony Express) 역마 경주를 재현시켜 포니 말에 의한 속달 우편을 기념하는 우표의 발행을 돋보이게 했다. 칼 바이오어 앤드 어소시에이트(Carl Byoir & Associates) 회사가 제작한, 〈새크라멘토의 정오(High Noon in Sacramento)〉 라는 제

목이 붙은, 90초짜리 TV 뉴스 클립은 속달 우편 배달 트레일(Pony Express Trail)을 따라 경마의 시작과 끝을 보여주었다. 이 필름은 북아메리카의 185개 TV 방송국들이 사용했다.

휴스턴공원관리국(Houston Parks Department)은 20분짜리 다큐멘터리 비디오테이프, '공원은 비좁다'에 재정적 지원을 함으로써 공원 부지와 기금을 확대하기 위한 설득력 있는 사례 하나를 만들었다. 이 다큐멘터리 비디오테이프는 공영 텔레비전이 프라임 타임에 방송했다.

팬 암(Pan Am) 항공회사가 내셔널 에어라인스(National Airlines) 항공회사와의 합병을 홍보하기 위해 사용했던 많은 방법들 가운데 하나가 세 개의 텔레비전 특집 프로그램의 제작이다. 이 특집 프로그램은 뉴스 프로그램뿐만 아니라 토크쇼에서도 사용하도록 미국 전역에 걸쳐 배포되었다.

어린이를 겨냥한 화재-안전 프로그램에서 햄버거 연쇄 음식점 버거킹(Burger King)이 내세운 상징물은 구식 소방차의 축소형 '스누피(Snuffy)'이다. 버거킹의 말하는 장난감 소방차 스피너는 화재-안전 캠페인에서 60개의 텔레비전 쇼에 출연했다. 105개의 텔레비전 방송국들은 화재-안전에 관한 버거킹의 공공서비스 광고(PSA)를 방영했는데 이를 시청한 시청자들은 1억 1천 5백만 명으로 추산되었다. 이와 같은 캠페인과 공공서비스 광고가 있은 뒤 버거킹이 미국 전역에 걸쳐 시장조사를 해본 결과, 13세 미만의 어린이 가운데 74%가 말하는 장난감 소방차 스누피를 알고 있었다.

한 공군 사관학교 후보생이 국제특수올림픽경기대회(International Special Olympics)에서 콜로라도 주 대표 선수를 에스코트하는 보호자로 뽑혔을 때, 공군 사관학교 PR 부서는 그 사관생도와 신체장애 선수 사이의 관계를 다룬 텔레비전 특집 프로그램을 제작하는 데 ABC 네트워크 텔레비전을 풀타임(full-time)으로 지원하도록 PR 실무자 한 명을 임명했다. ABC 네트워크이 인기 있는 넓은 스포츠 세계(Wide World of

Sports)라는 프로그램에서 국제특수올림픽경기대회를 미국 전역에 걸쳐 취재 보도할 때 초점을 맞춘 중요한 부분은 인간적 흥미라는 관점이었다.

1. TV를 이용한 공공 서비스 광고(PSA)

바로 앞의 장에서 라디오를 이용한 PSA가 중요한 PR 도구라는 것을 설명했다. 미연방 통신위원회(FCC)도 역시 텔레비전 방송국들이 비영리적 공공서비스 메시지에 방송 시간을 할애하도록 규정하고 있다. 군대의 신병 모집 광고, 광고협의회(Advertising Council, Inc.)가 후원하는, 쓰레기를 함부로 버리지 않기 광고 등과 같은 어떤 광고들은 상업적 제품 광고처럼 멋있고 제작비가 비싸다. 반면에 예산이 안 드는 무료 PSA 광고는 텔레비전 화면에 서비스 조직의 이름과 전화번호가 적힌 타이틀 카드를 보여주는 동안 아나운서가 200자의 방송 대본을 읽는 것이 고작일지 모른다.

서미트 군(오하이오 주) 정신박약시민협회[Summit County (Ohio) Association for Retarded Citizens]는 정신적으로 핸디캡이 있는 사람들에 관해 꾸며낸 이야기들을 다음과 같은 방법으로 없애고자 노력했다. 첫째, 정신박약자들을 기술하고 묘사하는 데 새로운 단어들을 사용했다. 둘째, 정신병과 정신박약을 구별했다. 셋째, 정신적으로 핸디캡이 있는 사람들에게 공공매체를 이용하여 – 텔레비전의 강력한 이용을 통해 – 단독으로 말할 기회를 주었다.

광고 제작 과정에서 한 가지 중요한 단계는 15명의 사람들로 구성된 포커스 그룹(focus group)을 사용하는 것이었다. 여덟 개의 텔레비전 스토리 게시판과 방송 대본을 만들어 포커스 그룹에게 제공한 다음 그것을 재검토하고 토론하도록 했다. 포커스 그룹이 발견한 것을 토대로 수정을 하고 최종적인 광고 제작을 시도했다. 가장 중요한 발견은 만약 PSA 광고가 설교하는 듯한 말을 피하고 정신적으로 핸디캡이 있는 사람들에 관하여 새로운 생각을 자극한다면 PSA 광고는 가장 성공적이

라는 것이었다.[5)]

PSA는 토크쇼와 뉴스 프로그램도 포함한 완전한 미디어 프로그램과 함께 사용되었다(다음 섹션을 참조할 것). 일곱 개의 텔레비전 방송국들이 1개월의 캠페인 기간에 어림계산으로 133회나 PSA 광고를 방영했다.

1) 텔레비전 방송국이 제작하는 PSA

텔레비전을 이용하는 PSA를 계획하기 전에 지역 텔레비전 방송국들이 무료로 이용하도록 제공하는 특별한 포맷들이 무엇인지 알아보기 위해 지역 텔레비전 방송국들과 접촉하는 것이 현명하다. 예를 들면 뉴욕 메트로폴리탄 지역에서 메트로미디어(Metromedia) 텔레비전 방송국의 본부인 WNEW는 박물관, 전람회, 역사적 프로그램 등과 같은 재미있는 프로그램을 강조하기 위해 방송국 소속의 인기 배우들과 제작 요원들을 사용하는 뉴스 특집 프로그램 〈빅 애플 미니츠(Big Apple Minutes)〉 시리즈를 제작한다. WNEW 방송국은 비영리적 조직들이 독립적으로 제작할 경우 수천 달러의 비용이 드는 스폿(spot) 광고를 만든다.

텔레비전은 매우 전문화한 매체이다. PSA의 제작은 PR 예산을 크게 축나게 할 수 있다. 그렇기 때문에 대부분의 조직들은 PSA의 예상된 이익을 신중히 고려한 뒤, 그 PSA의 제작에 관해 전문화한 영화 혹은 비디오 제작 회사와 협정하기 위해 외부 대행사를 이용한다.

만약 조직이 스스로 텔레비전 스폿 광고를 쓰고, 제작하고, 배포하기로 결정한다면, 두 부분으로 분리된 방송 대본의 왼쪽에 시각적 자료를 전부 기술하고 오른쪽에는 대화 혹은 이야기를 제공하여 방송 대본을 작성함으로써 사전 제작 계획을 시작할 필요가 있다. 스토리를 의논하기 위해 회의를 여러 번 개최해야 할 것이다. 첫째, 30초 혹은 60초짜리 방송대본의 각각의 귀중한 단어가 중요한 정보를 전달하는지 확인해야 한다. 다음에, 소리, 카메라, 배우, 소품, 세팅(setting) 등을 정하기 위해 기술자들과 함께 일해야 한다. 마지막으로, 전체 광고 제작 프로젝트의 값을 계산해야만 한다.

2. 상업 텔레비전의 이용

앞에서 PSA를 논했을 때 완전한 미디어 프로그램은 케이블 텔레비전 보도뿐만 아니라 뉴스 보도와 토크쇼 등을 포함하여 텔레비전을 가능한 한 다방면으로 이용하려고 노력한다는 점에 주목했다. 서미트 군 정신박약시민협회의 경우 캠페인에 '프로젝트 여명(Project Dawn)'이란 명칭을 붙였다. 미디어를 이용하는 방법을 그 협회에 조언해 주는 미디어 연합체(media consortium)를 형성하기 위해 라디오, 텔레비전, 인쇄 매체 전문가들의 도움을 얻었다. 군(郡)을 상대로 방송하는 텔레비전 방송국들을 각각 접촉한 다음, 자원봉사자들 그리고 협회가 계약한 PR 회사(Meeker-Mayer)가 방송 매체를 이용하여 협회의 정보를 전달하는 최선책을 배울 수 있도록 방문도 주선했다. 협회는 미디어에 압력을 가하지 않았다. 그 대신 협회가 미디어로부터 더 많은 인정을 받고 또한 그 미디어를 더 이용하기 위해서 어떻게 하면 협회의 정보 자료를 미디어의 필요에 맞출 수 있는지 알려고 노력했다.

다양한 배경 자료를 토크쇼 사회자에게 제공했고 정신박약자들의 대변자로 쇼에 출연할 수 있는 정신박약자들을 찾는 일을 도왔다. 드디어 여섯 번 텔레비전 토크쇼에 출연하는 계약을 맺었다. 이로 인해 한 달에 4시간 이상 텔레비전이 토크쇼 출연을 방송했다.

그와 같은 협력은 텔레비전에 영향을 미치고 싶어 하는 조직에 매우 중요하다. 종종 조직이 텔레비전의 특별한 요구와 욕망을 충족시키지 못하거나 싫어하면 귀중한 텔레비전의 취재 보도 혜택을 상실하게 된다. 미국가정의학회(American Academy of Family Physicians)는 가정 의학을 하나의 의학적 전문 분야로 수립한 지 10주년을 맞이하는 기념식과 관련하여 인쇄 매체로부터는 그 행사의 취재를 많이 받았지만, 〈투데이(Today)〉 쇼와 〈굿모닝 아메리카(Good Morning America)〉와 같은 텔레비전 프로그램에 등장할 수 있는 귀중한 기회는 놓쳤다. 그 이유는 무엇인가? 미국가정의학회가 모든 뉴스 미디어에 개방된 기자 회견에서 중요한 건강보호 연구보고서를 공개하기 전에 〈투데이〉 쇼나 〈굿모닝 아메리카〉에 보도 독점권을 제공하기를 거절했기 때문이다.[6]

다음에 스토리가 텔레비전으로 방송되는 세 가지 방법을 간단히 살펴보고자 한다.

1) 텔레비전용 보도 자료

인쇄 매체용 보도 자료는 제작과 배포에 비교적 돈이 들지 않는다. 그러나 몇 초 혹은 몇 분짜리 필름이나 비디오테이프는 오리지널일 경우 1천 달러 이상의 비용이 들며 사본을 몇 개 복사할 경우에는 수백 달러가 더 든다. 영상 보도 자료를 닥치는 대로 제작할 수 없는 것은 분명하다. 따라서 필름이나 비디오테이프를 텔레비전으로 방영할 수 있는 좋은 기회가 자신에게 주어져 있는지 확인하는 것이 좋다.

한 필름 서비스 회사의 간부 직원이 밝힌 최근의 보고서에 의하면 텔레비전 방송국에 무료로 제공된 뉴스 필름 가운데 평균 약 45%가 방송에 사용된다. 비용으로 환산한다면 시청자 1천 명당 60센트 미만이다. 그 간부 직원은 스포츠와 관련된 필름이 텔레비전 방송국에 가장 인기가 있다는 것을 발견했다. 그 밖에 여성 뉴스, 에너지 관련 정보, 그리고 새로운 테크놀로지에 관한 묘사 등도 방송될 가능성이 있다는 것을 발견했다.7)

텔레비전 방송국과 케이블 텔레비전 방송국에 배포하기 위해 만드는 영상 보도 자료는 점점 3/4인치 비디오테이프 카세트에 녹화되고 있다. 작은 케이블 텔레비전 방송국은 영상 보도 자료를 그와 같은 카세트 포맷으로 사용할지 모른다. 그러나 다른 케이블 텔레비전 방송국은 3/4인치 테이프를 1인치나 혹은 2인치 테이프로 전환시키는 장비가 있다. 테이프 카세트는 만들고 복사하는 데 값이 싸고, 우송하기 편리하며, 테이프를 뒤로 되돌려서 보기에도 쉽다.

어떤 조직은 아직도 필름을 사용한다. PR 필름은 16mm 컬러로 촬영해야 한다[슈퍼 8(Super-8)과 대부분의 작은 비디오 포맷들은 방송용으로 적합하다고 생각되지는 않는다].

어떤 방송국은 무성 영상 보도 자료를 선호한다. 그래서 방송국의 뉴스부가 앵커맨이 읽을 이야기의 대본을 쓸 수 있다. 그러나 의외로 많은 방송국이 사운드 트랙(sound track)에 이야기와 배경 음악을 녹음한 테이프나 혹은 필름을 기꺼이 사용한다. 한 미디어 상담자의 제안에 따른다면, AT&T가 장거리 전화의 작동 방법과 그 밖의 기본적 운영에 관한 여섯 개의 5분짜리 필름을 텔레비전 방송국에 제공하듯이, 모든 회사는 지역 텔레비전 방송국에 회사의 중요한 운영에 관한 배경 자료 필름을 제공해야 한다. 그 미디어 상담자는 또한 텔레비전 뉴스 프로그램에서 선 채로 말하는 방송 기자와 똑같은 스탠드-업(stand-up) 기자를 PR용 필름 보도 자료에서도 사용해야 한다고 권했다. 그와 같은 권고는 텔레비전 편집자들이 평소의 방송 자료와 가능한 한 부드럽게 잘 섞이는 '보도 자료'를 원한다는 논리를 근거로 한 것이다.[8)]

2) 토크쇼 출연

방송 뉴스 기사 하나는 단지 수초 동안 계속되다가 두 개의 상업광고 사이에 빈틈없이 집어넣은 많은 기사들 가운데에서 사라질 수 있다. 그러나 조직의 한 대변인을 토크쇼에 출연토록 한다면 사실상 10분간의 여유 있고 중단되지 않는 시청자의 주의를 확실히 보장받는다. 그리고 만약 토크쇼의 사회자가 조직이나 조직의 주장을 지지하는 중요한 명사라면 조직은 비용을 들이지 않고 그 명사로 하여금 아주 유력한 '증언(testimonial)'을 하게 할 수 있다.[9)]

물론 NBC의 〈투나이트(Tonight)〉 쇼에 사회자 자니 카슨(Johnny Carson)과 함께 출연하는 것은 최고의 목표이다. 신디케이트(syndicate)에 속한 필 도나휴(Phil Donahue)와 CBS의 다이나 쇼어(Dinah Shore)도 훌륭한 스폿(spot) 광고로 간주된다. 로컬 방송국들은 많은 네트워크와 신디케이트의 전국적인 쇼 이외에도 그들 자신의 포맷들을 갖고 있다. 이 포맷 들은 방문 저명인사와 재미있는 로컬 주민들을 시청자 프로모션과 경연대회와 혼합시키는 〈전화 걸고 돈 받기(Dialing for Dollars)〉 프로그램과, 사회자 탤런트들의 버라이어티 연기나 솜씨 등을 포함한다. 이러한 쇼들 가운데 많은 쇼들이 시시하다는 비난을 받을 수 있고 또한 쇼를 보는 시청자들은 가장 낮은 수준의 사람들이라는 비난을 받을 수 있다. 그러나 비용이 적게 들고 시청자 수는 많다. 따라서 PR 실무자가 언론 대행 · 홍보 모형

한 텔레비전 기자가 인디애나스탠더드석유회사(Standard Oil Company of Indiana)의 대변인을 인터뷰하고 있다. 이와 같은 인터뷰는 석유회사의 미디어 관계 섹션(Media Relations Section)이 주선한 것이다(인디애나스탠더드석유회사 제공).

이나 공공 정보 모형에 따라 일하고 있을 때는 저렴한 비용과 수많은 시청자들 때문에 그와 같은 쇼들을 PR 실무자에게 매력적으로 만든다.

대부분의 토크쇼는 쇼에 초청하는 손님을 광고로 이용하는 게스트 스폿 광고(guest spot) 제안을 받을 경우 그 제안을 심사하는 일을 담당하는 탤런트 조정자들이나 보조 프로듀서들이 있다. 이 게이트키퍼(gatekeeper)들에 대한 한 조사에 의하면, 대부분의 게이트키퍼들은 추천 받은 게스트나 토픽에 대한 즉각적 반응을 PR 실무자에게 제공함으로써 시간을 절약할 수 있도록 전화로 연락을 받는 것을 선호한다. 만약 게이트키퍼들이 게스트에 관심이 있다면 그들은 게스트에 관해 흥미 있는 점을 요약한 추천서를 써서 제출토록 요구할 것이다. 필 도나휴의 프로듀서는 어떤 게스트가 나중에 어떤 쇼에 잘 어울릴지도 모를 경우에 대비하여 모든 아이디어를 파일로 정리 보관한다고 강조한다.[10]

PR 실무자는 게이트키퍼에게 전화를 걸어 전에 목표로 삼은 쇼의 포맷을 신중히 연구해야 한다. 어떤 쇼들은 유명인사들이나 혹은 이상한 사람들만 이용한다. 어떤 쇼들은 시시하거나, 사회자가 어리석어서, 조직의 대변인에게 훌륭한 홍보 기회를 제공하지 못할 수 있다. 다른 쇼들은 규칙적으로 소비자 지향적 스폿 광고를 제공하거나, 혹은 현재의 어떤 이슈를 둘러싼 모든 주장들을 대변하는 사람들에게 말할 기회를 주는 진지한 부분도 있기 때문에 오히려 더 나을 수 있다. 만약 PR 실무자가 기꺼이 논쟁적 입장을 취한다면, 쇼에 출연할 기회가 더 좋은 쇼들도 있다. 다른 쇼들은 쇼에 출연하는 게스트가 잘 생겼는지 않는지 혹은 보여주거나 증거가 될 수 있는 어떤 물건을 스튜디오에 가지고 올 수 있는지 없는지 등과 같은 시각적인 면을 중요시한다(제6장 연설 준비는 PR 실무자가 조직의 대변인이 텔레비전에서 연기를 잘 하도록 도울 수 있는 여러 가지 방법들을 다루고 있다).

대부분의 토크쇼들은 쇼에 출연하는 기회를 속이 들여다보이고 서툰 제품 홍보에 이용하고 싶어 하는 게스트들을 회피한다. 그러나 어떤 게스트가 경향, 소비자 이슈, 미래의 테크놀로지, 혹은 공공 이슈 등을 토론하는 동안 사이사이에 몇 번 '광고(plug)'성 발언을 하는 것은 개의치 않는다. 많은 로컬 쇼들이 정기적인 특집 프로그램을 갖고 있다. 이 프로그램에서는 신제품, 진기한 선물, 그 밖의 다른 새로운 일이나 물건 등을 보여준다.

3) 더 긴 특집 프로그램의 이용

뉴스 프로그램과 토크쇼는 가장 중요한 형태의 텔레비전 커뮤니케이션이다. 그러나 프라임 타임(prime time) 시간대 이외에도 방송할 수 있는 시간들은 많으며 또한 시청자 수도 수백만 명에 달한다. 만약 조직이 텔레비전용 16mm 음성과 컬러 필름을 제작하는데 드는 2만 달러 내지 10만 달러의 비용(5개 내지 10개의 인화 사진과, 배포 및 프로모션 비용도 포함하여)을 감당할 여유가 있다면, PR 실무자의 메시지는 이 금액보다 몇 배의 값어치가 있는 방송 시간을 얻을 수 있다.

시청자들이 주말 아침에 볼 수 있도록 PR 부서가 제작하여 로컬 방송국과 케이블 방송국에 무료로 제공한 특작 영화의 샘플을 몇 가지 소개하면 다음과 같다.

전투기 조종사들이 전투기에 타고 긴급 발진하여 편대로 비행하는 흥미 있는 액션 장면을 담은 '공습 전투태세' 소개 필름—물론 미 국방성이 제작했다.

알래스카 횡단 파이프라인의 부드러운 광고 선전과 함께, 북극 툰드라 지역의 삶을 묘사한 관광 필름—어떤 대석유회사가 제작했다.

흥미 있는 현미경 사진과 정지 · 작동의 연속적 장면을 포함한, 산업계의 '소형화' 탐색 필름—컴퓨터와 그 밖의 다른 첨단 과학 기술 제품을 만드는 한 제조회사가 제공했다.

알렉산더 그래이엄 벨(Alexander Graham Bell)의 일생을 그린 극적 기록 영화—벨 시스템 전화회사(이 회사 말고 누가 있겠는가?)가 제작했다.

이러한 필름 샘플들은 물론 잘 알려진 토픽들과 후원자들이다. 그러나 규모가 더 작은 조직이라도 텔레비전 특작 영화를 만들 수 있다. 특히 비영리 단체는 기증 받은 장비와 자원봉사자들을 이용하여 필름을 제작할 수 있다. 만약 어떤 조직이 지방에 관한 역사적 기록 영화를 제작하거나 혹은 노인과 신체장애자에 대한 배달 급식 봉사(Meals on Wheels)나 마약 중독자의 사회복귀를 위한 중간 치료시설과 같은 지역 공공 서비스 프로그램을 살펴보는 영화를 제작한다면, 그 조직은 실제로 로컬 방송국으로부터 방송 시간을 보장받을 수 있다. 일반적으로 이러한 공공서비스 관련 테이프와 필름은 처음과 끝에만 후원자의 이름을 크게 밝힌다. 그러나 후원 회사의 종업원들이 공공서비스 프로그램에서 자원봉사자로 일하는 모습이 보일 때나 후원 회사가 기증한 장비가 사용되고 있을 때, 후원 회사의 이름을 포착하기 힘들 정도로 희미하게 삽입할지도 모른다.

방송국에 보내는 특작 영화의 길이가 대략 24분간이면 방송국이 그 영화를 사용할 가능성이 높아진다. 그 정도의 길이라면 30분간의 방송 시간대(slot)에 몇 개의 상업 광고, PSA, 그리고 방송국의 알림 광고를 삽입할 수 있기 때문이다. PR 실무자는 전화나 편지로 방송국 경영자와 접촉할 수 있다. 그리고 만약 PR 실무자가 테이프나 필름을 홍보하기 위해 소책자나 사실 설명서(fact sheet)를 만들어 보냈다면 그 테이프나 필름이 방송될 가능성이 높아질지 모른다. 그런데 그 소책자나 사실 설명서는 방영 시간, 포맷, 이야기(narration) 등에 관한 표시와 함께 대표적인 스틸 사진들과 내용의 개요를 전부 갖춘 것이라야 한다.

케이블 방송국과 텔레비전 방송국은 또한 조직의 테이프나 필름의 방송 일정을 미리 예정하는 데 관심을 보일 수 있다. 그렇게 되면 조직은 그 방송 스케줄을 로컬 광고, 월간 청구서들과 함께 우송되는 삽입 광고, 그리고 종업원 사보의 기사를 통해서 홍보할 수 있다.

3. TV는 적이다

파트북[11] 『PR의 원칙과 책임』 제6장에서 설명했듯이 공평 원칙(Fairness Doctrine)은 텔레비전에서 비판을 받은 조직이 그 비판에 응답할 목적으로 방송할 기회를 얻도록 그 조직에 권한을 부여할 수 있다. 어떤 로컬 방송국이 사설 형태로 조직을 비평할 때는 그 조직은 이 권리를 쉽게 행사할 수 있다. 왜냐하면 방송국의 사설 포맷은 보통 동일한 시간대에 동일한 길이의 응답(반론)을 대비하기 때문이다. 그러나 전국적인 텔레비전 네트워크는 〈잡지 포맷의 조사 쇼(magazine-format investigative show)〉 프로그램에서 받은 비난을 반박하기 위해 '같은 시간(equal time)'을 요구하는 조직에 그렇게 관대하거나 동정적이지 않았다. 다음의 두 가지 사례들은 PR 부서가 부정적 홍보를 시정하고 상쇄하려고 온갖 수단을 다 쓸 수 있다는 것을 예증한다.

1) 일리노이 발전 회사 대 CBS의 〈60분〉 프로그램

1979년 11월, 인기 있는 〈60분(60 Minutes)〉 프로그램은 일리노이 주의 1/3에 전기를 공급하는 일리노이 발전 회사(Illinois Power Company)가 고객들에게 씌운 바가지요금에 관한 해리 리즈너(Harry Reasoner)의 보도를 방송했다. 그 회사에서 전에 일했던 세 명의 고용자들을 제보자로 이용한 리즈너의 보도는 그 회사가 원자력 발전 분야에 경험이 없었고, 비용을 통제하려고 노력하지 않았으며, 내부적 업무 보고를 되는 대로 했으며, 건설 완공 시간의 추산을 조작했다고 — 이 모든 것이 고객들에 부담을 끼쳤다고 — 비난했다.[12)]

〈60분〉이 방영된 다음날인 월요일은 그 회사의 주식이 회사 역사상 가장 거래가 많았던 날로 폭락했다. 그 회사의 PR 부서는 회사가 손해를 입을 가능성이 크다는 것을 깨닫고 즉시 '방어적 비디오테이프 녹화(defensive video-taping)'라고 이름을 붙인 테크닉을 사용하여 타격을 상쇄하기 시작했다. 회사는 〈60분〉 전부를 복사한 사본과 CBS가 회사 사장과 다른 간부 임원들과 인터뷰했던 필름도 얻었다. 회사는 〈60분〉 에서처럼 똑딱똑딱 소리 나는 스톱워치(stopwatch)의 테크닉과 무뚝뚝하고 솔직한 해설자를 이용하여 회사의 종업원, 고객, 주주 등 시청자들을 위한 〈60분 : 우리의 응답〉이라는 44분짜리 비디오테이프를 만들었다. 이 테이프는 CBS의 〈60분〉에서 말한 주장들을 요점별로 하나하나 반박한다.

테이프가 공개되었을 때 일리노이 발전 회사는 시청자들이 훨씬 더 광범위하다는 것을 발견했다. 1980년말까지 2천 개 이상의 테이프 사본들이 국회의원, 기업체 간부 임원, 저널리스트, 그리고 교육자에게 배포되었다.[13)] 테이프의 전파는 미디어 연구소(Media Institute)에 의해 더 촉진되었다. 비즈니스적 성향을 띤 연구 단체인 미디어 연구소는 일리노이 발전 회사 비디오테이프의 완전한 사본과, CBS와 회사 사이에 주고받았던 편지의 사본들이 포함된, 널리 홍보된 소책자를 발행했다. 소책자는 회사에 유리하도록 분명히 왜곡되어 있다 — 예를 들면, 첫 번째 문장에서 〈60분〉을 'TV 시청률 싸움의 챔피언'이라고 칭하고, 또한 다른 회사들이 '방어적 비디오테이프 녹화' 방법을 이용하려고 노력하는 것을 칭찬하고 있다.

CBS는 일리노이 발전 회사와의 편지 왕래에서 그 회사가 〈60분〉의 일부분을 사용함으로써 저작권을 침해했다고 적었다. 회사는 회사의 명예를 지키기 위해 그 프로그램을 합법적으로 사용했다고 응답했다. 회사에 관한 최초의 방송이 있은 지 1년 뒤 〈60분〉은 회사가 가격을 통제하지 못한다는 1년 전의 비난을 재검토하고 새롭게 하는 짧은 최신 보도를 방송했다.

분명히 CBS 네트워크는 주장을 철회하지 않았다. 일리노이 발전 회사가 명예를 지키려고 하는 노력이 고객들의 지지, 정부 규제 기관의 승인, 그리고 보다 높은 이윤을 얻으려고 하는 회사의 장기적 목표를 달성토록 도울 것인지 아닌지는 두고 보아야 한다. 그러나 그 회사는 다음 사례에서 알 수 있듯이 적대적인 텔레비전에 반격을 가하는 선례를 만들었다.

2) 카이저 알루미늄 대 ABC의 〈20/20〉 프로그램

1980년 4월 ABC 텔레비전 네트워크의 〈20/20〉은 조사 보도 기자 제랄도 리베라(Geraldo Rivera)의 보도를 토대로 카이저 알루미늄 제조(Kaiser Aluminum)회사가 주택용 알루미늄 전선이 불안전하다는 것을 알면서도 고의적으로 팔았다고 주장했다. ABC는 그 보도가 정확하다고 주장하면서, 처음에 카이저 회사로 하여금 〈20/20〉에서 응답(반론)용으로 방송할 4분짜리 테이프를 제출하도록 하는 데 동의했다. 그러나 나중에 ABC 네트워크는 〈20/20〉보다 늦은 밤 뉴스 프로그램인 〈나이트라인(Nightline)〉이 '알루미늄 전선의 안전 문제와, 응답 시간 및 접근(access)이라는 보다 광범위한 이슈 양쪽 모두를 충분히 방송하기 위한 적절한 토론 프로그램'이라고 결정했다.[14)]

카이저 회사는 ABC의 결정이 받아들일 수 없는 것임을 알았다. 회사는 ABC가 회사를 처음 비난할 때 사용했던 똑같은 토론 프로그램으로 회사가 준비한 응답용 테이프를 방송해야 한다고 생각했을 뿐만 아니라, ABC가 전에 했던 비난을 만족할 정도로 취소하기를 요구했다. 회사의 PR 및 광고 담당 부사장 로널드 로디(Ronald E. Rhody)는 이 케이스가 대반격을 정당화할 만큼 중요하다고 결정했다. 회사는 중요한 신문들에 신문 전단에 걸쳐 '텔레비전에 의한 재판'이란 커다란 표제가 붙은 전면 광고를 냈다. 광고는 텔레비전의 조사 보도적 저널리즘의 많은 관행들에 이의를 제기했고 시민들에게 그들이 선출한 국회의원들 앞으로 항의편지를 쓰도록 요청했다. 카이저 회사는 또한 미 연방통신위원회(FCC)와 하원의 커뮤니케이션스 분과위원회에서 청문회를 열도록 하겠다고 단언했다.

카이저 회사의 PR 부서는 캠페인을 더욱 더 진행시키면서 연례보고서와 같은 모양과 감촉을 지닌 고급 광택지의 24페이지 소책자를 만들었다. 『논쟁 중 : 텔레비전에 접근(At Issue : Access to Television)』이란 제목이 붙은 소책자는 동시에 텔레비전의 역사와 성장[예를 들어 〈하우디 두디(Howdy Doody)〉와 〈마우스키티어스(the Mouseketeers)〉 영화]을 찬양했고 텔레비전이 사회에 미친 영향(차트, 막대그래프, 여러 대법원 판사들이 한 말의 인용문, 그리고 리처드 닉슨(Richard Nixon) 전 미국 대통령은 불리한 텔레비전 취재 보도로 형성된 여론 때문에 유죄 선고를 받았다는 주장)에 이의를 제기했다. 카이저 회사는 소책자를 가능한 한 가장 광범위한 독자들이 읽도록 하기 위해 저널리즘과 PR 강사들을 포함한 전국의 선생들에게 배포했다.

카이저 회사가 ABC 텔레비전 보도에 반격하기 위한 캠페인에는 세 가지 목표가 있었다.[15)]

ABC가 〈20/20〉 프로그램에서 행한 구체적인 비난들을 반박한다.

텔레비전의 조사 보도(investigative reporting)가 해를 끼치는지 여부에 관해 정부 관리들과 공중에게 이슈를 제기한다.

회사가 부당한 취급을 받았다고 생각할 때 큰 소리로 항의한다는 회사의 정책을 재확인하고 다른 회사들도 똑같은 정책을 취하도록 권한다.

카이저 회사는 회사 간부들이 미디어와 공공정책 그룹들 앞에서 연사로 애기할 수 있는 기회를 갖도록 하는 데 적극적이었다. ABC가 카이저 회사에 사과도 하지 않았고 비난 보도를 취소하지도 않았지만, 카이저 회사가 공중들로부터 받은 편지, 국회의원들의 진술, 그리고 다른 회사 지도자들의 지지 표시는 모두, 비즈니스에 관한 미디어의 취재를 더 신중히 조사하는 것을 공중의 토론 의제로 만드는 데 성공했음을 가리킨다고, 카이저 회사는 믿는다.[16)]

카이저 회사와 텔레비전 네트워크는 또한 카이저 회사가 정치적 의미를 지닌 일련의 광고를 하려고 시도했을 때 서로 충돌했다. 모든 3대 네트워크가 카이저 회사의 스폿 광고 중 어떤 것들을 지나치게 논쟁적이라고 거절한 것이다. 카이저 회사의 의견이 공평 원칙(Fairness Doctrine)에 따라 반대 의견을 가진 사람으로 하여금 '똑같은 시간'의 응답 방송을 요구하도록 만들 것이라는 가정 때문이었다. 카이저 회사는 회사의 스폿 광고가 방송되지 않자 TV 광고용 스토리보드(storyboard)의 일부분을 복사하여 인쇄 매체 광고에 사용했다. 이 인쇄 매체 광고는 '기업체는 자신의 생각을 공중에게 공개적으로 말할 수 없는가?'라고 묻는 광고였다. 분명히 카이저 회사는 텔레비전에 접근할 수 있는 회사의 능력을 계속적인 이슈로 삼겠다는 뜻으로 묻고 있다.

4. 비디오 메시지의 전파를 위한 다른 방송 채널들

다행히, 조직들은 그들이 만든 비디오 메시지를 전파하기 위해서 상업적 텔레비전 미디어에 더 이상 국한되어 있지 않다. 조직이 이용할 수 있는, 새로 등장하는 다른 방송 채널들을 예로 들면 다음과 같다.

케이블 텔레비전의 공공접근(public-access) 채널들 : 대부분의 케이블 텔레비전 회사들은 그들이 갖고 있는 특권의 한 조건으로서 커뮤니티 그룹들을 위한 방송 시간과 채널을 따로 마련해 두어야 한다. 다른 제작자가 만든 미리 포장된 비디오테이프를 방송할 수 있다. 아니면 케이블 텔레비전회사가 회사 소유의 스튜디오를 이용하여 프로그램 자료를 만들 수도 있다.

비디오 녹화 재생 장치 : 비록 비디오 디스크 장치와 홈 비디오 녹화기의 가격이 아직도 비싸지만 공공기관과 부유한 가정에서는 흔한 물건이 되어 가고 있다. 학교와 도서관에 정보 제공 테이프를 비치토록 제공한 PR 부서들은 학교와 도서관을 이용하는 어떤 목표 공중 가운데 그 테이프가 널리 이용될 것이라고 기대할 수 있다. 건강 보호 정보는 개인적인 비디오 녹화 재생을 위한 비디오테이프의 전파 가능성이 많은 PR의 한 분야일 뿐이다.

비영리적 공공 텔레비전은 보통 상업적 텔레비전보다 혁신적인 프로그램 제작 아이디어에 더 개방적이다. 루이스 해리스 앤드 어소시에이츠(Louis Harris and Associates) 여론 조사 기관이 2년마다 노동자 가족들을 상대로 실시하는 조사의 결과를 발표하기 위해, 제너럴 밀스(General Mills) 회사는 쌍방적 전자 텔레컨퍼런스(teleconference)를 개최하기 위해 뉴욕, 뉴저지 주에 있는 공영 방송국과 함께 일했다. 기자들은 미국 전역에 있는 18개의 다른 공영 방송국에서 텔레컨퍼런스용 텔레비전을 바라보면서 해리스와 제너럴 밀스 회사 사장에게 질문을 할 수 있었다.[17]

5. 기업 비디오의 새로운 역할

1980년대 초까지 미국 기업들과 비영리 조직들은 텔레비전 네트워크와 공영 방송국들이 제작한 프로그램들을 합한 것보다 더 많은 텔레비전 프로그램들을 자체의 사용을 위해 만들었다. 수백 개의 조직들이 1977년 4만 6천 개 이상의 비디오 프로그램들을 만들었는데, 시청 시간으로 환산하면 총 1만 5천여 시간에 해당한다.[18]

기업들은 처음에 비디오를 하나의 훈련 도구로 채택했다. 그리고 비디오테이프를 만들어 배포하는 책임은 시초에 많은 기업들에서 인사부가 떠맡았다. 그러나 점점 경영진이 비디오 커뮤니케이션의 잠재력을 인정하고 있고 기업의 커뮤니케이션 부서가 그 비디오 커뮤니케이션의 책임을 보다 크게 떠맡고 있다. 비디오는 가장 큰 조직만이 즐기는 사치품으로 더 이상 여겨지지 않고 있다. 비디오를 사용하는 대표적인 조직은 10만 달러의 예산과 둘 혹은 세 명의 제작 담당 스태프가 있는 중간 크기의 회사다.[19]

비디오의 매력 가운데 하나는 그것이 '면대면적(face-to-face)' 커뮤니케이션의 요소들을 많이 갖고 있으나 매니저들을 미국 전역이나 세계 도처에 파견하는 비용과 시간 낭비를 삭감한다는 것이다. 건강보호용 상품을 생산하는 존슨앤존슨(Johnson & Johnson) 회사는 회사 산하 150개 회사들과 부처들에 세계적인 비디오 네트워크를 통해서 회사 간부들의 이야기와 새로운 개발에 관한 보고서를 전달한다. 프로그램 당 평균 비용은 1만 달러다. 150개 지역에 회사 대표들을 보내는 비용보다 훨씬 싸다. 프로그램들은 3/4인치 비디오테이프 카세트로 배포한다. 본사 PR 부서는 배포 대상으로 적절한 공중들을 제안하지만, 각 부처는 각 테이프의 사용시기, 장소, 방법 등을 결정하는 자체의 비디오 조정자를 갖고 있다. 비디오 네트워크는 인사이동을 알리는 데 특별히 유용하다. 회사의 많은 지점들에 있는 경영자들은 새로 임명된 사람의 말을 비디오테이프로 일찍이 듣고 '만나는' 기회를 갖는다.[20]

전화선을 이용하여 폐쇄 회로 텔레비전 사이를 연결하고 비디오 컨퍼런스(video conference)를 멀리 떨어진 지역 간에 개최할 수도 있다. 보통 어떤 회사가 주식을 새로 막 팔려고 내놓을 때는 그 회사의 최고 간부 임원들이 미국 전역을 여행하며 중요 도시의 브로커들과 중요 투자자들에게 회사가 팔려고 하는 주식에 관해 얘기한다. 그러나 AT&T가 1981년 주식을 새로 팔려고 계획 중이었을 때 그 회사의 간부 임원들은 20개 도시에 동시에 연결된 폐쇄회로 텔레비전 쇼에 출연했고 시청자들은 그 쇼 프로그램이 진행되는 동안 전화로 질문할 수 있었다.[21]

비디오는 회사의 연례보고서를 생기 있도록 소생시키는 기회를 제공한다. 1980년 금속 부품과 화학제품 제조회사인 엠하트 코퍼레이션(Emhart Corp.)은 여덟 개 주의 케이블 텔레비전 방송국에서 사용하기 위해 22분짜리 비디오테이프로 변형시킨 회사의 연례보고서를 만들었다. 제작하는 데 1만 달러 미만의 비용이 든 이 테이프는 영화배우들을 소개한 것이 아니라 회사의 간부 임원들을 소개했고, 주주들에게 회사의 여러 공장들에서 제조되고 있는 제품의 성분들을 보여주었다. 회사 간부들은 이 테이프 연례보고서가 스틸 사진과 소책자보다 더 잘 회사의 활동들을 묘사했다고 생각했다. 25만 명으로 추산된 시청자들이 51개 커뮤니티에서 테이프 연례보고 프로그램을 시청했을 때, 엠하트 코퍼레이션은 특별

한 공공 정보목적을 달성할 수 있었다.[22]

어떤 회사가 미리 준비한 '다큐멘터리' 필름을 삽입하여 회사의 연례회의를 케이블 텔레비전으로 방송한다면 회사에 유리할지 모른다. 많은 주주들이 단지 월간 사용료를 지불하고 다우존스 뉴스/검색 서비스(Dow Jones News/ Retrieval Service)를 전송하는 인공위성에 접근하기 위해 전화 연결 장치를 이용함으로써 가정용 컴퓨터 마이크로프로세서로 회사에 관한 정보를 수신하는 데 이미 익숙해져 있다. 따라서 회사들이 해야 할 일은 그들의 정보 자료들을 가정에 전자적으로 직접 전송하기 위해 그 자료들을 준비하는 것이다.

많은 회사들이 고용자들을 훈련하기 위해 비디오카세트 시스템을 이미 사용하고 있다. 일반적으로, 근로자들은 회의실에 모여서 준비된 수업을 비디오 녹화 재생 장치로 시청한다. 그러나 고용자들과의 커뮤니케이션을 한층 더 가능하게 만드는 것이 있다. 점심식사를 하는 식당에 설치해 놓은 비디오 모니터들이 바로 그것이다. 그 결과 월간 인쇄 출판물 대신 주간 텔레비전 프로그램이 고용자들의 사보 노릇을 할 수 있다.

6. 비디오 제작에 무엇이 필요한가?

물론 많은 조직들이 비디오 메시지를 제작하기 위한 예산이나 인원이 없다는 결정을 내렸다. 그리고 어떤 조직들은 텔레비전이 높은 비용을 정당화할 정도로 충분히 그들 조직의 목적을 달성토록 메시지를 전달하지 않는다는 것을 발견했다.

규칙적으로 비디오를 사용하는 조직들 가운데 대략 90%는 조직 내 비디오 생산 시설에 투자했다. 이들 조직들 가운데 1/3은 비디오 스튜디오에 5만 달러보다 적은 액수를 소비했고 1/3은 20만 달러 이상을 소비했다.[23] 비디오 장비의 가격이 슬라이드 쇼와 영화를 만들고 보여주는 비용보다 많지만 복제 비용은 훨씬 적다. 왜냐하면 어떤 녹화 장치와 편집 장치로도 복제할 수 있기 때문이다. 전문화한 스튜디오에 복제 의뢰를 할 필요가 없다.[24] 비록 과학 기술이 급변하고 있지만 대부분의 인기 있는 비디오 포맷은 3/4인치 카세트다. 이 포맷은 음성 녹음테이프 카세트를 테이프 리코더(recorder)에 넣어 사용하는 것처럼 쉽게 녹화 재생 장치 속에 넣어 사용한다.

비디오를 제작하는 데 무엇이 필요한가? 다음 섹션은 기업체의 비디오 시스템을 구성하는 여러 가지 요소들을 설명하고 있다.

1) 스튜디오

일할 수 있는 비디오 스튜디오를 갖기 위해 거대한 공간을 만들거나 개조하는 것은 불필요하다. 이상적으로 말하자면 조명등을 달아 놓을 수 있도록 스튜디오의 천장 높이가 12피트 내지 15피트면 편리하다. 그러나 조명등은 삼각대나 벽의 죔쇠를 이용하여 달아 놓을 수도 있다. 스튜디오 공간은 굴러가는 삼각대 위에 올려놓은 두 대의 카메라가 움직일 수 있도록 적어도 300평방피트(15피트×20피트)는 되어야 한다. 그러나 한 동부 연안(East Coast) 의료 센터는 가로와 세로의 길이가 각각 12피트 정도밖에 안 되는 방—150평방피트보다 적다—을 이용하여 센터의 조직 내 채널을 위한 마음에 드는 생방송 프로그램을 이럭저럭 제작해내고 있다.

스튜디오 공간에는 음향 조절 타일이나 코르크와 같은 음향 흡수 재료를 사용한다. 중립적인 배경을 형성하기 위해 카메라 촬영 궤도에나 한쪽 벽에 벨벳 커튼을 쳐도 또한 스튜디오의 잡음을 흡수하는 데 도움이 될 것이다. 가구로는 책상이나 테이블, 형식적인 이야기를 하는 데 필요한, 등받이가 높고 수직인 딱딱한 의자 두 개, 그리고 더 회화적인 분위기를 자아내는 데 필요한 안락의자 두 개 등이 있어야 한다. 시각적 보조 장비로는 칠판과 칠판 받침틀이 있어야 한다.

현대의 가벼운 비디오카메라는 사람들을 비디오 스튜디오의 공간에만 얽매이지 않도록 자유롭게 만들 수 있다. PR 부서는 공장 전체를 PR 부서의 스튜디오로 간주해야 한다. 정적인 배경에서 회사의 최고 간부 임원들이 얘기하는 모습을 녹화하여 보여주는 대신 일하고 있는 종업원들의 실제 생활 장면들을 보여주도록 노력하라.

2) 카메라

표준 소형 포맷(small-format) 카메라는 텔레비전 네트워크가 사용하는 대형 카메라를 소형화한 것이다. 소형-포맷 카메라와 마찬가지로 축소시킨 구르는 삼각대 위에 올려놓은 소형-포맷 카메라는 대부분의 줌(zoom) 촬영, 팬(pan) 촬영, 달리(dolly) 촬영, 그리고 전체적 촬영에서 클로즈업 촬영으로의 전환 등을 할 수 있다. 이와 같은 촬영들은 사람들이 텔레비전 뉴스와 토크쇼에서 보는 데 익숙해져 있는 촬영들이다. 두 대의 카메라를 장치한 스튜디오를 이용하면 회사 사장이나 훈련 감독의 이야기를 15 분간 녹음해 놓은 것을 시각적으로 재미있도록 프레젠테이션을 다양화시킬 수 있다.

그러나 소형-포맷 비디오카메라 가운데 진짜로 흥미 있는 것은 포타-팩(Porta-Pak) 혹은 ENG(electronic-news-gathering) 장치다. 이 장치는 두 명 혹은 세 명의 촬영 팀이 생생하고 시각적인 정보를 찾아서 마음대로 돌아다닐 수 있도록 만든다. 전지로 움직이는 카메라와 녹음기가 케이블로 연결된 휴대용 장치 속에 들어 있다. 녹화된 자료는 스튜디오로 가져 와서 편집한다.

3) 녹음 · 녹화 및 편집 장비

시각적 이미지가 필름에 녹화되는 (그리고 이미지들을 화면 하나하나씩 볼 수 있는) 영화와는 달리 비디오 이미지는 텔레비전 카메라로 주사되어 자기테이프에 기억될 수 있는 전자 정보로 전환된다. 따라서 비디오 이미지는 테이프로 볼 수 없다. 이미지(그리고 동시에 녹음된 음향)를 재현시키기 위해서는 모니터와 연결된 녹음 · 녹화 재생 장치 속에 테이프(고정돼 있지 않은 릴 위에 감겨 있거나 포장된 카세트의)를 집어넣어야 한다. 제작 중에 처음의 자료를 녹화하고 그것을 보는 데 똑같은 '데크(deck)'를 사용할 수 있다. 품질을 보증하기 위해서는 마지막 마무리용 비디오테이프를 편집하는 데 더 값비싼 편집 장비를 사용해야 한다.

한 화면으로부터 다른 화면으로 점차 사라지는 것과 같은 특수 효과,

스크린이 분할되거나 혹은 닦아 없애는 듯한 변화와 같은 시각적 효과, 그리고 한 영상과 다음 영상을 겹치는 오버래핑 이미지까지 모두 특수효과 발생 장치(special-effects generator, SEG)를 사용하여 녹화하거나 편집하는 동안 창조할 수 있다. 그런데 이 SEG 장치는 소형-포맷 비디오 스튜디오에서 가장 정교하고 가장 값이 비싼 장비다.

테이프에 녹화한 비디오 자료의 편집은 겹쳐잇기로 할 수 있다. 그러나 사람들은 전자 편집을 좋아한다. 이 편집 방법은 녹화 자료의 촬영과 보관에 사용했던 릴(reel)로부터 배포용 복제를 할 수 있는 릴로 녹화된 자료의 각 부분을 옮김으로써 전자적으로 여러 가지 음향, 장면, 이미지, 덧붙여 인화된 자막 등을 조립한다.

음향 조절 장치는 배경 음악, 따로 녹음한 이야기, 그리고 다른 효과 등이 표준 비디오테이프의 단일 음향 트랙에 함께 합해지도록 할 수 있다.

4) 조명과 음향

소형 포맷 비디오는 신용할 수 있는 제품을 만들기 위해 외국산 보조 장비나 혹은 값비싼 보조 장비를 필요로 하지 않는다. 표준 비디오렌즈 시스템은 보통의 조명 조건에서 사용하기에 충분할 만큼 민감하다. 그 결과 다큐멘터리 영화에서 사람들이 익숙해져 있는, 수용할 만한 시네마 베리테(cinema verite)적 느낌을 안겨 준다. 대부분의 비디오 촬영 대원들은 한두 개의 가벼운 조명 장치－가느다란 삼각대나 꺽쇠장치에 올려놓은 반사경이 달린 강렬 전등－를 휴대한다. 이러한 조명 장치는 그림자를 없앨 수 있고, 훌륭한 전체 조명을 제공할 수 있으며, 말하는 사람들의 얼굴에 맞는 명암을 제공할 수 있다.

대부분의 비디오 제조회사들이 판매하는 표준 카메라 녹화기 장비는 말하는 사람의 목 둘레에 마이크를 걸어 놓기 위한 목걸이 코드나 혹은 테이블 위에 마이크를 설치하기 위한 단순한 받침대가 있는 단일 방향적 마이크를 포함한다. 전체 음향, 군중들의 소음, 혹은 다수의 말하는 사람들을 위한 전(全) 방향적 마이크를 포함하여 다른 종류의 마이크들을 구하는 것도 유용하다. 패널 토론이나 회의를 녹화하기 위해서는 모든 연사들에게 마이크 스위치와 연결된 마이크를 한 대씩 제공하는 것이 현명하다. 여기에서 말하는 마이크 스위치란 여러 음향원(源)들이 단일 녹음 · 녹화기의 음향 트랙에 의해서 포착될 수 있도록 하는 장비다.

5) 녹음 · 녹화 재생 장비

소수의 시청자들에게 비디오를 상연하려면 릴이나 카세트를 사용하는 여행 가방 크기의 녹음 · 녹화 재생 장비와 플러그를 꽂는 장치를 갖춘 표준 텔레비전 수상기나 모니터가 필요하다. 10명 이상의 시청자들을 위해서는 여러 대의 모니터들을 케이블로 연결할 수 있다. 그러나 이런 경우 시청자들은 스크린으로부터 10피트 이상 떨어져 앉지 못한다. 시청자가 100명 정도로 많을 경우에는 영상을 확대하여 영화스크린에 영사하는 특수한 시각 장치를 사용할 수 있다. 보통 유리 스크린(glass-screen) 모니터로 비디오를 보면 영상이 더 밝고 더 또렷하다.

7. 경영상의 고려 사항

네트워크 텔레비전 프로그램들은 수많은 전국 시청자들이 시청하고 지방 텔레비전 프로그램들은 많은 지역사회 시청자들이 시청한다. 비디오테이프는 조직 내의 커뮤니케이션에 텔레비전을 사용할 수 있도록 만들고 있다. 문제는 수많은 시청자들과 시각적 효과가 비용을 정당화하는가이다. PR 프로그램의 목표 공중들이 텔레비전 시청자들 가운데 있지 않은 경우가 자주 있다. 혹은 목표 공중들이 그 수많은 텔레비전 시청자들의 작은 부분에 지나지 않을 수도 있다.

텔레비전은 모든 PR 문제에 대한 해결책이 아니다. 그러나 텔레비전이 유용한 도구가 될 수 있는 상황들을 살펴보자.

1) PR의 모형

라디오처럼 텔레비전도 PR의 네 가지 모형들을 위한 효과적 테크닉이 될 수 있다.

언론 대행업자와 홍보 담당자는 많은 TV 시청자들을 생각하고 몹시 군침을 흘린다. 또한 시각적 매체를 이용하여 그들이 얻을 수 있는, 그들의 조직에 대한 TV 시청자들의 주의를 생각하고 몹시 군침을 흘린다. 언론 대행업자와 홍보 담당자는 광고료를 지불하고, 뉴스 프로그램에 홍보 기사가 실리도록 하며, 유명인사들을 토크쇼에 출연시키며, 혹은 공공서비스 광고(PSA) 등을 함으로써 그들의 메시지를 오락 프로그램과 뉴스 프로그램 속에 삽입할 수 있다. 메시지를 찾으려고 노력할 필요가 없는 시청자들은 많은 저항이 없이 텔레비전으로부터 메시지를 피동적으로 받아 처리한다.

공공 정보 모형을 따르는 PR 전문가들은 로컬 뉴스 프로그램들을 광범위하게 이용하는 텔레비전 보도 자료(television handouts)를 작성한다. 그들은 또한 전문가들이 토크쇼에 출연토록 할 수 있고 다큐멘터리와 PSA를 작성할 수 있다. 그들은 고용자들과 지역사회 주민들에게 알리기 위해 비디오를 사용하기도 한다.

쌍방 불균형적 PR 전문가들은 텔레비전에 유료 옹호 광고(paid advocacy advertisement)를 많이 한다. 또한 그들은 공중이 그들의 견해를 받아들이도록 설득하는 데 소위 적대적 텔레비전을 사용한다.

쌍방 균형 모형을 따르는 PR 실무자들은 라디오를 사용하는 만큼이나 텔레비전을 많이 사용할 수 있다. 활동적인 공중의 대표들과 함께 토크쇼와 TV 뉴스 스페셜에 출연하는 경영자들은 조직이 공중에 미치는 영향에 관하여 알 수 있다. 적대적 텔레비전과 TV 옹호 광고(TV advocacy advertising)는 중요 이슈들에 관한 공공 대화를 촉진시킬 수 있다 – 비록 조직이 자신의 관점만을 강하게 주장할지라도. 페이슬리(Paisley)는 그와 같은 토론을 '사후 반응적(reactive)' 캠페인과 대립되는 것으로서 '사전에 행동으로 대처하는(proactive)' 정보 캠페인이라고 칭한다.[25)]

불균형적 PR 실무자들은 일반적으로 사후 반응적 텔레비전 캠페인을 한다. 그들은 어떤 결정을 내린 뒤 그들의 조직이 싫어하는 기존 정책들을 없애거나 혹은 그들의 조직이 좋아하는 정책들을 유지하려고 노력한다. 대조적으로 균형적 PR 실무자들은 에너지 부족이나 청정공기법령(Clean Air Act)과 같은 이슈들에 관해 결정을 내리기 전 그들의 조직의 관점을 주장한다. 다른 조직의 대표자들과 공중의 대표자들은 그들의 견해를 주장한다. 그 결과 조직과 공중 모두가 이슈에 관한 개방적이고 분방한 토론으로 이익을 얻는다.

2) 목표

많은 PR 실무자들은 텔레비전 메시지가 인식, 태도, 그리고 행동에 커다란 영향을 미친다고 믿는다. 그들은 그들의 조직이 〈60분〉과 같은 텔레비전 프로그램에서 비호의적으로 다뤄지고 그 후 그들의 조직에 항의 편지와 전화가 쇄도하는 것을 걱정한다.

그러나 텔레비전의 효과를 과대평가하기는 쉽다. 실제로 많은 사람들이 〈60분〉을 시청하고 알게 된 것을 항의하기 위해 편지를 쓸지 모른다. 그러나 많은, 더욱 많은 사람들이 아무 일도 하지 않을 것이다. 실제로 사람들은 그들이 만약 텔레비전에서 시청한 것을 몇 번이고 되풀이하여 듣지 않는다면 그들이 보고 듣는 것을 별로 기억하지 않는다는 증거가 많이 있다.[26)]

텔레비전 뉴스는 공중의제(public agenda)에 이슈들을 제공한다. 그러나 텔레비전 뉴스는 인쇄 매체보다 이슈들과 함께 하는 시간이 더 짧다. 일반적으로 이슈들을 공중의제로 고정시킬 만큼 길지 않다.[27)] 텔레비전 상업 광고도, 마찬가지로, 여러 번 반복해야 사람들이 그 광고를 기억한다.

바꿔 말하면, 텔레비전은 수많은 사람들과 모두 동시에 커뮤니케이트하는 목적을 달성할 수 있도록 만드는 것 같다. 많은 수용자들과 커뮤니케이트 하는 것은 사실상 매체가 갖고 있는 힘이다. 그러나 많은 PR 실무자들이 텔레비전을 통해 목표 공중의 성원들과 그들이 커뮤니케이트 할 수 있는 정도를 과대평가한다. 그들의 메시지가 수백만 명의 사람들에게 도달할지 모른다. 그러나 단지 수천 명만이 목표 공중의 성원들일 수 있다.

텔레비전은 또한 커뮤니케이션과는 다른 PR 목적을 달성하는 데 인쇄 매체만큼 효과적이 아닐 수도 잇다. PR 실무자는 텔레비전을 통해 메시지를 수백만 명의 사람들에게 말할 수 있다. 그러나 그 사람들은 메시지를 기억하지 못할 수 있다. 그리고 인식, 태도, 행동 차원의 PR 목적들은 텔레비전으로 좀처럼 달성될 수 없다.

우리는 또한 텔레비전의 효과를 약간 다른 시각－텔레비전의 시각적 특성－에서 살펴보아야 한다. 사람들은 더 많은 생각과 감정을 가지고 그들이 볼 수 있는 어떤 것에 반응한다. 그들이 처음에 텔레비전으로부터 메시지를 받을 때 그들은 그 메시지를 단지 피동적으로만 처리할지 모른다. 그러나 그 메시지의 시각적 부분은 감정적 반응을 야기할 수 있다. 어떤 문제를 눈으로 본다는 것이 사람들을 수동적으로 커뮤니케이트 하는 공중으로부터 적극적으로 커뮤니케이트 하는 공중으로 변화시킬 수 있다. 텔레비전이 때때로 공중들에 이와 같은 효과를 미칠 수 있다는 증거가 있다. 그러나 대부분의 사람들에게는 보통 그러한 효과가 없다는 증거도 또한 있다.[28]

3) 어떤 PR 프로그램을 사용해야 하는가?

방송 텔레비전, 케이블, 비디오테이프, 그리고 비디오디스크는 파트북 『PR의 기능과 운영』에서 설명했던 전문화한 PR 프로그램들의 대부분이 목표로 삼는 공중들에 도달하기 위해 사용될 수 있다.

미디어 관계 프로그램들은 방송 텔레비전에 대처해야 한다. 앞에서 이미 고용자들과의 커뮤니케이션에 비디오테이프를 사용할 수 있는 방법에 관한 예들을 들었다. 그 비디오테이프는 또한 커뮤니티 관계 프로그램들에서 오픈 하우스와 시찰 여행을 위해 사용될 수 있다.

PR 실무자들은 공공업무 캠페인을 위해서 그리고 행동주의자 공중과의 토론을 위해서 텔레비전을 광범위하게 사용한다. PR 실무자들은 또한 경제적-교육 프로그램의 일부분으로서 텔레비전에 PSA 광고를 한다. 재정 PR 전문가들은, 주주 회의에서 비디오를 사용하는 일 이외에, 『월스트리트 위크』 주간지에 실린 정보와 텔레비전의 유사한 투자 프로그램을 모니터하고 반응할 준비가 되어 있어야 한다. 마지막으로, 모금 PR 전문가들은 많은 텔레비전 시청자들이 특별히 그들의 모금 협조 호소를 위해 매력적 존재들이라는 것을 안다.

4) 공중의 커뮤니케이션 행동

텔레비전 메시지의 가능한 목적들을 논한 부분에서 이미 텔레비전은 주로 관여도가 낮은 공중에 도달하기 때문에 효과가 비교적 약하다는 점을 지적했다.

PR 실무자들은 그들의 메시지를 수백만 명의 시청자들이 보는 프로그램에 삽입할 수 있기 때문에 텔레비전의 사용을 좋아한다. 그러나 시청자들은 PR 메시지를 적극적으로 찾지 않는다. 시청자들은 방을 나가거나 TV 수상기를 끄지 않고서는 메시지를 듣는 것을 회피하기가 어렵기 때문에 PR 메시지를 피동적으로 처리한다. 고용자 공중과 커뮤니티 공중조차 PR 실무자들이 만든 비디오테이프를 좀처럼 찾으려 하지 않는다. 테이프는 보통 어떤 다른 행사나 전시회의 일부분으로 보게 된다. 고용자들이 점심을 먹는 식당에서 보여주는 비디오테이프는 아마 고용자들의 일부만이 주의를 기울일 것이다.

텔레비전은 다른 방법으로는 도달할 수 없는, 관여도가 낮은 공중들과 커뮤니케이트 할 수 있는—만약 단지 수동적으로라면—가능성을 제공한다. 텔레비전을 통해 도달된 공중들은, 가장 자주, PR 메시지를 어렴풋하게만 기억할 것이다.

5) 시간과 돈의 비용

텔레비전 방송용 PR 메시지의 제작은 대부분의 다른 PR 테크닉들보다 돈과 시간이 더 많이 든다. 그러나 만약 시청자가 많다면, 천 명당(當) 텔레비전 메시지의 비용은 비교적 적을지 모른다. 그러나 만약 다른 미디어와 의미 있는 비교를 하고 싶다면, 텔레비전으로 메시지를 보는 목표 공중의 천 명당 비용—전체 텔레비전 시청자의 천 명당 비용이 아닌—을 잊지 말고 계산하라.

텔레비전을 이용하려면 파트북 『PR의 원칙과 책임』 제4장에서 간단히 설명한 돈과 시간의 예산 편성 테크닉들을 사용하는 것이 필수적이다. 텔레비전 메시지의 효과가 비용을 들일만한지 그렇지 않은지 결정하기 위해 형성적(formative)이고 평가적(evaluative) 연구를 하는 것이 또한 절대 필요하다.

6) 평가

많은 시청률 조사기관들이 커뮤니케이션 목적—텔레비전으로 방송된 메시지를 시청한 사람들의 수—을 측정하는 데 사용할 수 있는 자료를 제공한다. 만약 특정한 프로그램의 시청자들에 관한 인구통계학적 정보를 얻을 수 있다면, 그 시청자들의 특성을 목표 공중의 특성과 조화시킬 수 있을지도 모른다. 그러나 목표 공중의 성원들은 반드시 동일한 인구통계학적 특성을 지니고 있는 것은 아니라는 것을 기억하라. 따라서 시청률 조사는 PR 실무자가 필요한 자료를 종종 제공해 주지 않는다.

적절한 평가를 하려면 PR 메시지가 텔레비전에 나타난 직후 목표 공중의 성원들을 조사(survey)할 필요가 있다. 서베이 응답자들에게 그들이 그 메시지를 TV로 보았다고 기억하는지 않는지 물어 보라. 그 다음에 이 책의 파트북 『PR의 원칙과 책임』 제5장에서 설명한 것과 같은 설문들을 사용하라.

당신은 어젯밤 텔레비전에서 TRW에 관한 메시지를 우연히 들은 적이 있습니까?
(만약 그렇다고 대답하면) 당신은 그 메시지에 관해서 무엇을 기억하는지 말할 수 있습니까?
(잇따라 질문한다) 그 밖의 다른 것을 말할 수 있습니까?

만약 PR 메시지가 수용(acceptance), 태도, 그리고 행동에 어떤 효과를 미쳤을지 모른다고 생각한다면, 전에 설명했던 테크닉들을 사용하여 그 효과를 측정하는 시도를 할 수 있다.

주

1) Crooks, Conmen and Clouns: Businessmen in TV Entertainment (Washington: The Media Isnstitute, 1981). Cited in Mobil advertisement "Does the TV Camera Distort Society?" *New York Times* (May 14, 1981), p. A-27.

2) 아치 벙커는 미국 텔레비전 프로그램 〈올 인 더 패밀리(All in the Family)〉에 등장하는 고집스런 남편의 이름이다—역자 주.

3) "How Unions Try to Clean Up Their Image," *U. S. News & World Report* (Oct, 22, 1979): 69-70.

4) All cases listed here are 1980 PRSA Silver Anvil Award winners.

5) The Summit Country program was another 1980 Silver Anvil Award winner. These remarks are excerpted from the winning entry.

6) Ibid.

7) Don Phelan, "TV Film Handouts Can Work," *Public Relations Journal* (January 1976): 32-33.

8) Phelan.

9) 증언은 선전 기법 가운데 하나로서 사람들의 존경을 받거나 미움을 받는 유명 인사로 하여금 특정한 아이디어나 상품이나 혹은 사람에 대해 평가하는 말을 하게 함으로써 사람들의 태도와 행동에 영향을 미치게 하는 것이다—역자 주.

10) Kathy Rand, "How to Work with TV Talk Shows," *Public Relations Journal* (March 1977): 20-21.

11) 파트북에 대한 이해는 편집자 일러두기 참조—편집자 주.

12) *Punch, Counter punch : "60 Minutes" vs. Illinois Power Co.*(Washington: The Media Institute, 1981).

13) *Punch, Counter punch.*

14) Tony Schwartz, "Kaiser to Ask FCC Action on ABC News," *New York Times* (February 5, 1981): C-22.

15) Kaiser Corp., "Trial by Television," documentation supporting winning entry in "Emergency Public Relations" category, 1981 PRSA Silver Anvil Award competition.

16) "Trial by Television," Kaiser Corp.

17) Jane E. Ferguson, "A First for Teleconferencing," *Public Relations Journal*(September 1981): 26-29.

18) Judith M. and Douglas P. Brush, "Corporate Video: Burgeoning Role for PR," *Public Relations Journal* (October 1977): 14-16.

19) Brush and Brush.

20) Robert Andrews, Public Relations Department, Johnson & Johnson, personal interviews.

21) Karen W. Arenson, "Anatomy of AT&T's Offering," *New York Times* (June 10, 1981): p-1, D-5.

22) Barbara Frankel, "Company Annual Reports, Once Dull, May Be Brightened on Cable TV," *The Home News* (Nov. 25, 1980): 20.

23) Brush and Brush.

24) Ronald S. Posner, "A/V Comparisons: Video vs. Film vs. Slides," *Public Relations Journal* (September 1978): 45-48.

25) William J. Paisley, "Public Information Campaigns: The American Experience," in Ronald E. Rice and William J. Paisley (eds.), *Public Communication Campaigns* (Beverly Hills, Calif: Sage Publications, 1981), p. 39.

26) Mark R. Levy, "The Audience Experience With Television News," *Journalism Monographs* No. 55 (April 1978).

27) Maxwll McCombs, "Agenda Setting Function of Mass Media," *Public Relations Review* 3(Winter 1977): 61-82.

28) James E. Grunig, "A Simultaneous Equation Medel for Intervention in Communication Behavior." Paper presented to the Theory & Methodology Division, Association for Education in Journalism, Houston, Autust, 1979.

참고 문헌

Barnouw, Eric, *Tube of Plenty*(New York: Oxford University Press, 1975).

Cantor, Muriel, *Prime-Time Television : Content and Control*(Beverly Hills, Calif.: Sage, 1980).

Foster, Eugene, *Understanding Broadcasting* (Reading, Mass.: Addison Wesley, 1978).

Gans, Herbert J., Deciding What's News(New York: Pantheon, 1979).

Goldsen, Rose K., *The Show and Tell Machine : How Television Works and Works You Over*(New York: Dial Press, 1975).

Johnson, Nicholas, *How to Talk Back to Your Television Set*(Boston: Little, Brown, 1970).

Lee, Robert, and Robert Misiorowski, *Script Models : A Handbook for the Media Writer*(New York: Hastings House, 1978).

Maloney, Martin, and Paul Max Rubenstein, *Writing for the Media*(Englewood Cliffs, N. J.: Prentice-Hall, 1980).

Newcomb, Horace (ed.), *Television : The Critical View*(New York: Oxford University Press, 1976).

06
연설 준비

뉴스 릴리즈와 방송 메시지를 준비 감독하는 사람은 다음과 같은 비 미디어적인 일들을 하게 된다.

> 부서장으로 하여금 언론을 대상으로 새로운 프로그램에 대한 브리핑을 할 수 있도록 준비시키는 것.
> 공상을 방문한 사람들에게 선학에 앞서 선날할 연설문 삭성.
> 상공회의소에서 연설하게 될 기업의 장을 연습시키는 것.
> 지역사회, 전문 직업인과 교육자들에게 비기술적 주제에 대하여 프레젠테이션 하기 위한 연사국(speaker's bureau)을 설치하는 것.
> 기업의 장학금을 받게 될 종업원 자녀들을 인터뷰하는 데 필요한 질문지의 작성.
> 기업의 종업원들과 지역사회인들이 함께 오염과 쓰레기 처분에 대한 문제를 논의하기 위한 대화의 장을 마련하는 것.

이러한 모든 행사는 한 가지 공통점을 지니는데 그것은 누군가가 조직을 대표해서 연설할 수 있도록 준비해야 한다는 점이다.

1) 연설 대 집필 : 차이점과 유사점

다른 커뮤니케이션 기술에 비하여 연설의 다른 점과 유사한 점을 이해할 필요가 잇다. 첫째, 두 가지 중요한 차이점이 있다.

> 뉴스레터, 소책자, 혹은 광고와 같이 서면에 의한 메시지는 약간은 사무적인 것인 반면에 연설은 연설자의 신뢰도를 전달한다. 열정, 관심, 아량, 이해 그리고 감정 이입 등, 이러한 모든 것들은 청중을 개인적으로 만나는 언어적이고 비언어적인 행동을 통해서 가장 잘 나타난다.
>
> 말하는 상황은 청중의 반응에 맞추기 위해 융통성이 있고 변경될 수 있다. 여러분은 인쇄 혹은 시청각적인 메시지로써 의미를 전달한 다음 그것이 목표공중에 도달되기를 희망한다. 여러분은 연설 도중에 전달 과정을 정정할 수 있다.

그러나 연설은 몇 가지 중요한 점에서 다른 PR 메시지와 유사하다.

> 연설 내용은 조직이 유포한 다른 메시지와 일관성이 있어야 한다. 연설자는 서면에 의한 커뮤니케이션에서 취한 입장을 잘 파악해야 하며 조직의 관점과 일치되는 태도로 그 입장을 분명하게 표현하도록 노력해야 한다.
>
> 준비를 완벽하게 하게 되면 연설장에서 당황해 하지 않는다. 연사는 모든 사실들을 확실하게 알고 있어야 한다. 연사는 개인적인 마력에 의지하여 단지 '즉흥적으로 연기한다'는 생각을 해서는 안 된다.
>
> 연설 상황을 통하여 PR 부서는 스스로 다음과 같은 질문을 하게 된다. 이러한 연설이 목표 수용자에게 이르는 가장 좋은 포럼(forum)인가? 이것은 우리가 목표를 달성하는 데 도움이 될 것인가? 이것은 자원을 가장 잘 사용하는 것인가? 이 연설은 다른 커뮤니케이션 채널로써 보강되어야 하는가? 우리는 연설의 효과를 측정할 수 있을 것인가?

1. 관리상 고려할 점

PR을 발전시켜 왔던 많은 사람들은 연설 기술보다는 언론인적 기술을 이용했다. 그러나 오늘날 PR인들은 서면에 의한 기술만큼 종종 연설을 이용한다. 연설은 보다 더 많은 쌍방 커뮤니케이션을 제공한다. 그것은 또한 다른 종류의 효과를 가져오기도 한다. 다른 효과들을 살펴보자.

1) PR 모형

바넘(P. T. Barnum)이 박물관과 서커스를 대행하면서 말하는 기술을 광범위하게 사용했을지라도 그를 추종한 언론 대행업 및 공공 정보 전문가들은 서면에 의한 PR을 실시했다. 그들의 목표는 신문에 기사가 실리게 하는 것이었다. 심지어 오늘날도 언론 대행업자, 퍼블리시스트(publicists) 그리고 공공 정보 전문가들은 주로 쓰는 기술에 의존 한다.

그러나 쌍방 불균형과 균형 모형을 통해서 PR 담당자들은 쓰는 것과 말하는 것과의 균형을 유지한다. 연사와 청중이 면대면(face to face)으로 만날 경우 좀 더 많은 피드백이 가능해진다. 피드백은 쌍방 불균형 모형의 설득에 있어서 특히 중요하다. 구두 커뮤니케이션은 또한 메시지가 서면에 의하여 교환될 때 대화와 상호작용을 훨씬 쉽게 만든다. 그러므로 말하는 기술은 쌍방 불균형 모형에 특히 유용하다.

2) 목표

앞에서 언급한 대부분의 테크닉에 대해서 우리는 여러분의 목표를 공중과의 커뮤니케이션과 메시지 파지에 한정하도록 권고했다. 그러나 메시지가 구도로 전달될 때 때로는 메시지의 수용 혹은 태도의 형성 및 변화 내지는 형태의 변화도 기대할 수 있다.

면대면 상호작용을 통한 비언어적 피드백은 연사로 하여금 청중들이 이해하지 못하는 메시지를 수정하고 반복할 수 있게 한다. 연사에게 던진 질문이나 주고받는 대화 또한 이해를 돕고 메시지의 수용 또는 공유된 인지도를 높인다.

심지어 면대면 커뮤니케이션에서도 여러분은 인지적 목적을 달성하는 만큼 태도와 행태적인 목적을 달성하기는 어려울 것이다. 그러나 여러분은 그러한 목적을 다른 형태의 커뮤니케이션의 경우보다는 좀더 자주 달성할 수 있을 것이다. 여러분은 공중 구성원들과 면대면으로 커뮤니케이션 할 때 그들이 언제 동의하며, 언제 반대하고, 언제 침묵을 지키는가를 느낄 수 있다. 심지어 여러분은 여러분의 메시지에 그들이 어떻게 반응하는지 물을 수가 있으며 여러분이 알아야 할 것이 무엇인가를 물을 수 있다. 그런 다음 여러분은 청중들이 수용할 만한 입장을 취할 수 있게 된다. 여러분은 혹은 여러분의 조언을 받고 있는 관리자들은 여러분이 대화하는 공중에게 설득 당하여 그들의 의견에 동조하게 될 때도 종종 있다.

공중의 견해를 경영진에게 전달하게 될 경우 대인적 기술이 매우 중요하다는 것을 기억하라. 여러분은 경영자가 공중의 입장을 이해하도록 돕고 싶어 할 것이다. 심지어 여러분이 구두로 제시한 주장은 경영자가 공중의 견해를 긍정적으로 평가할 수 있도록 할 것이며, 이른바 공중의 이익과 부합되는 방향으로 행동할 수 있도록 할 것이다.

3) 어느 프로그램?

연설과 대인 커뮤니케이션 기술들은 특히 프로그램이 쌍방 균형 모형에 해당될 때 공중에 목표를 둔 프로그램의 모든 것에 적용된다. 몇 가지 예를 들면 다음과 같다.

> 여러분과 관리자들은 언론인들과 개인적으로 만나며 기자 회견을 준비하는데 이것은 균형적 미디어 관계에 필수적 요소이다.
> 여러분이 속한 조직 구성원들은 지역 유지들에게 강연을 실시한다. 그들은 또한 지역 유지들 및 그 외 시민들과 면대면 인터뷰와 대화를 갖는다.
> 여러분은 공장을 안내하고 지역 사회 시설물 준공식을 도우며 학교를 방문하며, 스카우트 행사와 그 외 젊은이들의 행사를 주관한다.

PR 실무자들과 관리자들은 조직에서 비롯된 상충되는 문제에 대한 해결점을 찾기 위해 활동적인 공중들과 직접 만난다.

대정부 관계 전문가들은 정책적 쟁점에 대한 조직의 입장을 제시하기 위해 행정 관리들과 주요 유권자들과 만난다. 그들은 또한 시민, 전문인 및 정치 집단들에게 강연을 실시한다.

교육 관계와 경제 교육 전문가들은 학생들과 조직의 대표자 사이의 상호 작용을 원활히 하기 위해 연설과 소집단 회의를 주재한다.

금융 PR 전문가들은 주식 중개업자들과 대화를 나누며 금융계 인사들에게 연설을 실시한다. 그들은 또한 연례 주주 총회에서 행할 광범위한 연설을 계획한다.

기금 모금자들은 동창생과 호의적인 공중들과의 개인적인 접촉 및 연설과 전화통화가 기금 모금에 필수적임을 알게 된다.

4) 공중의 커뮤니케이션 행태

여러분이나 조직의 대표자들은 여러 부류의 공중 구성원들과 대화를 나누게 된다. 따라서 여러분은 여러분 혹은 관리자가 무슨 말을 할 것인지 결정하기 전에 어떤 종류의 공중인지를 파악하는 것이 중요한 일이다.

관여도가 낮은 공중은 만약 그 연설이 재미있고 간략하며, 지나치게 기술적인 것이 아니라면 들으려 할 것이다. 관여도가 높은 공중은 길고 덜 적극적이며 더 기술적인 연설이라도 참고들을 것이다. 그들은 정보를 원한다. 그들은 주의 깊게 듣는다.

여러분은 전공과목 이외의 과목을 수강할 경우 그 과목이 재미있는 것이 아니라면 별로 주의를 기울이지 않을 것이다. 그러나 여러분은 전공과목은 달리 취급할 것이다. 만약 여러분이 언젠가 PR 프로그램을 운영하게 된다면 여러분은 PR 교수의 강의를 상당히 주의 깊게 듣는다.

5) 시간과 돈

오랜 속담인 '말은 싼 것이다'는 구두 커뮤니케이션에 적용될 수 있다.

전자 미디어와 소책자를 위해 준비된 메시지와 비교해 볼 때 연설과 그 외 구두 메시지는 많은 돈을 필요로 하지 않는다. 대부분의 경비는 연설문 작성 전문가를 고용하는 데에 든다.

동시에 구두 메시지 준비에는 상당히 많은 시간을 필요로 한다. 구두 메시지를 준비하는 일은 계획과 조정을 필요로 한다. 따라서 여러분은 구두 커뮤니케이션을 계획하는 데 있어 특히 유용한 시간 계획 기술을 갖춰야 할 것이다.

6) 평가

파트북[1)] 『PR의 원칙과 책임』 제2장에서 설명했던 모든 커뮤니케이션 효과가 구두 커뮤니케이션을 통해서 발생되기 때문에 여러분은 파트북 『PR의 원칙과 책임』 제5장에서 설명한 모든 효과 측정법을 사용하고 싶을는지도 모른다.

예를 들어 커뮤니케이션이 이루어졌는지를 측정하기 위해 여러분은,

연설을 들었던 사람들의 수를 센다.
관리자와 언론인과의 만남에서 얻어진 보도 기사와 내용을 재검토 한다.
대화에 참여한 사람들의 부류를 기록 보관한다.
공중의 여론을 경영층에 전달한 횟수를 기록한다.

커뮤니케이션 목표를 측정함에 있어서 여러분은 연사의 질을 또한 측정할 수 있다. 우리가 어떻게 연설을 준비하고 전달할 것인가를 토론한다. 이 장 후반부에서 연설을 어떻게 준비하고 제공하느냐에 대한 논의를 한 후 연사로 하여금 연설 기법을 증진시키는 방법을 살펴 볼 것이다.

만일 여러분이 메시지 파지, 메시지 수용, 태도 및 행태 변화와 같은 커뮤니케이션 효과를 측정한다면 연설회장이나 대회에 참석한 사람들에게 질문지를 배포하게 될 것이다. 이 경우 여러분은 질문지를 연설이 끝난 직후에 배포할 수도 있고, 후에 우편으로 발송할 수도 있으며 전화 인터뷰를

통하여 질문할 수도 있다.

여러분이 만일 질문지를 이용할 수 없다면 비공식적 측정 방법을 이용해도 된다. 연설이 끝난 후 청중 사이를 돌아다녀 보아라. 사람들이 이야기하고 있는 것을 들어 보아라. 그들에게 질문을 던져 보아, 만일 여러분이 청중들에게 알려졌으면 그들이 모르는 조수로 하여금 질문하도록 해라.

여러분의 구두 커뮤니케이션 효과를 평가하기 위해서라면 경영자들이 남에게 하고 있는 말에 귀를 기울여라. 그들은 여러분이 한 말을 기억하고 있는가? 그들은 공중의 견해를 이해하고 있는가? 그들은 공중의 견해와 부합되는 행태를 보이는가?

기자 회견의 효과를 평가하려면 메시지가 정확하게 전달되었는지 미디어 보도 내용을 검토해 보아라. 연설자가 한 말에 대하여 기자가 긍정적 · 부정적 혹은 중립적인 평가를 했는지 여부로 기사를 유목화 해라.

2. 연설의 연구와 조직화

'연설문 작성자의 관리'에 관한 글에서 웨스팅하우스 PR 부장인 장 포프(Jean Pope)는 흔히 발생되는 시나리오를 하나 제시했다.[2)] 회사 사장의 비서에게 "내가 경영자 클럽에서 3월 14일 영국의 노사 관계의 미래에 대하여 강연할 것이다. 다음주까지 밥(Bob)에게 연설문을 작성하도록 하게."라는 말을 한다. 그 비서는 공공문제 담당 이사인 밥에게 전화를 걸어서 부탁했는데 그는 이 일을 PR 부장에게 지시한다. 그 부장은 이 일을 그의 부서 여직원에게 지시했는데 그 여직원은 사장과 약속을 하려다 실패한다. 그녀는 어떤 명확한 방향도 모른 채 간신히 연설문을 작성해 왔다. 그 사장이 연설문을 읽어보고는 고친 다음 연설이 있기 반나절 전에 비서에게 타이핑하도록 부탁한다.

그 연설은 말할 필요도 없이 활기 없는 것이며 기억에 남을 만한 것이 못 된다. 포프는 "여러 사람 손을 거치다 보니 연설 요지가 빠져 버렸다. 더욱이 연설 전에 연습을 하지 못해서 재미없고 활기 없는 연설이 되고 말

았어."[3]라고 말한다.

그 이야기는 다음과 같은 점을 시사한다.

1. 적절한 계획이 연설 전에 이루어져야 한다.
2. 연설문 작성과 검토 작업은 집단의 중요한 임무이다.
3. 연설문 작성자에게 연설자에 대한 접근이 허락되어야 한다.
4. 연설은 원하는 바의 영향력이 발생되도록 하기 위해서 연설 전 연습이 필요하다.

그러면 이러한 작업의 여러 측면을 좀더 자세히 살펴보자.

1) 연구

학교에서 보고서를 작성해본 사람이면 누구나 연설문 작성의 첫 단계를 경험한다. 도서관 서베이는 주요 주장이 무엇이며 데이터를 구할 수 있는지 알기 위하여 주제에 관한 진술을 검토한다. 책과 잡지 외에 여러분은 연설에 신뢰성을 높일 수 있는 학술지, 기관지 및 정부 간행물 등을 점검하도록 하라. 여러분 자신이 모아 놓은 자료 또한 중요하다. 여러분은 그 주제에 관하여 경영자가 썼거나 말한 점에 대한 모든 것을 손쉽게 찾아낼 수 있어야 한다.

2) '대의'는 무엇인가?

데이터를 모은 후 연설문 초안을 준비하기 전 중요한 질문은 연설을 통하여 말하고 싶은 가장 중요한 점은 무엇인가이다. 마치 광고 카피라이터가 전체 메시지를 한 구절, 한 슬로건 또는 제목으로 줄일 수 있듯이 연설문 작성자는 한 줄로 연설의 대의(big idea)를 요약할 수 있어야 한다. '환경보호청의 내년도 주요 목표는 우리 시의 대기를 깨끗이 하는 것.' 이처럼 한 줄로 요약할 수 있다는 것은 재미있지만 요점에 부합되지 않은 정보를 추려냄을 의미한다. 여러분은 조직에 관한 배경과 조직의 관심사를 알고 있어야 하지만 가장 확실한 방법은 '언제나 깨어 있어야 한다.'는 것이다.[4]

3) 연설문 초안

훌륭한 연설은 머리말, 본문, 결론 부분으로 구성된다는 말은 보고서나 논문을 쓰는 방식대로 연설을 준비해야 된다는 말이다. 이 개념은 다음과 같은 속담으로 요약될 수 있다. '그들에게 얘기하려는 것을 말하시오. 그리고 나서 말하시오. 그리고 마지막으로 그들에게 말한 것을 말하시오.'

요점들을 한 페이지로 요약하여 연설이 있기 전에 연사에게 보여주고 의논하게 되면 쓰는 일이 훨씬 쉬워질 것이며 수정해야 될 부분이 적어질 것이다.

4) 연사와의 공동 작업

이 시점에 이르면 연설문 작성자는 연설을 준비하는 모든 단계에서 연사와 공동 작업을 펴야 한다. 문자의 길이와 리듬을 비롯해서 단어의 선택에 이르기까지 각 개인의 연설 스타일에 적합해야 한다. 연사는 질문에 답하고 자기의 견해를 방어할 보충 데이터를 충분히 지녀야 한다. 그리고 마지막으로 연사는 자신 있게 연설을 하기 위하여 그 연설에 대한 확신을 지녀야 한다. 연설문 작성자가 연사와 어느 정도 밀접한 관계를 맺고 함께 준비했다면 더욱 이상적이라 하겠다. 이러한 경우가 아니라면 연설문 작성자는 연사를 만나 정보를 검토하고 작가는 한번쯤 연사로 하여금 연설문을 읽게 하여 들어볼 필요가 있다. 이런 방식으로 연설문안이 연사의 특성에 맞게 조정되면 연사는 작가에 대한 신뢰를 가질 수 있게 된다.

5) 가장 중요한 머리말

"내가 호텔로 향하는 도중 아주 재미있는 일이 일어났다.…"
"어, 그래?"

지난 수십 년 동안에 연설문 작성 과정에서도 재미있는 일이 발생했다. 연사들은 『A Thousand and One Stories for Every Occasion』이란

기업의 실무진들이 준비된 발언을 한 다음 주주들의 질문에 답해야 하는 연례회의[워너 램버트 (Warner-Lambert) 제공].

책에서 발췌한 농담을 들려줘도 청중들이 호탕하게 웃지 않는다는 점을 알게 되었다. 우리는 텔레비전을 통해서 틀에 짜인 농담과 우스갯소리를 얼마든지 듣고 본다. 오늘날의 청중은 아리스토텔레스(Aristotle), 윌 로저스(Will Rogers), 케네디(John F. Kennedy)의 말을 인용해도 냉소적이다 못해 그것이 연사가 좋아하는 인용이 될 수 있을 지에 대하여 의심까지 한다.

'농담에 관한 주먹구구식은 세 단계로 구성된다. 연사는 농담을 효과적으로 전달할 수 있다. 농담은 연사의 경험에서 비롯된다. 주제에 적합해야 한다.'[5] 이러한 테스트에 부합되면 일순간의 경박함은 청취자의 주의를 모으고 감정이입을 유발시키는 효과적인 방법이 된다. 연설문 작성자는 연사와 가진 인터뷰에서 연사로부터 일화를 끄집어내어 그 일화를 서두에 삽입할 수도 있다. 그 일화가 연습 과정에서 별 반응을 불러오지 못하거나 연사가 그 연설 분위기에 적합한 것을 즉흥적으로 넣기 원한다면 그 유머는 연설문에서 삭제하는 것이 최상이다.

만약 연설이 의미심장한 것이 되어야 한다면 무거운 분위기의 서두가

적합한 것이다. '센트럴 밸리는 지금부터 약 10년 후면 유령의 마을이 될 것입니다…'

흥미 있지만 잘 알려지지 않은 사실은 청중의 호기심을 돋울 수 있다. '매년 27파운드의 매연과 먼지가 센트럴 시에 거주하는 시민들 각자에게 떨어집니다. 다행스럽게도 한꺼번에 전부 떨어지는 것이 아니라 한번에 조금씩 떨어집니다!'

그러나 또 다른 효과적인 기법은 개인적인 이야기를 조금씩 밝히는 것이다. "내가 대학을 졸업한 후 블루밍톤에 다시 오기는 이번이 처음입니다. 나는 이 곳의 주위 환경이 그전보다 좀 더 행복해졌다는 점을 느낍니다. 나는 지금 정부 공무원으로 일하고 있습니다. 내가 학교를 졸업할 때 정부에 대하여 비판적이었기 때문에 나는 여기 캠퍼스 드라이브에서 불법 주차료를 거두어 약간의 재산을 모을 수 있었습니다."(청중으로부터 웃음이 터져 나오지 않으면 이 말은 적어도 연사에게 안도감을 줄 것이다.)

6) 얼마나 말을 해야 하나?

한 연설문 작성 전문가는 분명하게 말한다. "연사가 25분 동안 하기로 되어 있는 연설을 20분에 끝낼 때에는 누구도 화를 내는 사람은 없을 것이다."[6)]

30분짜리 코메디쇼에 익숙해진 전형적인 청중의 인내심은 과거와는 아주 달라졌다. 종업원, 동료 전문인들, 교실에서의 학생들은 시계 바늘의 분침이 한 바퀴를 돌게 되면 인내심을 잃게 된다. 만일 여러분이 토픽을 충분히 구체화했다면 여러분은 그 연설을 완벽하게 마칠 수 있다. 만일 한 시간짜리 연설이라면 그 중 1/2은 질문에 답하는 시간으로 메우면 어떨까?

부서장이 회사의 프로그램을 수행하도록 준비시키는 내부 훈련장. AT&T의 커뮤니케이션 센터 세미나실은 시각 보조물을 사용하여 참가자들 간에 아이디어의 교환을 진작시킨다(AT&T 제공).

3. 연설의 수행

관리자들이 친숙한 청중을 상대로 연설을 준비하는 과정에서는 PR 부서의 도움을 필요로 하지는 않을 것이다. 한편 많은 관리자들은 그들이 청중을 손아귀에 쥐는 기술을 지니고 있어서가 아니라 탁월한 엔지니어, 기획 전문가, 경제 분석가이기 때문에 지금의 지위를 확보한 것이다. 관리자가 유능한 연설자일지라도 효과적인 연설을 한다는 것은 단지 요술이거나 웅변적인 기교를 이용하는 일이 아니다. 그 예로 PR 부서가 할 수 있는 가장 중요한 공헌은 연설자에게 청중은 누구이며, 그들의 흥미 수준은 어떠하며 그 주제에 관하여 그들이 이미 알고 있는 것은 무엇이며 어떠한 질문을 할 것인지를 조언하기 위하여 청중의 특성을 조사하는 것이다.

1) 코칭

어떤 중역은 코칭(coaching)과 준비를 환영한다. 어떤 중역은 연설을 적절히 수행하기 위하여 연습하고 훈련 받기를 꺼려한다. 따라서 모든 연설자들은 '준비 기간'을 갖도록 하는 것을 공식적인 경영 방침으로 하는 것이 바람직스럽다. 비디오테이프를 이용하는 전문적인 연설 컨설턴트들은 이러한 훈련을 수행해 준다.

한 컨설턴트에 의하면 연설자를 돕기 위한 점검 목록은 연설을 위한 적합한 복장에 관한 논의부터 시작한다.[7] 아마도 일상적으로 쓰리피스 양복에 실크 넥타이를 매는 중역의 경우에는 복장에 관한 논의는 생략될 수도 있다. 그러나 과학자에게는 요란스런 운동복을 실험실에 벗어 두고 검은색 운동복 차림으로 과학자 회의에 나가 연설하도록 제의할 필요가 있다. PR 부서는 그 나름대로의 멋진 골프복을 입는 것이 통례화되어 있으며 작업복 차림의 연사라면 청중과 자기 자신을 불편하게 만들 것이다.

어떤 관리자들은 무대에 설 때 경험하는 두려움을 연설에 긍정적으로 이용한다. 일부 관리자들은 중에는 초조함을 미리 예견하고 실제로 이런 증상이 너무 심해 순간적으로 무력증을 경험하기도 한다. 이 장 맨 끝에 수록된 대중 연설에 관한 참고자료에서 어느 정도의 불안감은 아드레날린을 흐르게 하고 연사에게 자극이 되기 때문에 필요한 것이라고 주장한다. 만일 관리자가 지나치게 불안해하면 연설 컨설턴트를 이용하여 그에게 느긋하게 하는 기법을 가르칠 수도 있다.

2) 연습 중 가다듬기

연설 연습 중 연설자가 첫 몇 문장은 천천히 말할 수 있도록 도우라. 연설문의 어디에서 숨을 쉬어야 할지 표시해 두어라. 자신 있게 해낼 수 있다는 암시를 넣도록 해라. '이 연설은 당신의 스타일에 꼭 맞고 청중이 정말로 듣고 싶어하는 내용으로 구성되어 있기 때문에 훌륭히 해낼 수 있습니다.'

연설자에게 정기적인 부서 회의와 같이 동료 직원들 앞에서 연습할 기회를 주어라. 어떤 조직에서는 연사가 즉각적인 분석을 할 수 있도록 비디오 스튜디오를 이용하여 연설 과정을 녹화해 둔다. 이와 같은 연습 과정을 녹화해 두면 앞으로 있을 연설자의 훈련에 쓸 수 있다.

4. 시각 보조물의 이용

우리는 연설자에게 무대에 설 때 경험하는 두려움을 극복하는 데 도움이 되는 기구로서 시각 보조물의 이용을 논의하지 않았다. 시각 보조물은 형편없는 연설자를 보완하기 위해서 사용되어서는 안 된다. 시각 보조물은 주로 연설을 더욱 명확하게 만들어 흥미와 다양성을 높이기 위해서 사용되어야 한다.

시각 보조물을 사용할 것인지의 여부를 결정짓는 시간은 연구와 초안이 작성된 후가 된다. 그 다음 연설문 작성자는 그래픽을 이용하여 데이터를 게시할 것인지 또는 슬라이드, 혹은 비디오테이프를 이용하여 요점을 제시할 것인지의 여부를 분석해야 한다.

또 한 가지 관심사는 시각 보조물이 회의 장소에 적합할지의 여부이다. 만일 그래픽과 슬라이드를 이용하여 판매고와 연구비를 설명할 계획을 세운다면 회의 장소가 햇빛이 차단될 수 있는 곳인지를 확인해야 한다. 차트와 그래픽들 이용하면 연설자에게 칠판걸이와 반사되지 않는 칠판을 제공해서 조명이 좋지 않아도 읽힐 수 있도록 해야 한다.

1) 시각물의 오용

시각물을 잘못 이용하는 것만큼 손해를 보게 하는 것은 없다. 청중이 30분간 칠판걸이에 남아 있는 한 장의 카드를 이해하도록, 볼 필요가 없는 일상적인 정보를 전달하는가? 이러한 종류의 연설은 청중을 모욕하는 것이며 그들을 지루하게 만든다.

이와는 반대로 카드에 정보가 너무 많아서 청중이 연설에서 제공된 아이디어들을 소화시키기도 전에 연설자는 그 카드를 넘겨야 되는가? 그렇다면 이것은 청중을 화나게 하는 일이다.

청중이나 연설자가 그들이 서 있는 곳에서 그래픽을 보고 해설하는데 어려움이 있는가? 흰 종이를 이용하여 차트를 넘기는 패드(pad)을 만들어 이용한다면 청중들은 연설이 특히 자기들을 위해서 있는 것이라고 느낄 것이다.

5. 연설의 피드백과 평가

연설을 너무 기계적으로 하기 때문에 단어 하나도 변용을 하지 못하는 연사들이라면 PR 부서가 메시지를 배포하기 위하여 비디오테이프를 이용하는 것이 낫다. 대변인을 이용하는 데서 오는 주요 이익 중 하나는 연설 중에 청취자들로부터 받은 피드백(feedback)이 청중의 이해를 증진시키는 데 사용될 수 있다는 점이다.

연습기간 중 연설자가 청중의 당혹스런 표정을 읽을 수 있는지 확인하라. 연설자가 멈추어 "여러분은 '프론트 엔드 로디드(front-end-loaded)' 기금의 개념을 이해하십니까? 제가 간략하게 설명해 드리겠습니다."라고 말할 수 있도록 도와라. 어떤 연사들은 끈질기게 질문하는 사람들에 대응하기 위하여 연습한다. 이들에게는 다음과 같은 말을 가르쳐 주어라. "이것은 아주 복잡한 문제라는 것을 저도 알고 있습니다. 그러나 저는 차근차근 설명하면 훨씬 분명해지리라 생각합니다. 그래서 잠시 동안만 질문을 유보해 주시면 고맙겠습니다." 이런 말은 잘 훈련된 연설자에겐 너무나 쉬운 것이지만 이렇게 되기까지는 많은 사람들이 훈련을 해야 한다.

대중 연설 과목을 이수한 PR 학생들은 연설 평가항 목표가 분석 도구로서 아주 쓸모 있다는 것을 알고 있다. 중역들에게 '보고 카드'를 내미는 것은 예의에 벗어나겠지만 평가항 목표는 PR 부서가 준비 중인 연설을 평가하는 데 큰 도움이 된다. 각 항목 뒤에 여백을 남겨 놓아 평가자가 구체적인 논평을 할 수 있도록 해야 한다. 여러분은 여러분이 속한 조직의 구체적인 욕구에 양식을 맞추어야 되는데 〈도표 6-1〉이 한 예에 해당된다.

피드백은 즉시 제공되지 않으면 별 이용 가치가 없다. 이것이 연설 평가항 목표가 여러 날 후에 시간을 정하여 구두 브리핑을 하는 것보다 훨씬 효과적인 이유가 된다.

도표 6-1

Speech Evaluation

Date ____________ Audience ______________________________

Speaker __________________ Evaluator ______________________

Room was properly set up for presentation.

Introduction of speaker was clear and adequate.

Speaker's dress and bearing were appropriate to occasion.

Voice level was satisfactory to the audience.

Speaker established rapport with audience.

Credibility of speaker was established.

Eye contact was maintained.

Overdependence on prepared script was avoided.

Opening section got attention.

Topic area and main point were clearly established.

Main points were repeated and emphasized.

Topic was clearly summarized and point driven home.

Ending section left audience with desired reaction.

Audience was engaged throughout speech.

Feedback was acknowledged and corrections made.

Opportunity for questions was provided.

Visual aids were properly set up and used.

Visual aids provided desired emphasis and clarity.

Speaker was comfortable using visual aids.

Audience reaction to visual aids was positive.

Additional suggestions:

6. 연설 후의 조치 사항

예기치 않은 눈보라가 교통을 마비시키고 예상했던 손님 중 2/3가 집에 머물러 있어야 한다. 여러분은 모든 절차를 따랐으며 연설자도 모든 준비를 마쳤는데, 만일 연설이 모두 PR 메시지라면 아마도 목적을 이루지도 못한 채 끝나고 말 것이다. 그러나 다양하게 이용할 수 있도록 자료를 준비했다면 여러분은 아직도 성공적인 연설을 할 수 있을 것이다.

일례로 연설문 작성자가 마지막 초안을 마치자마자 동시에 보도자료의 준비도 해야 한다(보도자료는 연사와 연설문 작성자가 뉴스로 보도될 요점을 정리할 수 있도록 연설이 있기 이전에 작성되어야 한다고 주장하는 사람도 있다[8)]). 연설문과 함께 보도자료는 통신사와 언론 기관에 미리 제공될 수 있다. PR 실무자는 만일 참석하려던 기자가 참석을 못 할 경우 연설이 끝난 후 연사로 하여금 즉시 전화로 미디어와 접촉할 수 있도록 준비해야 한다.

그리고 연설문 배포의 중요성을 잊지 말아라. 대회에 참석한 사람들의 이름을 주최측으로부터 구할 수 있으면, 연설이 그 대회에 미친 영향을 상기시키기는 서신과 함께 연설문을 각자에게 보낼 수도 있다. 특별한 영향력을 미치는 도구는 연설문을 연사의 사진이 담긴 소책자 형태가 된다.

7. 연사국의 설치

어느 시점에 여러분은 이런 말을 하게 된다. "우리는 거의 매주 연설할 사람을 찾아서 타기관에 보냅니다." 이쯤 되면 아마도 연사국(speaker bureau)을 설치해야 할 시간이라고 해야겠다. 다음은 조직의 아이디어를 잘 훈련된 연사들을 통하여 타조직에게 제공하기 위한 지속적인 서비스를 제공하는 데 필요한 사항들이다.

조직 내에서 연설자로 자원하는 관리자들을 확인하는 프로그램. 이들은 업무를 잘 처리해야 할 뿐만 아니라 다양한 계층의 사람들과 만나는 일을 즐겨야 한다.

'광업의 역사'……'항공 산업의 일자리를 얻기 위한 준비 등.' 물론 이러한 토픽은 여러분의 조직의 목표와 관심과 연관되어야 한다.

연설자와 토픽을 널리 알리고 진작시키는 체계. 전화회사의 뉴스레터에는 이따금씩 '단지 지역 벨 전화회사 사무실에 전화하여 연설자를 구하시오.'라는 문구를 싣는다. 전기, 가스, 수도와 같은 공익기관도 과학 마법사와 다양한 분야의 교육계 전문가를 육성한다.

또 다른 좋은 도구는 항상 공짜 교육 프로그램을 찾고 있는 학교 교장 선생님들에게 전단을 우송하는 것이다. 전문가들로 구성된 국가 기관은 각 지역 지부의 회장 또는 프로그램 담당자의 명단을 제공하기 때문에 소책자를 그들에게 보내기가 아주 쉽다.

예약 담당인 PR 부서의 비서 또는 행정담당자는 모든 연사의 요구를 취급할 의무를 지닌다.

대개의 대학에서는 교수 명단과 그들의 관심 분야 목록을 비치하여 관심 분야에 관한 연설을 요청하는 기관들에 연사를 찾아준다. 대기업들은 연사를 대량으로 제공한다. 웨스턴 일렉트릭(Western Electric) 회사는 미국 전역에 52개 지역국에 속한 500명의 연사를 확보하고 있다.[9)]

1) 작은 토픽의 처리

때때로 특별 연사 서비스를 설치하여 매우 특수한 PR 상황을 다루어야 한다. 주의회가 오리 사냥을 제한하는 법안을 생각하고 있을 때 사냥 기관은 '우리 미국의 유산 : 오리사냥'에 관한 연설을 담당할 특별팀을 구성할 것이다. 미국 헌법 제1수정안에서 보장된 내용이 위협 당할 때는 언제나 언론과 PR 단체들은 연사를 동원하여 '미국의 유산 : 언론의 자유'에 관하여 시민 및 교육 관계자들을 대상으로 연설을 행한다.

연사국이 '소규모'로 설치될 때 전화번호부에 수록된 학교 행정 담당자와 시민 단체와의 전화 접촉이 연사의 예약에 이용될 수 있다.

2) 군대에서의 이용

연사에 관한 자료는 지역 사회에서 군인의 명성을 증진시키기 위하여 모든 군지휘관들에게 제공된다. 각 군부대에는 재향군인의 날, 현충일, 독립기념일과 군인이 초청 받아 연설하게 되는 경우에 쓰일 연설을 준비하는 정보 사무실이 설치되어 있다. 대부분의 학생들은 그러한 연설을 들어볼 기회를 갖지 못했겠지만 이러한 연설을 수천 개 지역에서 갖게 되는 공공집회에는 빠지지 않는 절차 중 하나다.

8. 관리자들의 언론 기관과의 접촉

500명의 로타리클럽 회원을 대상으로 연설 하든가 6명의 기자들 앞에서 연설 하든가 둘 중의 하나를 택하도록 한다면 대개의 관리자들은 500명의 청중을 택할 것이다. 500명이란 숫자는 많은 것이지만 이들은 물고 늘어지지 않을 것이다.

연설이 두렵긴 해도 연사는 연설 상황에 대한 많은 통제력을 지닌다. 한편 언론은 그 자체의 규칙을 고집한다. 그리고 6명의 기자에게 연설하는 것이 큰 강당에 꽉 찬 사람들을 대상으로 하는 연설보다 더 영향을 끼칠 가능성이 높다. 규칙은 인터뷰나 기자 회견이 계속되면서 형성되기 때문에 연설은 공식적 논의보다 더 위험 부담을 안게 된다.

중역을 대중 앞에 나서도록 훈련시키는 컨설팅 회사 사장 프레드릭 나프(Frederick Knapp) 씨는 집요한 질문과 긴장 하에서 명확하게 생각해야 하는 필요성 때문에 기자와의 인터뷰를 가장 도전적인 연설로 부른다.[10)]요점을 마음속에 간직하고 주제에서 벗어나지 않도록 한다는 것은 정신의 집중을 요한다.

또 다른 문제는 대부분의 관리자들이 어떤 내용이 신문이나 방송에 어떻게 보도될 것인지를 시각화하지 못한다는 사실이다. PR 실무자는 조직의 대변인에게 그의 현명치 못한 태도가 언론의 보도에 어떠한 영향을 미쳤는지를 예시하는 기사와 함께 자기 임무를 이해하며 업무를 잘 수행한 인터뷰 결과를 보여주는 스크랩 철을 마련해야 한다.

이러한 스크랩 철을 검토한 후 여러분은 PR 부서원을 기자로 등장시켜 관리자를 위한 가상 인터뷰 혹은 기자 회견을 연출할 수 있다. 질문에 해당된다고 생각되는 모든 것을 던져 봐라. 연습 중에 연설자를 놓고 상상할 수 있는 모든 것을 시도해 보면 실제의 인터뷰는 좀더 쉽게 처리할 수 있게 된다.

가상 인터뷰 전후에 대변인에게 다음과 같은 지침을 주지시키도록 해라.

① 간략하게. 신문 기자들은 간략하고 요점 위주로 인용한다. 방송 기자들은 몇 개의 예리한 문장만을 녹음한다. 두서없는 말을 늘어놓는 인터뷰를 받는 사람은 직접 인용하기보다는 '풀어서(paraphrased)' 인용하게 된다.

② 정보에 관하여 '교활한 태도'는 피하라. 어떤 것을 '비공개로' 해달라고 요청하지 말아라. 어느 누구도 그것을 보장하지 않는다. '노코멘트'는 화자를 회피하는 사람으로 만든다. 가능하다면 이유를 제시하면서 "나는 지금 그 정보를 공개할 입장에 있지 못하다."라고 말하는 것이 낫다. 만일 어떤 것을 모르면 비밀인 것처럼 할 것이 아니라 기자들에게 정확한 사실이나 숫자를 알릴 수가 없다고 말하라. 그러나 PR 실무자는 질문 받은 점을 점검하여 가능한 한 빨리 언론에 제공하라. 무엇보다도 반은 진실, 반은 확인되지 않은 정보를 제공하지 말라. 기자가 추적하여 여러분이 내용의 일부만 밝힌다는 점을 발견하게 될 것이다.

③ 단호하지만 성실한 자세를 유지하라. 기자들이 여러분과 가까운 사이라면 기자들의 이름을 불러라. 그렇지 않으면 미스터(Mr.) 또는 미즈(Ms.)를 사용하라. 여러분의 친구와 또는 '절친한' 언론 기관의

기자에게만 특별대우를 하지 말라. 다른 기자들이 의식적 · 무의식적으로 그런 대접을 받지 못한 데 대한 보복을 할지도 모른다. 무엇보다도 아무리 버릇없는 기자 앞에서라도 화를 내서는 안 된다. 만일 기자단 중 어느 한 기자를 위협한다면 조직에 관한 정보가 아닌 그 사실이 기사의 첫머리를 장식할 것이다.

④ 부정적인 질문을 받는다고 해서 방어적 반응을 보이지 말라. 질문에 관하여 신속히 생각해 봐라. 여러분은 이 지역에서 조직의 활동에 관하여 어떤 관련된 사실을 논의할 수 있는가? 이미 앞에서 강조했듯이 쌍방 균형 모형에서는 부정적인 질문도 정직하고 진실 되게, 충분히 답하는 것이 중요하다. 만일 여러분의 조직이 잘못된 일을 했다면 어떤 일이 일어났으며 그 상황을 수정하기 위하여 무엇을 했는지를 설명하라. 질문의 요지를 무시하지 말고 대답의 요지를 여러분의 견해에 보탬이 되도록 해라.

⑤ 침착한 태도로 미소를 잃지 않도록 하라. 여러분은 여러분의 업무를 수행하는 것이고 기자들은 그들의 업무를 수행하는 것이다.

9. 효과적인 대인 커뮤니케이션

기업 광고에 관한 글에서 스페리 랜드(Sperry Rand)사는 종업원들로 하여금 잘 들을 줄 아는 종업원으로 훈련시키는 점을 강조했다.11) 점점 더 많은 조직들이 쌍방 균형 커뮤니케이션 모형을 채택하면서 듣는 일이 말하는 것만큼 중요하다는 점을 깨닫는다.

이것이 주는 의미는 전통적으로 정보의 배포자로 자신들을 여긴 PR 부서가 조직 내에서는 물론 조직과 공중과의 사이에서도 진정한 의미에서의 쌍방 커뮤니케이션을 촉진하는 일에 더 많은 노력을 해야 된다는 것이다. 한 PR 전문가는 기업들이 의구심으로 가득 차고 실의에 빠진 공중과 진실된 대화를 열기 위해서 제3자인, 집단 토론을 전문으로 하는 컨설팅 회사를 이용할 것을 권한다.12)

컨설턴트사가 PR 부서로 하여금 더 나은 대인 커뮤니케이션을 하도록 돕는 몇 가지 활동을 열거하면 다음과 같다.

- 부서 내 소집단 감수성(sensitivity) 훈련
- 종업원들과 조직 외의 개인들로부터의 불평과 제안을 취급할 옴부즈맨(ombudsman) 프로그램
- 공중 대표들이 조직과 그 역할에 관한 인상과 질문을 개진하도록 권고하는 포커스 회의

양자간의 구두 커뮤니케이션과 관련된 문제 중 하나는 언어적 이해는 행동으로 옮겨져야 한다는 것이다. PR 실무자는 인터뷰, 학술회의, 회의 기록이 담긴 '확인 편지'를 쓰는 것을 배워야 하며 실무자가 조직의 목적이 성취된다는 점을 확인하는 데 도움이 된다. 그러한 서신에 능숙한 사람들은 자기들이 조직 내에서 '실재의 창출'에 한몫을 한다는 사실을 알게 되며, 이것이 권위와 영향력으로 옮겨진다.

대학에서 개설되는 공공 연설(public speaking) 과목 외에 PR 분야에서 일하고 싶어하는 학생들은 커뮤니케이션 학과에서 개설되는 인간관계 과목을 이수하면 많은 것을 얻을 수 있다. 그러한 과목에서 학생들은 자신들이 다른 사람들에 의하여 어떻게 지각되며 대인 관계를 어떻게 개발하며 집단 내에서 임무를 수행하고 공통의 목표를 인식하는 법을 배우게 된다.

주

1) 파트북에 대한 이해는 편집자 일러두기 참조-편집자 주.
2) Jean Pope, "Care and Feeding of Speechwriters," *Public Relations Journal*(May 1979) : 6-9.
3) Pope.
4) Edwin F. Brennan, "Five Rules for Speech Writers," *Public Relations Journal* (May 1979) : 10.
5) Pope.
6) Brennan.
7) Frederick J. Knapp, "Prepare Your CEO to Meet his Publics," *Public Relations Journal* (May 1979): 11-13.
8) Nariman J. Karanjia, "The Nitty-Gritty of Speechwriting," *Public Relations Journal*(May 1980) : 17-19.
9) "Speakers Bureaus Can Amplify PR Impact," *IABC News* (December 1980): 1, 5.
10) Knapp.
11) Sperry Rand Listening Program, 1981 PRSA Silver Anvil Award Winner.
12) Kendrick E. Fenderson, "Telling Is Out, Dialogue Is In," *Public Relations Journal*(July 1979) : 32-34.

참고 문헌

Baird, John E., Jr., *Speaking for Results : Communication by Objectives*(New York : Harper & Row, 1981).

Barrett, Harold, *Speaking Practically : An Introduction to Public Speaking*(New York : Holt, Rinehart and Winston, 1980).

Brooks, William D., *Public Speaking*(Menlo Park, Calif. : The Benjamin/Cummings Publishing Co., 1980).

Burson-Marsteller, *The Executive Speechmaker : A Systems Approach*(New York : Foundation for Public Relations Research and Education, 1980).

Hunt, Gray T., *Public Speaking*(Englewood Cliffs, N. J.: Prentice-Hall, 1981).

Minnick, Wayne C., *Public Speaking*(Boston: Houghton Mifflin, 1979).

Rein, Irving J., *The Public Speaking Book* (Glenview, Ill. : Scott, Foresman, 1981)

Verderber, Rudolph F., *The Challenge of Effective Speaking*(Belmont, Calif.: Wadsworth, 1979).

07
브로셔 · 배경설명 책자 · 광고용 우편

광고, 프로모션, 포스터와 전시회 및 특별 행사 등은 아이디어와 프로그램에 대한 공중의 주의를 환기시키는 데 사용된다. 브로셔와 배경 설명 책자는 이슈에 관하여 상세히 설명하도록 설계된다. 이러한 인쇄물은 저장이나 인용할 수 있고 행동에 옮길 수 있는 정보를 제공한다. 우리는 앞에서 기자 회견, 연설 또는 시청각 미디어를 통하여 제공된 정보를 재보강하기 위하여 브로셔와 안내용 책자를 배포하거나 항상 준비해 두는 데서 오는 이점을 말한 바 있다. 또 다른 채널로는 메시지를 대량으로 배포시킬 수 있는 광고용 우편을 들 수 있다.

우편 우송자 명단은 PR 부서가 사용할 수 있는 가장 가치 있는 도구 중 하나가 된다. 매스 미디어는 조직에 별 도움이 되지 않는 수천의 공중을 제공한다. 그러나 우송자 명단은 여러분이 도달하기 원하는 수용자를 훨씬 더 정확하게 겨냥해 준다. 집 소유자, 아파트 거주자, 사냥 애호가, 동전 수집가, 유권자, 노년층, 여성해방운동 지지자, 여성 해방운동 반대자, 보수주의자, 왼손잡이 볼링 선수들.

어떤 우송자 명단은 수천 달러가 소요되는데 특히 특별한 특성을 지닌 고소득 가족들의 경우가 그러하다. 그 외의 명단은 지역의 수용자나 동호인들을 대상으로 하는 잡지사로부터 싸게 구입할 수 있다. 예술 기관과 같은 많은 조직들은 조직간 비용을 지불하지 않고서도 우송 명단을 교환한다. 약간의 비용을 지불하면 광고용 우편 취급점이 우송 명단의 확보에서부터 내용물 제작과 우송까지 도와준다.

물론 조직은 그 조직이 주최한 행사에 참가한 모든 사람, 그 조직에 정보를 요청하는 편지를 보낸 사람, 고객, 경영자의 친구, 공직자들을 카드나 컴퓨터 파일에 넣어 그 사람들의 관심 분야에 해당되는 우편을 받을 수 있도록 조직 자체의 우송 명단을 개발해야 한다.

1) 다양한 이름들

광고용 우편물에 붙인 이름을 보면 그 다양성을 알 수 있다. 회람, 소책자, 팜플렛, 모노그래프, 카탈로그, 블리틴, 패킷, 포트폴리오 등. 이렇게 많은 이름들은 마케팅과 프로모션에 깊이 연관되어 있기 때문에 정부 부처, 공익 기관, 기업에 종사하는 PR 실무자들은 조직이나 연구 프로젝트의 배경 정보를 담은 인쇄물인 안내용 책자(fact Sheet)라는 용어를 더 많이 이용한다.

몇 가지 예를 들면,

사우스 다코타 주정부는 노인들이 주정부에 무료로 전화를 걸어 사회보장 혜택, 소비자 고발, 세금, 의료 혜택, 법적 혜택에 대한 정보를 얻을 수 있는 특별 전화 시설을 가설하기 위하여 4페이지짜리 '브로셔(brochure)'를 배포한다.

육군은 '군목 활동'과 '국립묘지에의 안장'과 같은 다양한 토픽에 관한 세 겹으로 접힌 '배경설명소책자(fact sheet)'를 발행한다.

미국표준국은 심장 기능 조절 배터리, 천연가스 파이프라인 등과 같은 프로젝트의 연구 개발 진척 상황을 담은 정기 '블리틴(bulletin)'을 발행한다.

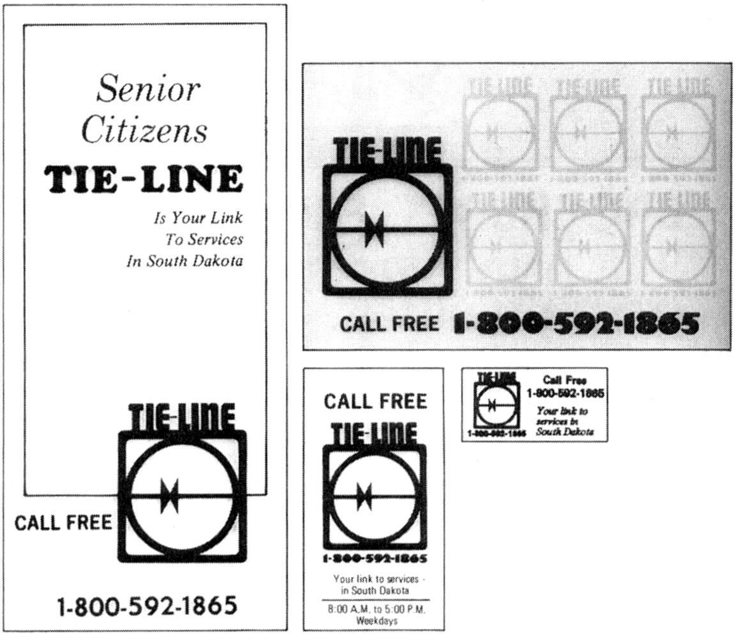

비슷한 그래픽 형태로 제작된 관련 제작물과 사우스 다코타(South Dakota)의 타이 라인(Tie-Line) 브로셔[이들은 미디어 원(Media One)사가 제작한 것임].

> 병원, 보건 기관, 의료 기관, 보험회사는 물론 연방 · 주 보건 기관은 각종 질병, 정신병에 관한 '인쇄물'을 제공한다.

2) 일반적인 포맷

여러분이 결정한 포맷은 필요한 상황, PR 부서의 독창성, 예산 규모에 많이 좌우된다(〈도표 7-2〉 참조).

편지봉투의 기준 규격은 대략 4 1/4×9 1/2인치이고 흔히 복사에 사용되는 가장 흔한 규격은 8 1/2×11인치이기 때문에 각각 3 5/8×8 1/2인치로 된 6개의 패널로 구성된 두 번 접이 브로셔가 된다. 표준 인쇄기에 23×45인치짜리 종이를 이용하면 한 장마다 10개의 브로셔를 만들어 낼 수 있다. 좀 신축성이 있는 것은 한 번 접은 4개 패널짜리 브로셔의 경우다. 관광업계에서 선호하는 형태는 8 1/2 × 22 인치짜리 종이인데 이것은 6개 패널로 된 브로셔를 만들 수 있다. 또 다른 선택은 두 번 접은 6개 패널로 된 브로셔로서 한쪽 패널 끝의 1 1/2인치를 잘라내어 다른 페이지와 부분적으로 겹치도록 한다. 독자들이 계속해서 읽을 만한, 가격에 관한 정보나 흥미 있는 카피는 이 작은 지면에 실게 된다. 〈도표 7-2〉는 일반적인 브로셔 포맷들을 통해서 접는 요령과 참고하기 쉽게 패널에 번호를 붙여 보여주고 있다.

전형적으로 8 1/2 × 11인치짜리 종이 한 면의 오른편 패널은 겉표지로 꾸민다. 같은 면의 왼편 패널은 접어서 독자가 펴게 되면 바로 보게 되는 두 번째 패널이 된다. 같은 면의 중간 패널은 뒷면이 된다. 이것은 사람들 눈에 잘 띄지 않기 때문에 추가 정보를 싣는 데 사용된다. 아니면 이것은 공백으로 남겨 놓아 브로셔를 봉투 없이 우송할 수도 있다.

종이 뒷면의 세 패널은 다음 세 가지 중 한 가지로 보인다.

- 단일 포스터 스프레드(spread)
- 안쪽 카버와 함께 보이는 왼쪽 페이지와 가운데서 바른쪽 두 패널 스프레드과 함께 보이는 페이지
- 3개의 개별 패널

물론 포맷에 대한 결정은 정보의 양, 디자인의 성격, 정보를 어떻게 전달할 것이냐에 따라 좌우된다. 독자에게 흥미를 돋우거나 메시지로써 풍부함을 심어주기를 원한다면 인쇄업자에게 맡겨 비표준 포맷을 개발할 수도 있다. 특별히 흥미를 돋우는 포맷은 오른쪽 구석에 뚜껑을 달아 놓아 주머니 역할을 하게 꾸민 두 번 접는 브로셔가 되겠다.

접지 않는 한 장짜리 브로셔는 회의 연락, 개업, 판매 프로모션, 집회에 배포될 전단에 많이 이용된다. 이처럼 복잡하지 않은 포맷은 직접적이며, 시급성을 의미한다. 반면 여러 페이지로 된 포맷은 하나의 소책자가 되며 영속성을 지닌다. 사람들을 어떤 회의 장소에 모으고 나서 여러분은 그들의 손에 오래 남을 수 있는 팜플렛을 나누어 줄 수 있는 것이다.

도표 7-2

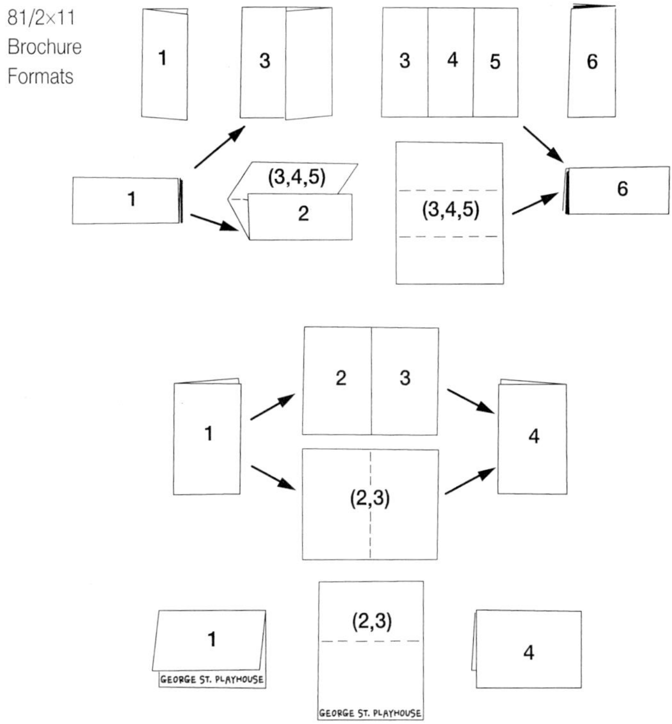

8 1/2 × 11 규격의 종이를 사용하여 만든 브로셔의 표준 포맷, 두 번 접는 6개 패널 포맷은 수평적일 수도 있고 수직적일 수도 있다. 한 번 접는 4개 패널 포맷을 수평으로 이용하게 되면 (위에 있는 그림), 차이가 나게 접어서 첫 페이지를 읽거나 두 번째, 세 번째 페이지를 읽을 때 그 부분을 살짝 보이게 할 수 있다.

1. 경영상의 고려

PR 실무자들은 흔히 브로셔, 배경설명 소책자, 광고용 우편물을 '통제된' 미디어라고 부른다. 실무자는 신문이나 텔레비전의 경우처럼 뉴스 미디어 게이트키퍼들에 의해 채택되도록 메시지를 설계할 필요가 없다. 조직의 PR 목적이 타협의 대상이 될 필요도 없다. 다시 말해서 여러분은 여러분이 원하는 대로 쓸 수 있고 그 내용을 일고 싶어하는 사람들에게 직접 쓸 수 있다.

이처럼 실무자는 언제나 다양한 미디어를 통하여 현실적인 커뮤니케이션 목적인 메시지에 대한 '노출'을 비롯하여 이러한 인쇄물의 한 목적으로서 '파지'를 택할 수 있다. 소책자가 인지 공중 또는 능동적인 공중에 이르게 되면 실무자는 이것이 독자의 인지도에 영향을 미치며 때때로 그들의 태도와 행태에 영향을 미칠 것이라는 기대를 할 수 있다.

1) 능동적으로 커뮤니케이션 하는 공중을 위하여 최선임

이러한 인쇄물은 능동적으로 커뮤니케이션 하고, 정보를 추구하는 공중에게 메시지를 전달하는 가장 좋은 방법이 된다. 이들은 일반적으로 인쇄물을 요청하거나 정보함, 전시회 또는 디스플레이 테이블에서 집어낸다. 능동적인 공중은 자신이 직접 이렇게 하지만 수동적인 공중은 결코 자기가 먼저 이런 행동을 취하지 않을 것이다.

우편으로 우송되면 브로셔와 안내용 책자는 수동적인 공중에게 이를 것이다. 그러나 수동적인 공중은 광고용 우편물을 읽기 위해서는 텔레비전을 보는 것보다는 훨씬 더 많은 노력을 들여야 한다. 이들은 이 인쇄물을 뜯기는 해도 읽지는 않을 것이다.

2) 공공 정보 모형의 내용

대개의 PR 미디어처럼 브로셔와 배경설명책자는 네 개의 PR 모형 중 어느 것과도 사용될 수 있다. 그러나 이러한 포맷의 정보적인 성격 때문에 공공 정보 모형 실무자들이 이러한 인쇄물을 가장 많이 이용한다. 그 예로 미국보건연구소는 사람들에게 거의 모든 질병에 관한 정보를 제공하기 위하여 수많은 종류의 브로셔를 제작한다.

브로셔와 배경설명책자는 또한 조직의 입장을 활동적인 공중에게 전달하는 한 방법으로서 쌍방 불균형 모형에서 큰 가치를 드러낸다. 후커(Hooker)화학회사는 러브캐널(Love Canal) 운하 문제에 관한 여러 가지 브로셔를 제작하여 환경 및 정부 관련 공중들에게 배포했다.

쌍방 균형 모형 PR 실무자들은 배경설명책자나 브로셔에 실린 조직의 입장이 그 조직의 최종 입장이 아니라는 점을 기억해야 한다. 한 인쇄물에 잠정적 입장을 표명하여 반대 의견을 지닌 공중들에게 배포할 수도 있다. 그러나 능동적인 공중이 이에 대한 반응을 펼 기회를 가진 후에 그 조직은 그 입장을 놓고 협상할 의사를 지녀야 한다.

브로셔와 배경설명책자는 모든 종류의 특수 프로그램에 사용될 수 있을 만큼 만능적이다. 브로셔는 종업원 관계 프로그램의 일부인 여러 가지 혜택을 기술한다. 브로셔는 대 미디어 관계의 일부로서 기자들에게 배경설명 정보를 제공하기 위한 프레스 키트에 넣을 수도 잇다.

브로셔는 또한 공장이나 사무실을 방문하는 교육 및 지역사회 공중들에게 나누어 줄 수 있다. 그리고 이것은 주주와 주주 브로커들에게 금융계 정보를 나누어주는 데 사용된다.

3) 비용이 저렴한 미디엄

브로셔와 배경설명책자는 인쇄해야 하는데 이것은 보도자료나 오디오테이프보다 준비에 필요한 돈과 시간이 더 많이 드는 것을 의미한다. 그러나 비디오테이프, 잡지 또는 신문과 같은 미디어처럼 비용이 많이 드는 것은 아니다. 여러분은 필요한 돈과 시간에 대한 예산을 세워야 하지만 브로셔 제작이 자원을 고갈시킬 만큼 무리한 것은 아니다.

브로셔와 배경설명책자는 평가의 대상이 되는 것은 물론이다. 이 인쇄물이 목표 공중에 적합한 것인지 독이성 또는 시그널드 스타핑 테크닉(signaled stopping technique)을 이용하여 평가해 보아라. 파트북[1) 『PR의 원칙과 책임』 제5장에서 소개된 방법을 이용하여 파지 및 수용을 측정하고 태도와 행태에 미친 영향을 측정하라.

2. 레이아웃 개발

정보를 여러 겹의 장방형 판에 제공하게 되면 포스터나 광고를 단일장방형으로 다룰 때 발생하지 않던 여러 디자인 상황이 생긴다. 브로셔를 유사한 자료들이 함께 진열되는 선반이나 홀더(holder)를 통해서 배포하려면 겉 페이지 상단에 제목이나 티저(teaser)를 달아 마치 잡지 표지 디자이너들이 겉표지 맨 위에 흥미 있는 정보를 넣듯이 설계해야 한다. 겉표지는 어떤 점에서 독특해야 되지만 디자이너는 인쇄체와 아트 재료를 일관성 있게 사용하여 나머지 페이지에 스타일상 연관되도록 해야 되는 점을 잊어서는 안 된다.

텍스트를 설계하게 되면 또 다른 도전적인 일에 부딪친다. 여러분은 보도자료나 기획 기사의 경우처럼 메시지를 실은 카피를 쓰게 된다. 중요한 문장은 일반적인 텍스트보다는 전시형 인쇄체로 찍어 돋보이도록 해야 한다. 이때에 각 페이지에 제목의 숫자가 같도록 하며 텍스트의 균형을 맞추도록 주의해야 한다.

1) 아트(art)의 선택

한 출판물에 얼마나 많은 소구 또는 얼마나 많은 예를 들 것인지에 따라 여러분은 줄을 긋는 일, 사진 등의 여러 작은 아트물을 이용하려할 것이다. 또는 한 장의 사진이 메시지 전체를 전달하는 데 더 큰 영향력이 있을 것이라고 느낄 것이다. 어느 누구도 버려진 애완동물들을 입양하려고 하지 않기 때문에 매년 이 애완동물들은 죽임을 당해야 된다는 사실을 비난하는 전단을 만들기 위해서는 놀랄 만한 통계표를 검은색 바탕에 흰 글씨로 귀여운 작은 고양이 사진 위에 넣으면 가장 효과적일 것이다.

독자들이 추가 정보를 요구하거나 글을 기고할 수 있도록 쿠폰(coupon)을 넣을 필요가 있는가? 쿠폰은 그것을 떼어 내면 주요 메시지가 일부 삭제되지 않도록 별도의 용지에 마련되어야 한다. 주요 브로셔의 인쇄체, 아트, 슬로건은 이렇게 끼워 넣은 별도의 용지에도 나타나도록 해야 한다. 이렇게 하여 이들이 함께 모이게 되면 스타일상으로 연관성을 갖게 되며 각자는 독립성을 유지하게 된다. 만일 예산상의 이유로 쿠폰이 브로셔에서 떼어지도록 제작되면 겉표지에서 많이 떨어진 페이지에 붙일 것이며 쿠폰을 떼어 낼 때 중요한 정보가 삭제되지 않도록 해야 한다.

2) 몇 가지 해야 할 것과 하지 말아야 할 것

디자인에서는 기존 규칙과 관행을 무시해야 되는 경우가 종종 있지만 다음과 같은 점은 여러분의 시행착오를 훨씬 줄여줄 것이다.

브로셔를 8 1/2 인치가 가로의 길이가 되어 옆으로 읽도록 설계하지 말라. 이러한 포맷은 칼럼이 많은 통계표를 싣게 될 때 쓸모가 있지만 일반적으로 이러한 포맷은 이상하게 보인다. 만일 독자들에게 브로셔의 내용을 모두 읽도록 하려거든 수평과 수직 편집을 섞지 말라.

'우리는 여러분이 필요하다' 또는 '해군에 입대하자'와 같이 간략한 단어가 아니면 겉표지의 제목을 90도로 기울여 넣지 말라.
'토지 개혁을 지지해야 하는 10가지 이유'와 같은 복잡한 제목은 정통적인 형태로 실어야 한다. 좀 흥미롭게 만들기 위하여 30도 정도 기울이는 것은 무방하다.
겉표지의 정보는 독자의 흥미를 돋우거나 토픽을 분명히 대신할 수 있어야 한다. 겉표지는 대략 1/3은 활자로, 2/3는 일러스트레이션 또는 흰 여백으로 두는 것이 효과적이다. 물론 표지 전체를 '여러분이 이 소책자를 읽는 데 5분을 투자하면 여러분의 생명을 건질 수 있다!'와 같이 독자의 마음에 맞닥뜨리는 대형 활자를 이용하여 꽉 채울 수도 있다.
각 페이지의 몇몇 요소는 독자를 앞 페이지에서보다 더 '끌 수' 있도록 해야 한다. 일러스트레이션, 제목, 박스 기사, 통계표 또는 레이아웃의 변화, 모든 내용을 읽는 다는 것은 힘든 일이다. 독자는 자극이 필요하다.
균형을 유지하도록 노력하라. 브로셔는 메시지가 위로 치우쳐도 안 되고, 아래로 치우쳐도 안 되며 오른쪽 또는 왼쪽, 앞부분 또는 뒷부분에 치우쳐도 안 된다.
카피가 3페이지에 해당되는 양이라면 이것을 균등히 펼쳐지도록 흰 여

도표 7-3

백을 두고 마진(margins)을 넓게 두어라. 지면을 채우기 위해서 필요하지도 않은 아트물을 뒷부분에 몰아넣는 기법은 피하라.

이 포맷은 조직의 여러 메시지 '가족' 중 하나인가? 그렇다면 메시지 가족이 동질성을 갖도록 하는 것을 잊지 말아라. 조직의 로고, 슬로건, 색깔, 인쇄 활자형.

지도, 지침, 안내문 등과 같이 별도의 박스 기사 또는 줄을 그어 놓은 기사를 첨가하여 포맷을 생기 있게 만들어라. 브로셔는 다른 메시지보다 생명이 길다. 브로셔는 후에도 사용할 수 있는 정보가 실릴 때 긴 생명을 보장받는다.

질의 응답식 포맷은 생명이 긴 포맷은 못 된다. 이것은 독자의 주의를 끄는 가장 간단하고도 눈에 띄는 방식이다. 질문은 큰 고딕활자로 인쇄하고 독자가 계속하여 읽도록 "만일~ 이라면?" 또는 "왜" 스타일로 꾸며야 한다. 질의응답 포맷은 질문이 너무 많이 실리거나 하찮은 것들로 구성될 때 실패하게 된다.

> 예산이 허락된다면 스폿 컬러(spot color)를 사용하여 브로셔를 돋보이게 할 수 있다. 그 예로 담청색을 이용해 보라. 제목을 강조하는 의미에서 빨간색으로 하라. 인쇄업자로 하여금 한 페이지는 망판인쇄를 하여 차광 효과를 낼 수도 있다. 의심이 가거든 인쇄업자에게 과거에 제작한 견본을 요청할 수 있다. 그러한 포맷이 좋아 보이면 여러분은 텍스트에 부분적으로 스폿 컬러를 이용할 수도 있다. 〈도표 7-3〉은 몇몇 인상적이고 다양한 브로셔와 배경 설명책자를 보여준다.

3. 인쇄업자와의 협력

대부분의 PR 실무자들이 메시지를 설계해야 하기 때문에 활자와 인쇄 과정에 대하여 익숙해지면 많은 도움이 된다.

여러분이 원하는 것이 무엇인지 충분한 검토가 따르지 않으면 여러분의 시간과 인쇄업자의 시간을 낭비하는 결과를 초래한다. 여러분이 하고자 하는 것과 유사한 레이아웃이나 견본을 손에 쥐고 있으면 큰 도움이 된다. 한편 가장 나쁜 접근법은 인쇄업자에게 여러분의 마음 속에 꼭 맞되 융통성이 전혀 없는 일거리를 맡기는 경우가 된다. 인쇄업자는 여러분의 요청을 받아들이겠지만 이것은 그들이 다룰 수 없는 부분은 하청을 주는 것을 의미할 수도 있으며 그렇게 되면 추가 비용을 부담해야 한다.

작업을 시작하기 훨씬 전에 서너 명의 인쇄업자와 접촉하여 견본을 얻도록 해라. 견본을 살펴보면 여러분이 원하는 것과 비슷한 작업을 이미 하고 있는 인쇄업자를 찾을 수 있게 되는데 이것은 비용의 절약을 의미한다. 각 인쇄업자가 다루고 있는 조판과 그 외의 서비스는 무엇이며 그 외의 공급자에게 보내야 할 것은 무엇인지 확인해라. 밖으로 주문할 때마다 시간이 많이 들며 가격은 올라간다. 인쇄업자는 이러한 정보를 제공하지 않겠지만 두세 개의 경쟁적인 입찰가를 받으면 이 정보는 조판과 제본과 같은 기본적인 품목 사이에서 차이가 나타난다. 그것이 한 번에 끝나는 일인지 아니면 주기적으로 비슷한 일을 맡길 것인지의 여부를 인쇄업자에게 알려야 한다. 만일 인쇄업자가 여러분이 다시 사용하고 싶어하는 그래픽 자료를 아낄 수 있다면 훨씬 낮은 가격으로 일을 맡길 수 있다.

인쇄업자는 입찰 준비를 위해서 하루 이틀을 필요로 할 것이다. 견적을 만드는 일은 여러분이 맡긴 일에 사용되는 기계를 사용하는 데 드는 경상비를 고려하여 계산해야 하는 매우 정확성을 요하는 작업이다.

언제든지 '항목별 입찰가'를 요구하는 것이 이용 가치가 있는데 이것은 종이의 질, 잉크의 종류, 사진의 수, 카피의 수, 스폿 컬러의 사용 여부에 따라 가격이 어떻게 달라지는지를 알려준다. 만일 여러분이 제한된 예산을 운영해야 한다면 여러분은 어떤 품목 하나를 희생해야 한다. 일례로 좀 더 좋은 종이를 택하되 2등급 잉크 색깔을 희생한다.

1) 계약서 작성

인쇄업자의 계약서에 서명하기 전에 다음 세 가지 중요한 점을 점검해라.

① 모든 카피를 건네 준 후 인쇄업자로부터 교정지를 받을 때 얼마나 많은 시간이 걸릴 것인가? 여러분이 얼마동안 교정한 후 그 교정지를 돌려주어야 하나? 인쇄하기 전에 수정된 자료를 마지막으로 검토할 기회를 갖도록 해라. 여러분과 인쇄업자가 소요 시간 동안에 여러분이 기대하는 것을 이해하도록 각자가 조판, 레이아웃과 교정과정의 각 단계에 며칠이 필요한지를 보여주는 제작 스케줄을 만들어라.

② 여러분은 추가 비용을 지불하지 않고 얼마나 많은 자료를 수정하거나 변경할 수 있나? 어떤 인쇄업자는 추가 비용 없이 10%까지 허용한다. 여러분은 제목의 변경을 포함해서 '표준적인' 수정은 할 수 있어야 한다.

③ 완성된 인쇄물은 어디로 배달될 것인가? 계약서에 이 점을 구체화

하지 않으면 인쇄업자의 앞마당에 쌓여 있게 될지도 모른다. 인쇄물을 우송할 것이면 여러분은 인쇄물을 우송해주는 인쇄업자와 계약을 맺어야 할 것이다.

2) 기본적 사항을 배워라

대학에서 그래픽 과목을 이수하면서 인쇄 방법의 기본을 배우게 되면 인쇄업자와 훨씬 더 효과적으로 일할 수 있다. 그리고 이 장 끝에 있는 참고문헌을 이용하여 기본적인 지식을 습득할 수 있다. 여러분은 인쇄 방법, 예술 작품 복사, 조판과 활자의 특성에 관한 산지식이 필요할 것이다.

인쇄 방법 오늘날 많이 이용되는 오프셋(offset)은 평면적이고 평온한 이미지를 제공하며 작품의 복사 비용이 저렴하다. 활판 인쇄기는 명확하고 광택이 있는 인쇄물을 만들어 낸다. 그라비아(Gravure)인쇄법은 고급 천연색 사진의 재생이 중요한 작업에 이용된다.

예술 작품의 재생 펜화는 사진 오프셋을 신속하고 값 싼 비용으로 재생하며 이 펜화는 직접 최종 레이아웃에 이용될 수 있다. 그러나 사진과 같은 색조를 지닌 작품은 이미지가 반점양태(dots)로 구성되도록 망판으로 만들어야 한다.

조판 어떤 특수한 전시용 활자는 아직도 기계나 손으로 만든다. 그러나 오늘날 대부분의 텍스트 활자는 사진 조판으로 불리는 전자 과정을 통하여 취급된다. 자료는 컴퓨터에 입력되며 완성된 조판을 출력하여 레이아웃 종이에 직접 풀칠할 수 있도록 준비한다.

활자의 특성 모든 활자는 특성을 지닌다. 편편한, 장식적인, 고딕체의, 이탤릭, 또는 로마자. 각 활자는 그 나름대로의 개성도 지닌다. 남성적인, 여성적인, 심각한, 경박한, 엄숙한. 대부분의 활자는 고딕체, 획이 가는 활자, 이탤릭과 로마자형을 포함하는 '가계(family)'에 속한다. 활자에 익숙

도표 7-4

활자 견본책과 펜화의 예[위의 것은 레트라셋(Letraset) USA사 제공, 아래 것은 론 개블론 그래픽(Ron Gablon Graphic) 자료 보관소 제공].

해지기 시작하는 사람으로서 인쇄업자의 견본은 Sears의 상품 주문 책자를 보는 것만큼이나 흥미로운 일이다. 〈도표 7-4〉는 그러한 흥밋거리의 한 예를 제공한다.

주

1) 파트북에 대한 이해는 편집자 일러두기 참조—편집자 주.

참고 문헌

Craig, James, *Designing with Type: A Basic Course in typography*(New York: Watson-Guptill, 1971).

Hanson, Glenn, *How to Take The Fits out of Copyfitting*(Ft. Morgan, Colo.: Mul-T-Rul Co., 1967).

Hodgson, Richard S., *The Dartnell Direct Mail and Mail Order Handbook*(Chicago: Dartnell Corp., 1976).

International Paper Pocket Pal, 12th ed.(New York: International Paper Co., 1980).

Jones, Gerre, *How to Prepare Professional Design Brochures*(New York: McGraw-Hill, 1976)

Nelson, Roy Paul, *The Design of Advertising* (Dubuque, Iowa: Wm. C. Brown, 1977).

Turnbull, Arthur, and Russell Baird, *The Graphics of Communications*(New York: Holt, Rinehart and Winston, 1975).

08
뉴스레터, 신문과 잡지

기업과 정부는 오래 전부터 종업원과 각 부처의 직원, 고객, 그리고 동료 전문인들에게 업무 진행 사항을 알릴 필요를 느껴 왔다. 그들은 가장 일반적인 공공매체 특히 신문과 잡지를 본딴 출판물을 통하여 알려왔다.

국제기업커뮤니케이터협회(IABC)와 같은 조직체들은 워크숍(workshop), 편집자 및 작가 회의 뉴스레터 등을 통하여 비즈니스, 산업 및 정부 출판물을 향상시키기 위한 작업을 해오고 있다.

오늘날 거의 모든 기업과 조직이 다양한 내·외부 수용자를 겨냥한 한 가지 뉴스레터 또는 잡지, 심지어 어떤 기업은 12종의 출판물을 발행한다. 사보 또는 종업원 커뮤니케이션은 주로 내부 수용자를 위하여 설계된 신문이나 잡지이다. 산업 출판물, 기업 출판물 그리고 기업 신문은 주로 외부 수용자를 위해서 설계된 출판물을 의미하는 용어이다.

『Toy Trade News』, 『Hardware Age』, 그리고 『Office Products Industry Report』와 같은 무역계의 출판물은 제조업 분야나 서비스 분야의 특정 전문가들을 겨냥한다.

비영리 단체에서 간행되는 출판물은 짜임새 있고 사치스럽지 않도록 편집해야 한다. 편집자들은 흔히 이러한 출판물을 뉴스레터라고 부른다.

전형적으로 이러한 출판물은 동창, 학계, 기고가, 입법자, 로비스트, 정부 관료, 산업계의 지도자, 일반 사무원 등의 수용자를 대상으로 한다.

흔히 뉴스나 뉴스레터라는 단어는 출판물의 제목을 정할 때 조직 이름에 첨가된다. 또는 주간(Weekly)나 월간(Monthly)라는 단어가 첨가되기도 한다. 그 외에 일반적으로 이용되는 이름들은 일반성, 보편성 또는 포괄성을 지닌다. Update, Outlook, Overview, Action, Perspective, Reporter, Scene 그리고 Review.

출판물의 이름이 어떻든 그 출판물은 보통 두 가지 역할을 수행한다.

① 특수한 수용자에게 특수한 정보를 제공하는 것(여기서 '특수한 수용자 출판물'은 일부 잡지 전문가들이 쓰는 용어이다).
② PR주에 관한 인지와 태도를 긍정적으로 보강시키는 것.

1. 포맷의 선택

많은 PR 부서에서는 너무나 오랫동안 특수한 수용자 출판물을 동일한 포맷(format)으로 간행해 왔기 때문에 어떤 다른 선택을 생각하지 않는다. 변화 자체를 위한 변화는 바람직스럽지 못하다. 그러나 각 포맷은 나름대로 장점을 지닌다.

1) 신문

넷 내지 다섯 칼럼의 타블로이드 신문 포맷은 비교적 비용이 덜 들고 제작해내기도 쉽다. 이 포맷은 보고해야 할 '경성(hard)' 뉴스가 많고 한 사람이 기사 작성, 사진 촬영과 편집을 책임져야 하는 조직에 적합하다. 종업원들의 활동에 관한 정보는 물론 광고 및 공지 사항이 전달되게 하려면 그 형태는 표준적인 주간 교외 신문을 본따야 한다.

2) 잡지

피쳐(feature) 성격의 긴 글을 천연색 사진과 함께 발간하거나 좀더 오래 보관될 수 있는 고급 제품을 원한다면 고급 양장지를 사용하여 편집한 잡지가 바람직하겠다. 『엑슨 유에스에이(Exxon USA)』는 생태학과 새로운 에너지 자원의 탐사를 위한 상호 관심을 표현하는 석유회사의 화려한 방법에 속한다. 닷지(Dodge)자동차는 『닷지 어드벤처러(Dodge Adventurer)』를 통해서 여행에 관한 글, 자동차의 역할에 관한 역사적 기록과 전국에 배포되는 잡지에 실리는 전면 천연색 닷지광고를 내보낸다. 벨 전화회사가 미전국 기업, 산업계, 교육계, 정부 지도자들에게 배포하는 사외보는 총천연색 사진 피쳐, 화가들의 그림, 벨 전화회사의 제품이나 프로그램과 은연중에 연관시킨 글을 싣는다. 이른바 『타임』 잡지 크기인 8 1/2×11인치가 일반적이지만 어떤 회사들은 좀더 인상적인 영향을 주기 위하여 9×12인치의 크기로 제작한다. 잡지는 흔히 우편 스티커를 붙여서 우송되기보다는 봉투에 넣어서 우송된다. 이처럼 우송에까지 특별 취급을 하는 것은 잡지만이 지닌 특징이다.

3) 소규모 잡지

일반적인 잡지의 반(5 1/2 × 8 1/2 인치)에 해당되는 소규모 잡지(Minimags)는 '자, 나도 한번 쳐다보세요. 여러분이 나를 구독할 계획은 하지 않더라도 잠깐 훑어보기는 쉬울 거예요.'라는 모습으로 보인다. 미국신용조합협회가 전국의 신용조합원에게 배포하는 『에브리원즈 머니(Everybody's Money)』는 『리더스 다이제스트(Reader's Digest)』에 좀더 색채를 가미한 두께가 얇은 판처럼 보인다. 두 칼럼의 짜임새 있는 편집은 개인과 가족의 재정에 관한 여섯 편의 짧은 피쳐는 2~3편의 쉽게 읽을 수 있는 칼럼과 고정 피쳐와 함께 32페이지에 모두 싣는다. 그루먼(Grumman)사의 『오버뷰(Overview)』는 주주, 하청인, 정부 공무원들을 겨냥한 소규모의 16페이지 잡지에 극적인 장면의 흑백 사진들과 함께 4~5편의 500자 피쳐를 싣는다. 소규모 잡지는 또한 회사의 분기별 보고서를 위한, 다루기 쉽고 효율적인 매체이다. 전국 여성유권자연맹의 모든 회원들에게 매 분기마다 배포되는 『Voter』는 군데군데 천연색을 가미한 흑백으로 편집된 그 칼럼의 다이제스트 규모의 잡지이다. 포맷은 뉴스 칼럼, 중요한 쟁점에 관한 1페이지짜리 보고서, 전국 규모의 회의 또는 지역 회의를 강조하는 사진과 중요한 법률의 변화 및 제정에 관한 입법부의 정기적인 보고서를 싣는다.

4) 대규모 신문

최근에 상상력있고 융통성 있게 혼합형으로 편집한 대형 신문(maganews 또는 magapapers)이 등장했다. 이런 유형의 신문은 잡지 형태의 레이아웃(적어도 첫 3~4페이지는)과 흰 여백을 많이 사용하여 현대적인 그래픽을 제공한다. 보통 신문 용지 또는 양질의 흰 종이에 흑백 오프셋으로 인쇄되어 신문 칼럼 형태에 잡지의 레이아웃을 혼합함으로써 신문과 잡지의 인쇄상의 선례를 흐리게 한다. 제지회사의 종업원을 위한 출판물인 『세인트 레지스 뉴스(St. Regis News)』는 표지에 전면 화보로 시작하여 내용은 아주 전통적인 4칼럼 신문 포맷으로 바꾸어 편집된다. 상해보험회사 종업원을 위해서 간행되는 『퍼스펙티브(Perspective)』는 또한 전면 그림으로 편집된 표지로써 시작한다. 내용은 피쳐와 종업원에 관한 뉴스가 현대 기업 광고에다 잡지 또는 신문 레이아웃을 많이 본 딴 시원한 스타일로 꾸며진다. 흰 여백은 흑백 사진과 그림으로 채워서 제본된다.

5) 8 1/2 × 11인치 오프셋 뉴스레터

이것은 잡지 규모로 제본을 하면서도 4 1/2×9 1/2인치 크기의 사무용 봉투에 접어 넣을 수 있기 때문에 가장 많이 이용되는 포맷 중의 하나다. 뉴스레터가 이렇게 인기를 얻게 된 것은 부분적으로 전문 지식과 기본적인 장비의 유용성 여부에 따라 편집진이 제목을 포함한 타이핑의 일부 또는 전부를 할 수 있으며 사진의 망판(halftones)을 제외한 사진 페이지를 준비할 수 있다는 시실 때문이다. 인쇄업자는 망판을 만들고, 페이지를 네가티브(negatives)필름으로 촬영하고 판을 만들어 인쇄한다. 가장 현대적인 인쇄 과정에서는 편집자는 단지 모든 자료를 모아 편집을 하고 출판물 전체의 가제본을 준비하고 최종 종합적인 레이아웃은 인쇄소의 편집진에 의뢰한다. PR 실무자는 앞으로 이러한 유형의 출판에 대한 책임을 맡게 될 것이기 때문에 후속되는 장에서 편집자는 어떻게 8 1/2×11인치 오프셋 뉴스레터의 레이아웃을 준비하는지를 자세히 살펴볼 것이다.

2. 경영에 대한 고려

일반적으로 PR 관리자가 시행하는 네 가지 PR 모형 중 어느 것이든 상관없이 그 관리자는 뉴스레터, 신문과 잡지를 이용할 것이다. 그러나 소책자와 실태 조사서와 같은 출판물은 공공 정보 모형의 산물이며 이러한 출판물들은 이 모형의 단점을 지닌다. PR 실무자들은 이러한 출판물을 그 정보를 필요로 하거나 그 정보와 관련이 있는 공중이 있는지의 여부를 조사하지도 않은 채 간행한다.

1) 통제 미디엄

뉴스레터와 그 외의 출판물들은 통제된 미디어이기 때문에 PR 실무자 중 기사를 작성하는 실무자는 그가 원하는 바를 정확히 말할 수 있다. 이 말은 그 실무자는 자기가 쓰는 글의 질과 내용에 대한 통제력을 지니며 그래서 메시지 파지와 메시지 수용 목적을 달성하는 데 필요한 더 많은 통제력을 지닌다는 뜻이다. 그 실무자는 이처럼 통제된 출판물을 통하여 행태의 변화를 겨냥하여 설계된 메시지를 작성할 수 있다(통제되지 않은 미디엄에서는 할 수 없는).

그러나 일반적으로 조직의 뉴스레터, 신문과 잡지는 상업 인쇄 미디어의 효과와 유사한 효과를 가져온다. 이러한 출판물은 조직을 공중의 의제에 올려놓는 사람들에게 메시지를 전달하면서 커뮤니케이션과 메시지의 파지를 달성하는 데 적합하다. 그러나 일반 공중은 보통 이러한 출판물을 읽어야 할 이유가 없기 때문에 이들이 인지, 태도, 또는 행태를 형성하거나 변용하리라고 기대하기는 어렵다.

2) 능동적 · 수동적 공중을 위한 유용성

여러분은 대인 커뮤니케이션이나 방송 미디어의 이용보다는 인쇄물을 통하여 좀 더 자세한 정보를 제공할 수 있다. 출판물은 능동적인 공중에 이르는 데 더 유용한데 이들은 이 출판물을 주의 깊게 읽을 수 있고 다시 읽을 수 있으며 장래의 참고를 위하여 보관해 둘 수도 있다. 협회 회원들은 그들의 월가 협회보를 열심히 기다리며 종업원들은 자신들의 일자리에 영향을 미치는 뉴스라도 있는지 회사 신문을 훑어보며 주주들은 그들이 한 투자가 얼마나 잘 된 것이지 알아보려고 뉴스레터를 찾는다. 이러한 능동적인 공중을 위하여 출판물은 관여도가 낮은 공중을 위하여 제작된 천연색 잡지보다도 도표를 적절히 삽입한 간단한 흑백 뉴스레터면 충분하다.

그러나 동시에 조직은 흔히 조직과 관계가 없거나 그 출판물에서 논의되고 있는 구체적인 주제와 관계없는 사람들에게도 출판물을 보낸다. 많은 사외 잡지들은 대학 총장이나 기업의 사장들에게 배포되는데 이들은 그러한 잡지를 응접실 테이블에 놓아둔다. 천연색으로 편집된 매력적인 잡지들은 중요한 사람들의 주목을 끌게 되는데 이들은 약속 시간을 기다리는 동안 그 잡지의 내용을 훑어보게 된다.

그 외의 조직들도 그 조직의 서비스를 이용하는 능동적인 공중과 수동적인 공중 모두를 위한 특수 잡지를 발행한다. 예를 들면 1982년까지 미국 표준국은『디멘션스(NBS/Dimensions)』를 발행했었는데 이 잡지는 주로 이 표준국의 연구 결과를 이용하는 능동적인 공중인 산업체의 관리자들을 겨냥한 잡지다. 한 독자 수 조사 결과에 의하면 이 독자들은 그들이 이용할 수 있는 연구 결과를 알기 위하여 그 출판물을 읽었다는 것이다.[1] 그러나 대부분의 내용은 관리자들의 업무와는 관련이 없는 것이었다. 그들은 그 표준국에서 수행한 연구에 관한 호기심에서 그 정보를 처리하면서 어쨌든 그 출판물을 읽었는데 이는 낮은 관여도와 높은 문제의 인식이 조합된 좋은 예라고 하겠다. 실린 글의 주제가 무엇이냐에 따라 독자는 그 정보를 능동적으로 찾아냈거나 단지 수동적으로 처리했을 뿐이다.

종업원들은 종업원 출판물에 실린 정보를 능동적으로 추구하기보다는 수동적으로 그 정보를 처리한다. 그 표준국에서 수행한 또 다른 연구 결과에 의하면 종업원들은 21가지 종업원 간행물을 읽는 데 단지 30분을 보냈다고 한다.[2] 간행물의 내용이 종업원들의 일과 관련이 없거나 경영 정책이 어떻게 그들에게 영향을 미치나를 보여 주지 않으면 종업원들은 단지 그 많은 메시지를 수동적으로 처리할 뿐이지 추구하지 않는다.

조직들은 자주 종업원 공중들이 그 출판물을 열심히 읽을 것이라는 기대감에서 값비싼 출판물들을 간행한다. 그러나 그 종업원들은 시간이 있을 때만 그 정보를 처리한다. 만일 여러분이 수동적인 공중과 커뮤니케이션 하려면 통제되지 않는 상업 미디어보다는 통제된 인쇄 미디어가 더 효과적일 것이다. 그러나 수용자는 출판물을 능동적으로 읽는다고 믿는 실수를 하지 마시오. 만일 여러분이 출판물이 겨냥하는 수용자가 능동적이란 점을 확인해 낼 수 없으면 여러분은 수동적인 공중을 겨냥하는 데 드는 비용을 정당화할 수 있어야 한다.

3) 돈과 시간이 많이 듦

고급 천연색 잡지는 비용이 매우 많이 들지만 오프셋 뉴스레터는 비교적 비용이 싸다. 그러나 이 모두 많은 시간을 요한다.

잡지의 발행을 결정하기 전에 출판에 드는 예산을 주의 깊게 짜라. 인쇄업자들로부터 추정치를 수집하라. 그러한 출판물을 제작하는 데 필요한 사람의 수와 시간과 아울러 제작비용을 결정하기 전에 다른 조직의 편집자와 상의하라.

4) 독자 수 조사로써 평가하라

커뮤니케이션 목적이 인쇄물의 경우에는 가장 실제적인 것이기 때문에 그 목적을 측정하는 독자 수의 조사가 가장 적절한 평가 방법이다. 여러분은 또한 수용자가 그 메시지를 파악할 수 있는지의 여부를 판단하기 위하여 신호 중단기법(signaled stopping technique, SST)을 이용할 수도 있다.

3. 레이아웃

출판물을 계획하거나 레이아웃 한다는 것은 하나의 도전적인 일이다. 많은 정보를 제한된 지면에 적절히 배열해야 하기 때문에 레이아웃은 매우 성가신 일일 수도 있다. 그러나 레이아웃이 많은 사람의 눈을 즐겁게 하고 그림과 글에 주목을 집중시킨다면 보람된 일이기도 하다. 우리는 여기서 뉴스레터에 관한 논의를 하겠지만 이에 관한 원칙들은 또한 잡지와 그 외의 인쇄물에도 적용된다.

1) 기본적 요소를 배열하기

인쇄소나 사무용품 공급회사가 공급하는 레이아웃 용지를 이용하여 여러분은 각 페이지 또는 서로 마주보는 두 페이지(spread)를 계획할 수 있다. 레이아웃 용지의 선은 청색으로 되어 있고 편집자는 담청색(light-blue) 연필을 사용하여 스케치와 표시를 한다. 왜? 담청색은 오프셋 과정에서 사진에 나타나지 않으며 그래서 그 색깔은 보이지 않게 된다. 레이아웃은 인쇄 계획의 네 가지 기본적 요소의 배열을 의미한다.

① 바디 타이프(body type, 원문)
② 디스플레이 타이프(제목)
③ 아트(사진, 그림, 그래픽)
④ 여백

각 페이지 또는 두 페이지짜리 스프레드(spread)는 다음과 같은 세 단계로 된 준비 과정을 거친다.

① 편집자가 네 가지 기본적 요소대로 스케치 하여 최종 간행물을 구체적으로 마음에 그릴 수 있는 레이아웃을 대충 만들어라.

② 인쇄업자와 편집자가 각 항목마다 필요한 정확한 지면을 측정하기에 충분한 모형인 종합적인 레이아웃.

③ 타이프 친 기사와 망판을 사진 촬영하고 인쇄기에 걸기에 적당하도록 붙이는 작업인 기계적인 레이아웃. 만일 여러분이 등이 부착된 테이블, 자르고 붙이는 연장들과 그래픽 자료를 모두 갖추고 있다면 기계적인 레이아웃을 준비하는 데 필요한 기술을 개발할 수 있다. 그러나 많은 편집자들은 인쇄업자에게 종합적인 레이아웃을 넘겨주기를 선호한다.

2) 얼마나 많은 칼럼을?

여러분이 뉴스레터의 포맷을 계획하고자 할 때 우선적으로 결정해야 할 사항은 페이지당 몇 개의 칼럼으로 편집하느냐이다. 단일 칼럼으로 편집하면 읽기가 어렵게 된다. 이러한 단일 칼럼 뉴스레터 포맷은 짧은 1단 기사 형태로 필막힌 속보를 주로 다루는 기업의 뉴스레터와 경제 예측에 적합할 뿐이다.

두 칼럼 포맷은 칼럼 사이의 여백을 조금밖에 잃지 않기 때문에 인쇄할 지면을 많이 확보해 준다. 그러나 두 칼럼 포맷에서는 레이아웃의 융통성이 적고 매호마다 신선하게 편집하기가 어렵다. 그래서 셋 내지는 넷 칼럼 포맷이 유행이다. 이 포맷은 단일 칼럼, 두 칼럼과 다수 칼럼 기사의 조합을 가능케 한다. 칼럼 사이에 괘선으로 불리는 가느다란 선을 첨가하는 주요 전국 잡지를 본따서 몇몇 뉴스레터는 좀 작은 규모의 인쇄체로써 네 칼럼 포맷을 취한다. 여러분이 상상력이 있으며 융통성 없는 포맷을 고집하지 않는다면, 〈도표 8-1〉의 예들을 통해서 다양한 레이아웃의 아이디어를 얻을 수 있을 것이다.

많은 편집자들이 세 칼럼 포맷을 선호하는 이유는 편집자가 등장인물들의 경우 단일 칼럼 상반신 사진(mug shots)을 소수 인물의 경우에는 두 칼럼 상반신 사진, 그리고 주목을 끌기에 충분한 세 칼럼 디스플레이를 쓸 수 있다는 점이다.

세 칼럼 넓이의 제목 또한 편집자가 뉴스를 분류하고 인쇄체의 크기를 다양화하는 데 도움이 된다.

현재 유행중인 또 다른 레이아웃은 기본적으로는 세 칼럼 포맷인데 이것은 '1～2 칼럼' 스타일로 변형되어 왼쪽이나 오른쪽에 한 개의 바깥 칼럼과 두 배의 넓이로 된 다른 두 개의 칼럼으로 편집된다. 프로젝트 호프(Project Hope)사의 계간지인 『Hope News』는 기본적으로는 두 칼럼 포맷이지만 두 페이지짜리 화보와 각 페이지의 2/3에 해당되는 윗부분의 뉴스 항목을 위해서는 세 칼럼을 이용하여 편집자가 포맷을 자유롭게 조합하고 맞출 수 있다.

세 칼럼 포맷도 또한 주요 단일 칼럼이 페이지의 2/3에 해당되는 넓이로 모든 제목과 사진은 왼쪽의 여백에 모으는 일종의 단일 칼럼 포맷으로 변형되고 있다. 이것은 여백의 자유로운 이용과 주의 깊은 계획을 필요로 하는 아이디어지만 주목을 끄는 역할을 해낸다. 편집자가 다수의 칼럼 포맷을 택할 때는 언제나 여백이 추가되어야 하며 그래서 페이지에 포함될 수 있는 카피의 양이 줄어들게 된다. 좁은 칼럼의 경우에는 하이픈으로 연결된 단어가 많아지고 글자간의 사이가 불규칙해진다. 그러나 대개의 편집자들은 편집의 융통성 때문에 변형된 포맷을 선호하기도 한다.

뉴스레터의 레이아웃이 제 모양을 갖추게 되면(〈도표 8-2〉 참조), 편집자는 편집된 자료가 레이아웃 용지의 정해진 지면에 정확히 들어맞는지를 확인해야 한다. '카피를 짜 맞추는 일(copyfitting)'은 제목과 텍스트를 세고 추정하는 것을 의미한다. 추가로 제시한 참고문헌과 앞장에서 인쇄체(type)를 추정하는 체계를 설명하고 있다.

3) 그래픽 요소

조직을 대표하도록 선정된 로고(logo), 슬로건(slogan)과 색깔[그 예로 코닥(Kodak)의 노랑색과 캠벨 수프(Campbell Soup)의 주황색]은 모든 출판물의 표지에 선명하게 나타나야 한다. 사실 그러한 기업의 아이덴티티(identity) 요소의 변화에 관한 발표는 보통 뉴스레터 기사와 사진에 맨 처음으로 실린다.

만일 여러분이 특별한 수용자를 겨냥하여 여러 출판물을 간행한다면 인쇄체와 그래픽 스타일에 이들 출판물의 연계성이 분명히 나타나야 한다. 목표 공중이 아닌 사람들이 이러한 출판물 중 하나와 마주치게 될 때 그 조직의 성격(personality)과 스타일을 인식할 수 있어야 한다.

4. 제작 일정표의 작성

우리는 파트북[3)] 『PR의 원칙과 책임』 제4장에서 갠트차트가 관리자에게 시간과 자원의 이용 계획을 세우는 데 도움이 될 수 있다는 점을 살펴보았다. 편집자는 조직이 정기간행물을 제시간에 출판할 수 있는 능력을 구체화하는 제작 일정을 개발해야 한다. 기사의 종류를 정하고, 작가와 예술가에게 원고를 부탁하고 인쇄업자가 타이핑을 하며 페이지를 정하고 인쇄 작업을 마치는 데 필요한 시간은 전형적으로 2~3 개월이다. 이것은 편집자가 세 가지 상이한 월간 출판물들을 한꺼번에 취급할 수 있음을 의미한다.

물론 주간 신문의 제작 일정은 대략 10일 정도인 반면에 연례보고서의 준비 기간은 1년이다.

시간의 길이가 어떠하든 편집자는 어떠한 순서로 어떤 활동이 필요하며 시간은 어떻게 나누어 할당해야 하는지를 명시해야 한다. 월간 잡지의 제작 일정표의 경우를 예로 들어보자(숫자는 우송일 이전의 날짜 수를 지칭한다).

90－기사 리스트 완성. 작가에게 원고 청탁.

70－작가로부터 제1차 초고 마감. 회의.

60－사진사와 예술가에게 청탁.

50－작가로부터 마지막 초고 마감. 편집.

40－모든 예술 작업의 완료. 견본쇄(dummy)를 준비할 것. 모든 자료를 인쇄업자에게 넘김.

25 – 교정. 포괄적으로 준비 점검.

10 – 인쇄소에서 인쇄 준비. 마지막 교정.

0 – 배포.

출판물의 스타일을 창출하고 느낌을 제공하는 절단 선과 가장자리 처리와 같은 기본적인 그래픽 요소를 우습게 여기지 마라.

각 장에 실린 일러스트레이션을 잘 살리면 여러분은 어떤 뉴스레터는 각 기사를 구분하기 위하여 굵은 선을 이용하는 반면 또 다른 뉴스레터는 그 뉴스레터의 제목에 특성을 가하고 피쳐 기사를 강조하기 위하여 굵은 선과 가는 선을 번갈아 사용하는 것을 발견하게 된다.

5. 기사 아이디어의 창출

독자 조사는 편집자에게 독자들이 좋아하는 것이 무엇인지를 알려준다. 그러나 구체적인 아이디어를 창출해 내는 것은 편집자의 일이다. 정기간행물은 틀에 박히기가 쉬워서 어떤 기사가 실릴지 예측이 쉬워진다. 이것은 출판물이 단지 4페이지 정도여서 몇 가지 보고서, 칼럼과 부서에 관한 뉴스는 꼭 실어야 하는 기사이며 회사에 관한 지면은 거의 차지하지 못하게 될 때 더욱 그러하다.

여기에 편집자가 기사 아이디어를 얻는 몇 가지 방법을 제시한다.

조직에서 열리는 모든 회의는 편집자의 견해로 볼 때 기사를 수집할 수 있는 기회이다. 대개의 회의는 문제와 이에 대한 해결 방안, 새로운 프로그램 또는 한 조직이 환경에 대응해야 하는 방안을 논의하기 위해서 개최된다. 이 모든 토픽들은 기사거리가 될 수 있다.

편집자는 자주 각 부서장과 위원회 위원들과 만나서 조직의 사업과 친숙해져야 하며 새로운 발전 현황을 알아야 한다.

이따금씩 갖게 되는 공장 견학은 편집자에게 외부인의 견지에서 여러 가지를 볼 수 있는 기회가 된다. 흔히 물리적인 변화는 뉴스 가치와 상관없이 진행된다. 부서의 게시판도 기사의 재료가 될 수 있다.

뉴스 항목을 적어내도록 간단한 양식을 배포하는 것도 값진 정보를 얻는 방법이다. 각 부서에서 인간적 흥미(human-interest)기사 또는 PR 실무자가 참석한 회의에서 논의되지 않은 발전 사항을 보고하는 책임을 질 비상근 기자들의 네트워크를 세우는 것이 유용하다. 만일 편집자가 게재된 글 한 편만 25달러를 지불한다면, 비상근 기자들은 아마도 좋은 반응을 보일 것이다.

편집자는 기사거리를 찾기 위해서 관계된 출판물을 읽어야 한다. 주 치과의사협회 뉴스레터 상담원과 지역 치과협회 뉴스레터 편집자는 주와 전국 학술지들을 읽은 다음 지역의 의사들을 면담하여 그 토픽들을 지역화(localize)하는 방법을 생각할 수 있겠다. 많은 편집자들은 다른 분야에서 어떠한 일이 진행되고 있는가를 알기 위하여 정기간행물의 구독권을 교환한다.

편집자는 PRSA, IABC와 미국기업신문과 같이 사보의 증진을 도모하는 기관과 연관을 맺어야 한다. 금융계 간행물의 편집자 협회, 국방부 사보, 의료 학술지 편집자 협회도 구성되어 있다. 대개의 경우 대도시에서 수시로 워크숍을 갖는다.

모든 PR 실무자들이 간행물의 효과를 분석하는 출판 후의 비평은 다음 간행물을 위한 아이디어를 제공해 준다. 계간별 기획 회의는 다음에 간행될 3 또는 4호를 위한 아이디어를 창출하는 데 이용되어야 한다. 이러한 회의는 다른 부서장들과 같은 외부인을 초청하여 출판물의 역할과 질을 강화시키는 데 도움을 주기 때문에 조직 내에서 뉴스레터 편집자의 명성을 높일 수도 있다.

도표 8-1

the alcoa new
Volume 50/Number 2
At Rockdale
15 Alcoans join ci
medical service
Bulletin
Schermerhorn Block Plans Are Approved
HOPE NEWS
VOL. 19, NO. 1/1981
ST. LUCIA/HOPE IS "AN IMPORTANT NEW INITIATIVE"
International Interchange for Nursing Enrichment Is Proposed
Six hundred and fifty nurses have served with HOPE.

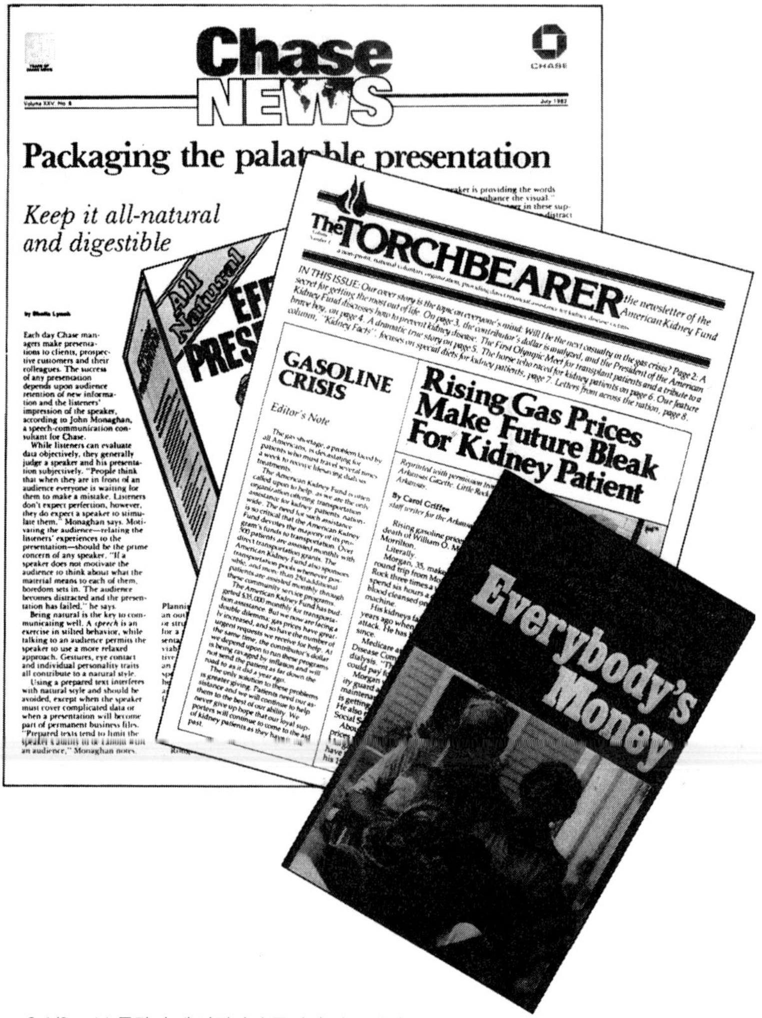

8 1/2 × 11 규격의 세 칼럼짜리 포맷이 지금 가장 유행중인 뉴스레터 포맷이지만 소규모 잡지, 타블로이드, 대규모 신문 등도 있다. 다양성, 신축성, 시각적 강조가 오늘날 기업 인쇄물의 지배적 현상이다.

도표 8-2 종업원 신문 기사 준비를 위한 6단계

(1) 본문을 편집한 후 편집장은 기사 내용에 맞는 사진을 고르고 이 사진들을 칼럼에 맞도록 자른 다음 사진 설명과 제목을 단다.

(2) 편집장은 갤리 교정쇄를 주의 깊게 살펴봐야 한다.

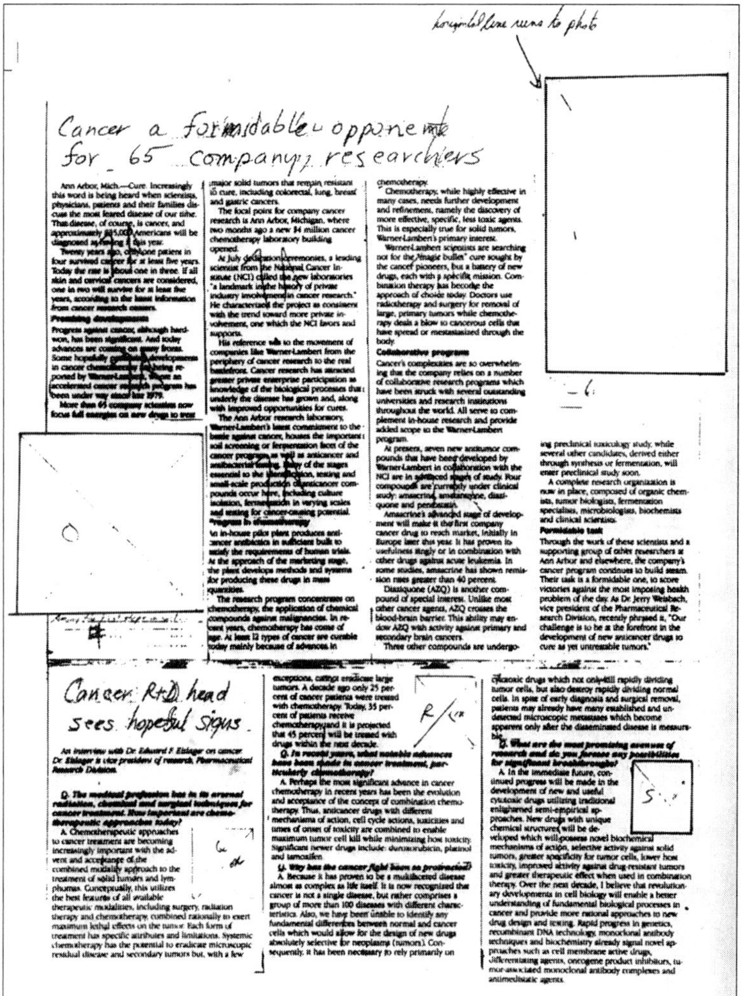

horizontal line runs to photo

Cancer a formidable opponent for 65 company researchers

Ann Arbor, Mich.—Cure. Increasingly this word is being heard when scientists, physicians, patients and their families discuss the most feared disease of our time. That disease, of course, is cancer, and approximately 815,000 Americans will be diagnosed as having it this year.

Twenty years ago, only one patient in four survived cancer for at least five years. Today the rate is about one in three. If all skin and cervical cancers are considered, one in two will survive for at least five years, according to the latest information from cancer research centers.

Promising developments

Progress against cancer, although hard-won, has been significant. And today advances are coming on many fronts. Some hopefully [illegible] developments in cancer chemotherapy are being reported by Warner-Lambert, where an accelerated cancer research program has been under way since late 1979.

More than 65 company scientists now focus full energies on new drugs to treat major solid tumors that remain resistant to cure, including colorectal, lung, breast and gastric cancers.

The focal point for company cancer research is Ann Arbor, Michigan, where two months ago a new $4 million cancer chemotherapy laboratory building opened.

At July dedication ceremonies, a leading scientist from the National Cancer Institute (NCI) called the new laboratories "a landmark in the history of private industry involvement in cancer research." He characterized the project as consistent with the trend toward more private involvement, one which the NCI favors and supports.

His reference was to the movement of companies like Warner-Lambert from the periphery of cancer research to the real battlefront. Cancer research has attracted greater private enterprise participation as knowledge of the biological processes that underly the disease has grown and, along with improved opportunities for cures.

The Ann Arbor research laboratory, Warner-Lambert's latest commitment to the battle against cancer, houses the important soil screening or fermentation facet of the cancer program as well as anticancer and antibacterial testing. Many of the stages essential to the identification, testing and small-scale production of anticancer compounds occur here, including culture isolation, fermentation in varying scales and testing for cancer-causing potential.

Progress in chemotherapy

An in-house pilot plant produces anticancer antibiotics in sufficient bulk to satisfy the requirements of human trials. At the approach of the marketing stage, the plant develops methods and systems for producing these drugs in mass quantities.

The research program concentrates on chemotherapy, the application of chemical compounds against malignancies. In recent years, chemotherapy has come of age. At least 12 types of cancer are curable today mainly because of advances in chemotherapy.

Chemotherapy, while highly effective in many cases, needs further development and refinement, namely the discovery of more effective, specific, less toxic agents. This is especially true for solid tumors, Warner-Lambert's primary interest.

Warner-Lambert scientists are searching not for the "magic bullet" cure sought by the cancer pioneers, but a battery of new drugs, each with a specific mission. Combination therapy has become the approach of choice today. Doctors use radiotherapy and surgery for removal of large, primary tumors while chemotherapy deals a blow to cancerous cells that have spread or metastasized through the body.

Collaborative program

Cancer's complexities are so overwhelming that the company relies on a number of collaborative research programs which have been struck with several outstanding universities and research institutions throughout the world. All serve to complement in-house research and provide added scope to the Warner-Lambert program.

At present, seven new antitumor compounds that have been developed by Warner-Lambert in collaboration with the NCI are in advanced stages of study. Four compounds are currently under clinical study: amsacrine, amonafide, diaziquone and pentostatin.

Amsacrine's advanced stage of development will make it the first company cancer drug to reach market, initially in Europe later this year. It has proven its usefulness singly or in combination with other drugs against acute leukemia. In some studies, amsacrine has shown remission rates greater than 40 percent.

Diaziquone (AZQ) is another compound of special interest. Unlike most other cancer agents, AZQ crosses the blood-brain barrier. This ability may endow AZQ with activity against primary and secondary brain cancers.

Three other compounds are undergoing preclinical toxicology study, while several other candidates, derived either through synthesis or fermentation, will enter preclinical study soon.

A complete research organization is now in place, composed of organic chemists, tumor biologists, fermentation specialists, microbiologists, biochemists and clinical scientists.

Formidable task

Through the work of these scientists and a supporting group of other researchers at Ann Arbor and elsewhere, the company's cancer program continues to build steam. Their task is a formidable one, to score victories against the most imposing health problem of the day. As Dr. Jerry Weisbach, vice president of the Pharmaceutical Research Division, recently phrased it, "Our challenge is to be at the forefront in the development of new anticancer drugs to cure as yet untreatable tumors."

Cancer: R&D head sees hopeful signs

An interview with Dr. Edward F. Elslager on cancer. Dr. Elslager is vice president of research, Pharmaceutical Research Division.

Q. The medical profession has in its arsenal radiation, chemical and surgical techniques for cancer treatment. How important are chemotherapeutic approaches today?

A. Chemotherapeutic approaches to cancer treatment are becoming increasingly important with the advent and acceptance of the combined modality approach to the treatment of solid tumors and lymphomas. Conceptually, this utilizes the best features of all available therapeutic modalities, including surgery, radiation therapy and chemotherapy, combined rationally to exert maximum lethal effects on the tumor. Each form of treatment has specific attributes and limitations. Systemic chemotherapy has the potential to eradicate microscopic residual disease and secondary tumors but, with a few exceptions, cannot eradicate large tumors. A decade ago only 25 percent of cancer patients were treated with chemotherapy. Today, 35 percent of patients receive chemotherapy and it is projected that 45 percent will be treated with drugs within the next decade.

Q. In recent years, what notable advances have been made in cancer treatment, particularly chemotherapy?

A. Perhaps the most significant advance in cancer chemotherapy in recent years has been the evolution and acceptance of the concept of combination chemotherapy. Thus, anticancer drugs with different mechanisms of action, cell cycle actions, toxicities and times of onset of toxicity are combined to enable maximum tumor cell kill while minimizing host toxicity. Significant newer drugs include: doxorubicin, platinol and tamoxifen.

Q. Why has the cancer fight been so protracted?

A. Because it has proven to be a multifaceted disease almost as complex as life itself. It is now recognized that cancer is not a single disease, but rather comprises a group of more than 100 diseases with different characteristics. Also, we have been unable to identify any fundamental differences between normal and cancer cells which would allow for the design of new drugs absolutely selective for neoplasms (tumors). Consequently, it has been necessary to rely primarily on cytotoxic drugs which not only kill rapidly dividing tumor cells, but also destroy rapidly dividing normal cells. In spite of early diagnosis and surgical removal, patients may already have many established and undetected microscopic metastases which become apparent only after the disseminated disease is measurable.

Q. What are the most promising avenues of research and do you foresee any possibilities for significant breakthroughs?

A. In the immediate future, continued progress will be made in the development of new and useful cytotoxic drugs utilizing traditional enlightened semi-empirical approaches. New drugs with unique chemical structures will be developed which will possess novel biochemical mechanisms of action, selective activity against solid tumors, greater specificity for tumor cells, lower host toxicity, improved activity against drug-resistant tumors and greater therapeutic effect when used in combination therapy. Over the next decade, I believe that revolutionary developments in cell biology will enable a better understanding of fundamental biological processes in cancer and provide more rational approaches to new drug design and testing. Rapid progress in genetics, recombinant DNA technology, monoclonal antibody techniques and biochemistry already signal novel approaches such as cell membrane active drugs, differentiating agents, oncogene product inhibitors, tumor-associated monoclonal antibody complexes and antimetastatic agents.

(3) 편집장이 재교정쇄를 더미쉬트에 붙여 놓고 제목, 사진, 사진 설명 등을 스케치한다. 이때 소제목도 달게 된다.

Cancer: a formidable opponent for 65 company researchers

Ann Arbor, Mich.—Cure. Increasingly this word is being heard when scientists, physicians, patients and their families discuss the most feared disease of our time. That disease, of course, is cancer, and approximately 855,000 Americans will be diagnosed as having it this year.

Twenty years ago, only one patient in four survived cancer for at least five years. Today the rate is about one in three. If all skin and cervical cancers are considered, one in two will survive for at least five years, according to the latest information from cancer research centers.

Promising developments

Progress against cancer, although hard-won, has been significant. And today advances are coming on many fronts. Some hopefully promising developments in cancer chemotherapy are being reported by Warner-Lambert, where an accelerated cancer research program has been under way since late 1979.

More than 65 company scientists now focus full energies on new drugs to treat major solid tumors that remain resistant to cure, including colorectal, lung, breast and gastric cancers.

The focal point for company cancer research is Ann Arbor, Michigan, where two months ago a new $4 million cancer chemotherapy laboratory building opened.

At July dedication ceremonies, a leading scientist from the National Cancer Institute (NCI) called the new laboratories "a landmark in the history of private industry involvement in cancer research." He characterized the project as consistent with the trend toward more private involvement, one which the NCI favors and supports.

His reference was to the movement of companies like Warner-Lambert from the periphery of cancer research to the real battlefront. Cancer research has attracted greater private enterprise participation as knowledge of the biological processes that underly the disease has grown and, along with improved opportunities for cures.

The Ann Arbor research laboratory, Warner-Lambert's latest commitment to the battle against cancer, houses the important soil screening or fermentation facet of the cancer program, as well as anticancer and antibacterial testing. Many of the stages essential to the identification, testing and small-scale production of anticancer compounds occur here, including culture isolation, fermentation in varying scales and testing for cancer-causing potential.

Progress in chemotherapy

An in-house pilot plant produces anticancer antibiotics in sufficient bulk to satisfy the requirements of human trials. At the approach of the marketing stage, the plant develops methods and systems for producing these drugs in mass quantities.

The research program concentrates on chemotherapy, the application of chemical compounds against malignancies. In recent years, chemotherapy has come of age. At least 12 types of cancer are curable today mainly because of advances in chemotherapy.

Chemotherapy, while highly effective in many cases, needs further development and refinement, namely the discovery of more effective, specific, less toxic agents. This is especially true for solid tumors, Warner-Lambert's primary interest.

Warner-Lambert scientists are searching not for the "magic bullet" cure sought by the cancer pioneers, but a battery of new drugs, each with a specific mission. Combination therapy has become the approach of choice today. Doctors use radiotherapy and surgery for removal of large, primary tumors while chemotherapy deals a blow to cancerous cells that have spread or metastasized through the body.

Collaborative programs

Cancer's complexities are so overwhelming that the company relies on a number of collaborative research programs which have been struck with several outstanding universities and research institutions throughout the world. All serve to complement in-house research and provide added scope to the Warner-Lambert program.

At present, seven new antitumor compounds that have been developed by Warner-Lambert in collaboration with the NCI are in advanced stages of study. Four compounds are currently under clinical study: amsacrine, ametantrone, diaziquone and pentostatin.

Amsacrine's advanced stage of development will make it the first company cancer drug to reach market, initially in Europe later this year. It has proven its usefulness singly or in combination with other drugs against acute leukemia. In some studies, amsacrine has shown remission rates greater than 40 percent.

Diaziquone (AZQ) is another compound of special interest. Unlike most other cancer agents, AZQ crosses the blood-brain barrier. This ability may endow AZQ with activity against primary and secondary brain cancers.

Three other compounds are undergoing preclinical toxicology study, while several other candidates, derived either through synthesis or fermentation, will enter preclinical study soon.

A complete research organization is now in place, composed of organic chemists, tumor biologists, fermentation specialists, microbiologists, biochemists and clinical scientists.

Formidable task

Through the work of these scientists and a supporting group of other researchers at Ann Arbor and elsewhere, the company's cancer program continues to build steam. Their task is a formidable one, to score victories against the most imposing health problem of the day. As Dr. Jerry Weisbach, president of the Pharmaceutical Research Division, recently phrased it, "Our challenge is to be in the forefront in the development of new antitumor drugs to cure as yet untreatable tumors."

Among the first steps in soil sampling phases of anticancer research in the company's new cancer chemotherapy laboratories is the isolation of actinomycete colonies from agar plates.

Early testing of possible antitumor compounds is accomplished using cell cultures, which can be stored indefinitely by freezing in liquid nitrogen-filled tanks, shown here. The company's first major anti-cancer product, Amsidine, was recently introduced in The Netherlands.

Cancer R&D head sees hopeful signs

An interview with Dr. Edward F. Elslager on cancer. Dr. Elslager is vice president of research, Pharmaceutical Research Division.

Q. The medical profession has in its arsenal radiation, chemical and surgical techniques for cancer treatment. How important are chemotherapeutic approaches today?

A. Chemotherapeutic approaches to cancer treatment are becoming increasingly important with the advent and acceptance of the combined modality approach to the treatment of solid tumors and lymphomas. Conceptually, this utilizes the best features of all available therapeutic modalities, including surgery, radiation therapy and chemotherapy, combined rationally to exert maximum lethal effects on the tumor. Each form of treatment has specific attributes and limitations. Systemic chemotherapy has the potential to eradicate microscopic residual disease and secondary tumors but, with a few exceptions, cannot eradicate large tumors. A decade ago only 25 percent of cancer patients were treated with chemotherapy. Today, 35 percent of patients receive chemotherapy, and it is projected that 45 percent will be treated with drugs within the next decade.

Q. In recent years, what notable advances have been made in cancer treatment, particularly chemotherapy?

A. Perhaps the most significant advance in cancer chemotherapy in recent years has been the evolution and acceptance of the concept of combination chemotherapy. Thus, anticancer drugs with different mechanisms of action, cell cycle actions, toxicities and times of onset of toxicity are combined to enable maximum tumor cell kill while minimizing host toxicity. Significant drugs include daunorubicin and platinol.

Q. Why has the cancer fight been so protracted?

A. Because it has proven to be a multifaceted disease almost as complex as life itself. It is now recognized that cancer is not a single disease, but rather comprises a group of more than 100 diseases with different characteristics. Also, we have been unable to identify any fundamental differences between normal and cancer cells which would allow for the design of new drugs absolutely selective for neoplasms (tumors). Consequently, it has been necessary to rely primarily on cytotoxic drugs which not only kill rapidly dividing tumor cells, but they destroy rapidly dividing normal cells. In spite of early diagnosis and surgical removal, patients may already have many established and undetected microscopic metastases which become apparent only after the disseminated disease is incurable.

Q. What are the most promising avenues of research and do you foresee any possibilities for significant breakthroughs?

A. In the immediate future, continued progress will be made in the development of new and useful cytotoxic drugs utilizing traditional enlightened semi-empirical approaches. New drugs with unique chemical structures will be developed which will possess novel biochemical mechanisms of action, selective activity against solid tumors, greater specificity for tumor cells, lower host toxicity, improved activity against drug-resistant tumors and greater therapeutic effect when used in combination therapy. Over the next decade, I believe that revolutionary developments in cell biology will enable a better understanding of fundamental biological processes in cancer and provide more rational approaches to new drug design and testing. Rapid progress in genetics, recombinant DNA technology, monoclonal antibody techniques and biochemistry already signal novel approaches such as cell membrane active drugs, differentiating agents, oncogene product inhibitors and tumor-associated monoclonal antibody complexes.

(4) 사진이 현상되는 동안 인쇄소측은 편집장에게 아트를 뺀 전면 교정쇄를 내어놓는다. 편집장에게는 이때가 인쇄 활자를 점검하고 그래픽을 조정할 수 있는 마지막 기회가 된다.

Cancer: a formidable opponent for 65 company researchers

Promising developments

Progress in chemotherapy

Collaborative programs

Formidable task

Cancer R&D head sees hopeful signs

Q. The medical profession has in its arsenal radiation, chemical and surgical techniques for cancer treatment. How important are chemotherapeutic approaches today?

Q. In recent years, what notable advances have been made in cancer treatment, particularly chemotherapy?

Q. Why has the cancer fight been so protracted?

Q. What are the most promising avenues of research and do you foresee any possibilities for significant breakthroughs?

(5) 편집장은 곧 인쇄기에 올려놓을 네가(negative) 카피를 주의 깊게 살핀 다음 사진의 검거나 흰 점, 줄이 선명치 못한 점, 레이아웃 등 만족스럽지 못한 부분을 지적한다. 그 이외의 변경을 하게 되면 편집장이 추가 비용을 지불해야 한다.

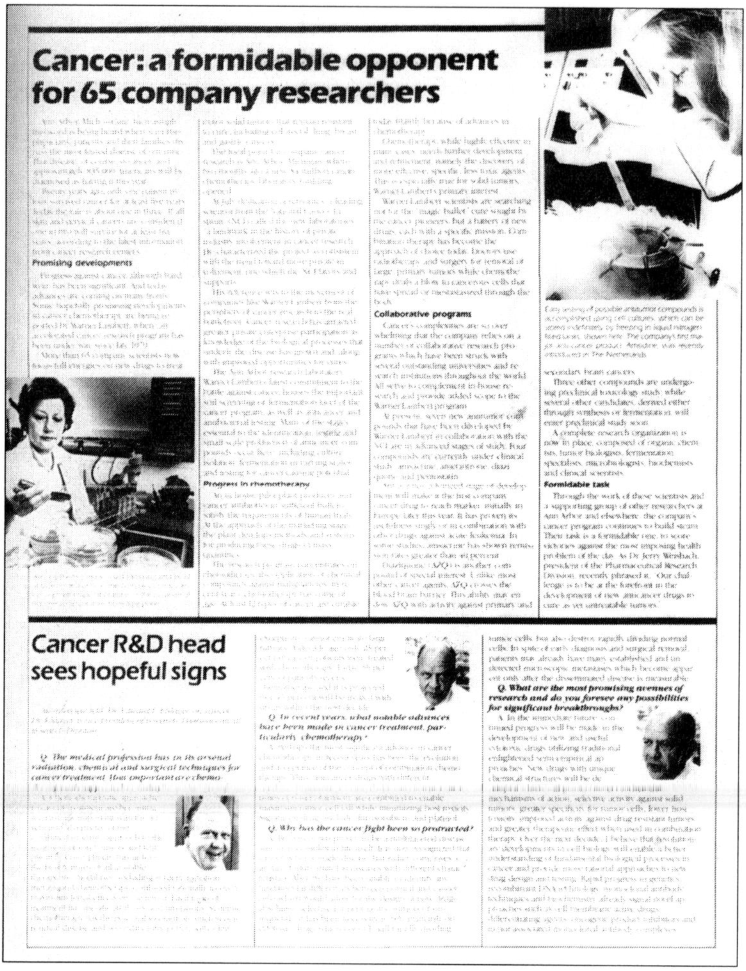

Cancer: a formidable opponent for 65 company researchers

Promising developments

Progress in chemotherapy

Collaborative programs

Formidable task

Cancer R&D head sees hopeful signs

Q. In recent years, what notable advances have been made in cancer treatment, particularly chemotherapy?

Q. Why has the cancer fight been so protracted?

Q. What are the most promising avenues of research and do you foresee any possibilities for significant breakthroughs?

(6) 종업원 신문 페이지[워너 램버트(Warner-Lambert)사 제공]

주

1) 파트북에 대한 이해는 편집자 일러두기 참조-편집자 주.
2) Gail Lupton Porter, "Why They Read and Who Reads What: Information Utility, Market Segmentation, and the Government Magazine Editor." Master's thesis, University of Maryland, 1982.
3) James E. Grunig, "Evaluating Employee Communication in a Research Operation," *Public Relations Review* 3 (Winter 1977) : 61-82.

참고 문헌

Brigham, Nancy, *How to do Leaflets, Newsletters and Newspapers*(Somerville, Mass.: Economic Affairs Bureau, Inc., 1982).

Hill, Donald E., *The Practice of Copyfitting* (Huntsville, Ala.: Graphic Arts & Journalism Publishing Co., 1971).

Hill, Donald E, *Techniques of Magazine Layout*(Huntsville, Ala.: Graphic Arts & Journalism Publishing Co., 1972).

Nelson, Roy Paul, *Publication Design,* 3d ed.(Dubuque, Ia.: Wm. C. Brown, 1983).

Reuss, Carol, and Donn Silvis (eds.), *Inside Organizational Communication*(New York: Long-man, 1981).

Root, Robert, *Modern Magazine Editing*(Dubuque, Ia.: Wm. C. Brown, 1966).

vab Ucheler, Rod, *Paste-Up : Production Techniques and New Applications*(New York: Van Nostrand Reinhold, 1976).

Wales, Larae H., *A Practical Guide to Newsletter Editing and Design*(Ames: Iowa State University Press, 1976).

09

사진과 삽화

우리는 제5장에서 자극적인 비주얼(visuals)을 공급하면 기사를 텔레비전에 방영시킬 수 있는 기회를 늘릴 수 있다고 말한 바 있다. 사실 모든 미디엄은 사진과 일러스트레이션(Illustrations)을 필요로 한다. 두 기사가 동일한 가치로 제공될 때 잡지나 신문 편집자는 '아트(art, 사진 또는 일러스트레이션)'가 동반된 것을 선택할 것이다.

미디어에 배포할 사진을 준비한다는 것은 대개의 PR 실무자들에게 필요한 기술인 이상 아트를 삽입하는 방법을 검토해 보기로 하자. 우선 경영 관리 측면의 사진실을 설치하는 데 필요한 기본 원칙을 생각해 보기로 하자. 마지막으로 레이아웃과 디스플레이를 위한 사진과 일러스트레이션을 준비하는 방법을 알아보기로 하자.

1. 경영 관리의 고려

사진은 4개 PR 모형과 파트북[1)] 『PR의 기능과 운영』에서 논의된 거의 모든 프로그램에 사용된 시각적 커뮤니케이션 형태를 제시한다. 대개의 경우 사진은 그것이 보도자료를 동반하거나 기업 출판물, 전시회, 슬라이드 또는 텔레비전과 비디오테이프에 실릴 때는 서면 또는 구두 커뮤니케이션을 보완한다. 때때로 사진은 사진 디스플레이 또는 사진 피쳐에서의 경우처럼 메시지 전체를 전달할 수 있다.

1) 사진의 의미를 선별하여 택하라

사진을 찍거나 고를 때 커뮤니케이션 목적을 염두에 두는 것이 중요한 일이다. 펜실베니아대학의 영화이론가인 솔 워드(Sol Worth)는 사진은 세계를 내다보는 창문 이상의 것이라고 믿고 있던 사람이다.[2] 그는 사진은 커뮤니케이터가 전달하려고 의도하는 의미를 전달한다고 믿고 있다. '의도'는 이 책에서 우리가 논의해 온 커뮤니케이션 목적은 서면 또는 구두 메시지는 물론 사진에도 적용된다는 것을 의미한다. 사진이 재미있고, 예술적이거나 다르다고 해서 그 사진을 선택해서는 안된다. 여러분이 그 사진과 함께 커뮤니케이션 하고자 하는 것을 판단하고 그 사진을 보는 사람이 그 메시지를 이해하고 파지하는지의 여부를 판단하라. 사진만으로는 태도나 행태를 변용시키기는 어려운 일이므로 극적인 사진이 때때로 태도를 변용시키거나 행태를 자극하더라도 그러한 효과가 항상 생길 것으로 기대해서는 안 된다.

2) 공중이 각기 다를 때 시각적 복잡성을 생각하라

시각적 커뮤니케이션에 관한 연구에 의하면 사진은 삽화, 도표 또는 유사한 그래픽 자료보다도 더 복잡하다고 한다. 즉 사진이 더 많은 정보를 전달한다는 것이다. 시각적 메시지가 복잡할 때 그 메시지를 보는 사람은 그 메시지로부터 더 많고 다양한 의미를 얻을 수 있다. 만일 여러분이 손익계정을 나타내는 도표를 보게 되면 아마도 그 도표를 보는 다른 사람과 마찬가지로 메시지를 받게 될 것이다. 그러나 여러분이 40년간의 직장 생활을 마치고 은퇴한 사람을 묘사하는 사진을 보게 되면 '위험한 근로 조건,' '자본주의 사회의 노동의 착취'……또는 심지어 여러분의 할아버지에 관한 기억까지 보게 될는지도 모른다.

사진은 복잡하고 흥미 있기 때문에 특히 관여도가 낮은 수동적인 공중의 주목을 끄는 데 효과적이다. 그러나 사진은 복잡하기 때문에 어려운 아이디어를 전달하는 데는 그렇게 유용하지 못하다. 사진은 여러분이 전달하려는 아이디어와는 관련이 없는 너무 많은 정보를 전달할 수도 있다. 그래서 연례보고서에서 재정적 데이터를 삽화로 넣기 원한다면 – 능동적이고 관여도가 높은 수용자에게 전달되는 정보 – 여러분은 사진보다는 덜 복잡한 삽화나 도표를 이용하면 된다.

메릴랜드 대학교 사진학 강사인 데이비드 믹클로스(Divid Micklos)의 연구에서 이러한 차이가 잘 나타나고 있다. 그는 과학잡지인 『Science 81』과 『Scientific American』에 사용된 시각 자료들을 비교했다.[3] 『Science 81』 수용자들은 호기심에서 과학에 관한 정보를 추구하는 한편 『Scientific American』의 독자들은 정보를 자기들의 일에 적용할 수 있는 과학자가 대부분이었다. 믹클로스는 『Science 81』의 편집자는 주로 독자의 주목을 끌기 위하여 사진을 사용하는 반면 『Scientific American』의 편집자는 사진에서 발견되는 관련성이 없는 정보는 제외한 채 사진과 삽화를 사용하는 경향이 있음을 발견할 수 있었다.

물론 사진은 관여도가 높은 공중에게는 메시지를 더 흥미 있게 만들 수 있다.

3) 사진의 효과 분석

여러분은 어떤 효과를 염두에 두고 사진을 사용하기 때문에 다른 유형의 메시지의 효과를 측정하듯 사진의 효과를 측정할 수 있다. 일반적으로 여러분은 그 효과를 독자 조사 연구의 한 부분으로서 평가할 수 있을 것이다. 사람들이 사진을 본 일이 있는지를 물어 봄으로써 커뮤니케이션 목적을 측정한다. 메시지의 파지 여부를 측정하기 위하여 사람들에게 사진이 전달한 메시지는 무엇이었는지 물어 보아라. 메시지의 수용 여부를 측정하기 위하여 사람들에게 그 사진이 실제로 발생한 상황을 표출했다고 믿고 있는지의 여부를 물어 보아라.

여러분이 만일 태도 또는 행태를 측정한다면 인쇄 메시지에 적용하듯이 파트북『PR의 원칙과 책임』제5장에 설명된 태도와 행태 측정법을 적용할 수 있다. 그러나 인쇄 메시지로부터 사진에 의한 태도와 행태의 효과를 구별해 내기란 매우 어려울 것이다. 이처럼 사진을 통해서 이러한 두 가지 목적을 측정하는 경우는 극히 드물다.

여러분이 미디어에 보도자료와 함께 사진을 보낼 때는 커뮤니케이션이 여러분의 기본적인 목표임을 기억해라. 사진이 보도자료를 동반하는 경우와 보도자료 하나만 배포하는 경우 어느 쪽이 미디어에 더 많이 실리는가를 비교해 보아라.

4) 비용은 천차만별

여러분은 자신이 스스로 사진을 찍는 경우 시간, 필름과 현상 비용만 지불하면 된다. 또는 유명한 자유 사진기고가를 고용하는 것이 나은 경우도 있다. 비용은 천차만별이기 때문에 여러분이 어느 것이든 선택하기 전에 예산을 세우는 일은 필수적이다. 그래서 우리는 조직 내 사진실 운영에 관해 살펴보고자 한다.

2. 사진실 운영 계획

모든 PR 부서는 때때로 의사 결정을 해야한다. 우리는 사진을 외부 사진사에게 맡길 것인가, 아니면 모든 장비를 갖춘 사진실을 설치할까? 자유 사진기고가를 이용하게 되면 상당한 일반 경비와 수많은 사진 중에서 하나를 골라야 하기 때문에 매우 많은 비용이 들게 된다. 일류급 사진사들이 반나절의 촬영과 암실에서 행하는 상당한 양의 작업 시간을 계산하여 사진 한 장에 1천 달러를 요구하는 것은 예사이다. 그러나 경험을 하다 보면 PR 부서는 훌륭한 자유 사진기고가의 가치를 알게 된다.

조직 내부에 사진실을 설치하게 되는 타당한 이유가 있다. 비교적 규모가 작은PR 부서에서 사진에 흥미가 있으며 전문적 지식도 갖춘 실무자는 손이 모자라는 부분에 한몫을 할 수 있다. 규모가 큰 PR 부에는 사진사를 고용해야 할 만큼 고정적인 일이 있을 것이다. 소규모 부서는 아마도 기본적인 암실을 갖추는 데에 1천 달러가 필요할 것인데 암실을 갖추면 그만한 가치를 찾을 수 있다. 대규모 PR 부서라면 암실을 갖추는 데 약 1만 달러는 필요하겠으나 이것 또한 그만한 가치가 있을 것이다. 자유 사진기고가가 사진을 한 번 찍는 데 50달러에서 100달러를 부르는 것을 생각해 보면 여러분은 실무자 사진사가 얼마나 빨리 한몫을 해 내는지 알게 될 것이다.

어떤 경로를 통해 사진을 사용하든 PR 부서는 그 많은 사진을 체계화하고 정리해야 한다. 사진에 번호를 부여하고 분류하는 체계가 이루어져 어느 한 장의 사진이라도 고유번호를 붙여 제자리에 정리되어야 한다. 필름을 찍게 되면 네가(negatives)는 플라스틱 홀더에 넣고 콘택쉬트(사진함)를 만들어 일련번호를 부여하는데 일례로 84-24는 1984년도에 철해진 음화세트 중 24번째 세트를 의미한다. 인화지 뒤에 씌어진 코드번호 84-24-15는 84-24 세트의 15 프레임을 의미한다. 매년 수천 장의 사진을 취급하는 사진실에서는 이러한 방법이 사진을 보관하는 유일한 방법이다.

3. 미디어에 사진의 공급

신문과 잡지의 편집자들은 보통 조판에 쓸 사진을 선별한 다음 페이지의 레이아웃을 시작한다. 다시 말해서 사진은 그 사진이 쓰이는 페이지에서 가장 잘 눈에 띄도록 취급된다. 그래서 사진은 PR 계획에서 그렇게 중요시되는 것이다. 사진이 기사를 동반하든 또는 사진만으로 제공되든 다음과 같은 내역은 아주 표준적인 것이다.

> 5×7인치 사진이 사람의 머리와 어깨만을 찍는 데는 충분하지만 흑백 사진을 사용하는 신문과 잡지에 배포하려면 8×10인치 사진이 더 선호된다. 어떤 PR 부서는 상반신 사진에 4×5인치를 이용하여 예산을 절약하기도 한다. 규모가 큰 사진은 확대보다는 축소해야 하기 때문에 편

Seymour Cray (left) and John A. Rollwagen are pictured in a Cray Research, Inc., facility in Chippewa Falls, Wisconsin. In the foreground is a three-dimensional module for the CRAY-2 computer prototype immersed in a tank of clear, inert liquid to demonstrate liquid immersion technology.

미디어에 사진을 제공할 때 같은 사진을 하나는 수평으로, 또 하나는 수직으로 만들어 보내는 것이 좋다. 파딜라 앤 스피어 (Padilla and Speer) PR 대행사는 사진 바로 밑에 설명을 달았다.

Seymour Cray (left) and John A. Rollwagen are pictured in a Cray Research, Inc., facility in Chippewa Falls, Wisconsin. In the foreground is a three-dimensional module for the CRAY-2 computer prototype immersed in a tank of clear, inert liquid to demonstrate liquid immersion technology.

집자가 사용하기에 더 편리하고 더 나은 질의 사진을 만들 수 있다. 천연색 사진을 사용하는 잡지에는 35mm 컬러 필름을 제공하는 것이 일반적인 예다.

인쇄 미디어에 제공하기 위한 사진은 잘 찍힌 것이어야 한다. 그러나 텔레비전의 경우에는 텔레비전 렌즈에 반사되지 않는 매트 피니쉬 프린트(matte-finish print)로 제공하라.

적은 조판비로 운영하는 소규모 미디어에 사진을 게재하려면 2 내지는 3칼럼 신문 넓이에 맞춘 망판화를 제공하는 것이 낫다. 이것은 여러분이 인쇄업자에게 망판화의 제작을 맡기는 비용을 줄일 수 있다는 의미가 된다. 그러나 레이아웃에 바로 풀칠만 하면 되는 자료를 원하는 편집자라면 그에 따르는 비용은 그것대로 값어치를 지닌다.

사진 설명문은 보도자료에서와 마찬가지로 더블스페이스로 흰 종이에 타이핑되어야 한다. 사진 쉬트를 1인치 정도 접은 후에 테이프를 붙인 다음 사진 뒷면에 부착시킨다. 사진 표면에 금이 가거나 얼룩이 지면 쓰지 못하게 되므로 쉬트의 나머지 부분은 접어서 사진 겉면을 보호하도록 한다.

PR 사진에는 유명한 예술가로부터 제공되어 그 예술가의 합의된 사항이 아니면 크레디트 라인(credit line)[4]을 붙이지 않는다. 뉴스 미디어는 사진에 나타난 사람들로부터 퍼블리시티(publicity) 목적으로 그 사진을 사용해도 좋다는 실질적 또는 묵시적 허락을 받은 것으로 여긴다. 이러한 허락을 얻지 못하여 후에 복잡한 문제가 발생한다면 사진의 PR 가치는 반감될 것이다(파트북『PR의 원칙과 책임』 제6장의 '법적 제한점'을 참조).

4. 사진 설명문 작성

보도자료를 동반하는 사진에 대한 설명문을 쓸 때 그 사진에 관한 정보는 최소한으로 하는 것이 좋다. 사진 속의 행동의 의미는 몇 개의 단어로 묘사되며 등장인물이 '모델'이 아니라면 이름을 밝히는 것으로 족하다. 예를 들면,

회사로 하여금 그 지역의 모든 교통량을 모니터하여 경찰서와 지역 뉴스 미디어에 즉각 공급하게 하는 새로운 컴퓨터 터미널이 페어뱅크(Fairbanks)사 기사인 프레드 팔츠먼(Fred Paltzman)에 의해서 운영된다.

사진만 제공할 때는 설명문에 모든 관련 정보가 제공되어야 한다.

교통량 모니터 페어뱅크사는 최근 연방교통부로부터 지원을 받아 교통량을 모니터 할 수 있는 새로운 컴퓨터의 설치를 끝냈다. 페어뱅크사의 기술자 프레드 팔츠먼은 지역 뉴스 미디어와 지역 경찰서의 컴퓨터 터미널에 정보를 입력시키는 일을 맡고 있다. 페어뱅크사 사장 글레이저(Ronald E. Glazer)씨는 컴퓨터를 이용한 교통량 모니터가 그 지역의 교통체증을 감소시킬 것이라고 말했다.

PR 부서는 뉴스 미디어가 보도자료와 함께 사진을 사용할 것인지 또는 긴 설명문과 함께 사진만을 쓸 것이지를 확신할 수 없기 때문에 보통 동일 설명문 쉬트에 두 가지 설명문을 넣어 보낸다.

사진은 마닐라 종이로 만든 봉투에 넣어 우송된다. 봉투 앞면에 '사진 재중'이라는 문구와 함께 그 튼튼한 봉투는 우송 과정의 여러 단계를 잘 견뎌낼 것이다. 사진이 지닌 특별한 가치 때문에 PR 대행사는 사진을 급사에게 맡겨 직접 전달한다. 그러나 사용되지 않은 사진은 반송될 것이라는 기대는 하지 말아라. 뉴스 미디어는 반송할 시간과 자원을 지니지 못한다. 뉴스 미디어는 기껏해야 시의성이 없는 사진은 후에 사용하기 위하여 도서실에 철하여 놓을 것이다.

5. 주제의 선정

PR 실무자는 좋은 사진이 될 만한 주제를 염두에 두고 공장, 사무실 또는 지역 사회를 살핀다. 이것은 무엇이 근사한 사진으로 될까를 생각하면서 멀리 떨어진 공장과 조사 대상 지역 같은 곳을 찾아다니는 여행을 의미한다. 이것은 머리와 어깨만 보이는 상반신 사진 촬영 방법을 피하기 위하여 생각하는 것을 의미한다. 그 장면이 만들어진 것이 아닌 자연스런 상황에서 보이게 할 수는 없을까?

개발시켜야 할 또 다른 중요한 기술은 콘택트 쉬트(사진첩)에서 사진을 골라내는 것이다. 사진을 찍은 사진사의 이름이 포함된 콘택트 쉬트를 살펴볼 때, 냉정을 잃지 않도록 하라. 그 사진에서 발견되는 아이디어를 요약한 한 장의 사진을 찾고자 사진들을 하나하나 차례로 살펴라. 어느 사진이 상황에 대한 주제의 반응을 전달하는 몸짓과 행복감을 나타내는 표정의 클로즈업과 같은 가장 인간적인 흥미 또는 감성에 소구를 지니는지 판단해라. 그 다음에 멀티픽쳐 스프레드(multipicture Spread)를 만드는 사진을 찾아라. 그리고 나서 여러분이 선택한 사진이 포커스와 콘트라스트와 함께 색소도 일관성 있게 우수한지 확인해라.

가장 우수한 사진을 고르는 데 있어서의 딜레마는 이렇다. 편집자를 끙끙거리게 만드는 진부한 것을 어떻게 피하느냐이다. 어린 동물의 신비함을 발견해 내는 어린아이의 사진은 아주 진부하거나 아주 귀엽게 보일 수 있다. 사실 진부한 것과 귀여운 것은 사진첩에서 나란히 발견될 수 있는 것이어서 여러분은 단지 어느 것이 어느 것인가를 판단할 수 있으면 된다.

편집자들은 오래 전부터 책상에 쌓이는 똑같은 종류의 사진을 받게 되면 실망한다. 여러분이 피하도록 노력해야 할 몇 가지 사진들을 예로 들어보자.

- 책상에 앉아 전화 통화를 하는 사람
- 카메라 앞에 서 있는 은퇴자들
- 트로피나 감사패를 수여하는 장면
- 휘장과 화분을 뒤로하고 연단의 마이크 앞에 서 있는 연사

우리는 이러한 사진을 너무 자주 대하기 때문에 이런 사진은 우리들에게 더 이상 흥밋거리가 되지 못한다. 사진사는 주제를 더 자연스럽게 포착하는 솔직한 사진을 찍도록 교육을 받아야 한다. 사장이 항상 한쪽 눈을 카메라에 두고 딱딱한 사진의 자세만 취하고 있을 때는 문제가 될 수 있

다. 이러한 경우의 비밀은 주제가 자연스런 자세를 취할 때를 포착하기 위하여 빠른 속도로 여러 장을 찍어대는 것이란 점을 사진사는 알고 있다.

6. 효과를 위한 가위질

사진사가 주제를 정하여 필요 없는 배경을 잘라낼 때 사진은 첫 번째로 가위질(cropping)을 당한다. 네가를 현상해 낼 때 사진사는 보통 중심 주제가 되도록이면 크게 보이도록 필요 없는 부분을 잘라내어 사진을 향상시킨다. 그 다음 PR 실무자는 미학적 이유 또는 구체적인 레이아웃에 필요한 사진의 규격 때문에 더 이상의 가위질을 할 것인지 결정한다.

사진에 가위질을 하는 이유로는,

어떤 구체적인 대상을 강조하거나 상세한 점에 포커스를 맞추기 위한 것. 제품 프로모션 사진의 요청을 받을 때 사진사는 새로운 보석을 보여주는 여인을 찍어달라는 주문을 받을 것이다. 보도자료와 함께 배포될 사진을 고르게 될 때 여러분은 그 모델의 웃는 얼굴 모습을 제거하면서 손과 팔을 강조하기로 결정하게 될 것이다.

모호성을 줄이거나 현란함을 제거하기 위한 것. 사진이 여러 다른 사진과 함께 사용될 때 한 장의 사진만 드러내는 내용은 바람직스럽지 못하다. 때때로 손이나 다리가 사진을 보는 사람의 눈을 가장 중요한 요소로부터 멀게 할 수도 있다. 또는 멀티픽쳐 스프레드의 경우 어떤 사진의 한 쪽 손이 우스꽝스럽게 그 옆에 있는 사진의 어떤 것을 가리키는 것처럼 보일 수도 있다. 이런 일은 편집자가 사람을 허리에서 자르는 특권을 행사하는 데서 생기는 현상이다.

계획에 맞추기 위함. 편집자는 두 장의 사진을 병렬로 놓아 유사함이나 차이점을 보여줌으로써 특정 부분을 강조할 수도 있다. 그렇다면 사진을 대비가 쉽고 피사체의 크기가 일관성 있게끔 가다듬을 필요가 있다.

그 예로 만일 한 사진에 있는 사람의 머리 크기가 그 옆 사진에 있는 사람의 머리보다 약 10%가 크다면 이것은 아주 우습게 보인다.

음영 또는 방향을 강조하기 위함. 사진사는 균형과 통일성을 염두에 두고 카메라 프레임 안에 대상물을 구성하는 경향이 있다. 그 사진을 사용하는 설계자는 새로운 프레임으로 작업을 해야 한다. 페이지, 스프레드 또는 디스플레이 배경, 활자의 블록이나 건축 환경에 의하여 새로운 수평선과 경계선이 만들어질 수 있다. 그래서 외부 요소와 조화되도록 음영과 방향을 조정하기 위하여 사진을 완벽하게 가다듬을 필요가 있다.

사진사나 설계자는 콘택트 쉬트에 오렌지 또는 회색 연필로 가위질 표시(crop marks)를 해놓으면 된다. 가위질 표시를 하는 데 쓰이는 간단한 도구로는 L자형 판지(板紙)를 사용하는데 이 판지는 어떤 규모 또는 행태의 프레임이든 자유자재로 변형시킬 수 있다. 사실 곁에 있는 어떤 종이든 두 장만 있으면 즉석에서 L자형 판지로 사용할 수 있다.

7. 복사를 위한 사진 치수의 결정

뉴스레터 또는 PR 출판물 편집자가 사진사와 함께 작업을 할 경우 사진을 레이아웃 스페이스에 정확히 맞도록 찍어야 한다. 그러나 흔히 기존 사진을 그 스페이스에 맞도록 조정하게 된다. 이것은 현상 과정에서 사진을 얼마나 줄이거나 확대해야 되느냐를 결정하는 사진의 '치수를 재는 것'을 의미한다.

보통 편집자는 표준적인 칼럼의 넓이로 작업을 하며 사진은 2 또는 3칼럼 넓이 × X인치 길이로 주문한다. 다시 말해서 넓이는 공통적인 것이며 사진의 길이는 주문에 따라 달라진다. 그러면 전형적인 사진 치수 측정 상황을 살펴보기로 하자.

- 알고 있는 양 :
  가다듬어진 사진의 넓이 = 8 1/4 인치
- 알고 있는 양 :
  가다듬어진 사진의 길이=6 1/2 인치
- 알고 있는 양 :
  레이아웃의 2 칼럼 넓이 = 5 1/4 인치
- 모르는 양 :
  레이아웃의 사진의 길이 = 'X' 인치
- 6 1/2 : X = 8 1/4 : 5 1/4 (X = 4 1/8)

알지 못하는 양은 계산기를 사용하여 구할 수 있다.
6 1/2 : X = 8 1/4 : 5 1/4 (X = 4 1/8)

수학에 능하지 못한 편집자는 인쇄기구를 취급하는 상점에서 비례를 측정하는 기계를 구입할 수 있다. 두 바퀴에 나타난 숫자를 나란히 맞추어 가다듬어진 사진의 길이 반대편에 나타난 모르는 양을 발견할 수 있다. 사진의 비례를 측정하는 데 쓰이는 또 다른 기계는 스케일로그라프(scaleograph)인데 이 기계는 가위질과 치수 측정을 동시에 해낸다. 이 기구의 바퀴에는 눈금이 매겨져 있는데 사진의 비례가 확정되면 이 두 바퀴를 돌려 해당되는 눈금에 고정시킨다. 사실 스케일로그라프는 수학 방정식과 똑같은 기능을 한다.

만일 자(ruler)밖에 가진 것이 없다면 창문이나 밝은 빛의 테이블을 이용하여 사진을 비추어 사진 뒷면에 연필로 잘라낼 부분과 비례를 표시할 수도 있다. 일단 사진에 프레임을 그리게 되면 귀퉁이에서 귀퉁이로 대각선을 그어라. 자의 눈금 '0'이 프레임의 왼쪽 또는 오른쪽에 닿도록 하고 원하는 복사의 넓이가 대각선에 닿도록 하라. 대각선상에 닿는 점에 표시를 하라. 그 다음에 할 일은 대각선에 해 놓은 그 표시로부터 사진의 아랫부분까지 수직으로 치수를 재는 일인데 이것이 여러분이 알려고 하는 사진의 길이가 된다.

(1) 사진사가 마련한 콘택트 쉬트를 이용해서 편집장은 전체적인 구성, 선명도와 초점이 제일 좋은 사진을 골라낸다.

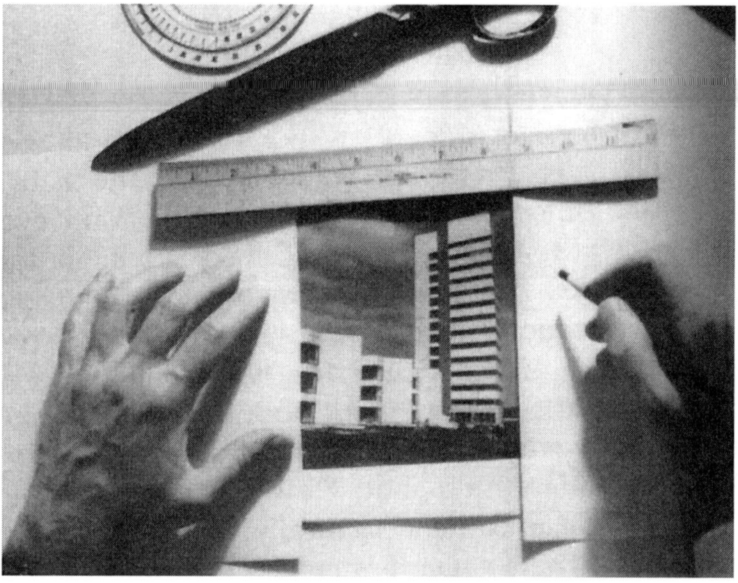

(2) 사진을 잘라내는 데 필요한 도구가 없을 때 편집장은 사진의 원하는 부분을 백지를 움직여가며 잴 수 있다.

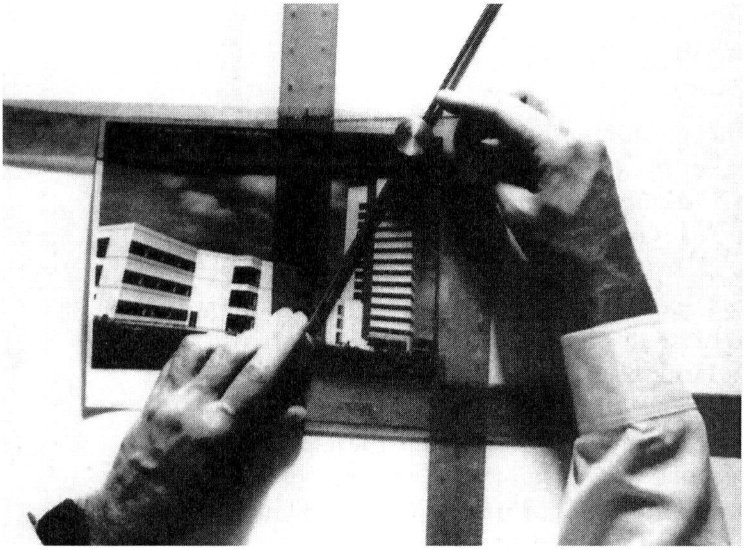

(3) 자와 비례 측정 기구가 있으면 사진의 잘라낼 부분과 확대할 부분을 신속하게 잴 수 있다.

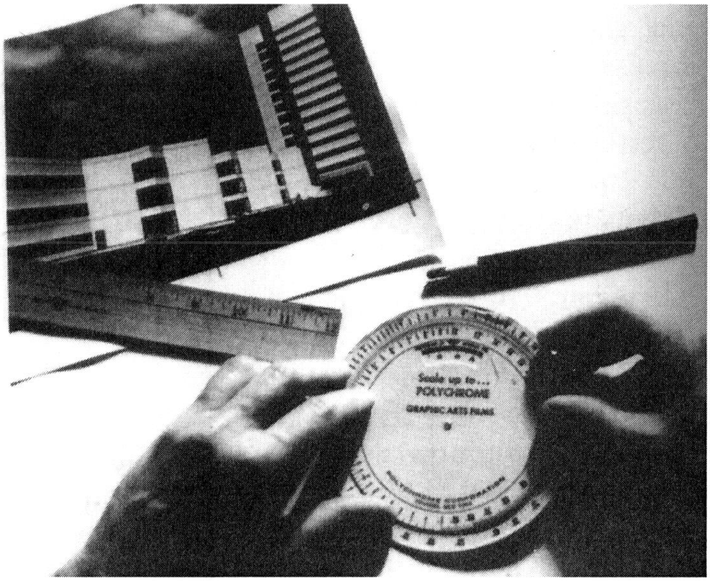

(4) 비례 측정 휠은 확대·축소의 크기를 인치와 백분율로 표시하여 정확한 크기의 사진을 만들어 낼 수 있다.

8. 디스플레이를 위한 사진 표본 만들기

사진은 한 귀퉁이가 구부러지거나 말렸어도 사용이 가능하다. 그러나 디스플레이(파트북『PR의 기능과 운영』 제2장 참조)를 염두에 둔 사진은 프레임을 하여 디스플레이 카드에 붙이기 이전에 얇은 판을 덮어서 딱딱한 지지물에 배열한다. 이러한 배열 과정을 거쳐야 사진이 판판하게 보존되어 휘어지거나, 주름이 생기거나 사진의 질을 떨어뜨리는 하자가 발생하지 않는다.

사진실을 운영할 경우 그 규모에 상관없이 배열 프레스(mounting press)와 이 프레스와 관련된 재료를 포함해야 한다. 작은 규모의 사진실 운영이라면 사진 기구 상점에서 고객에게 무료로 이용할 수 있게 하는 프레스를 이용할 수 있다. 필요한 물건이라면 열을 가할 때 접착 본드를 형성하는 마운팅 보드와 아교 티슈이다. 또한 사진을 가위질하며 마운팅 보드를 지지해 줄 종이 자르는 단전기가 필요하다. 사진 기구 상점에서 여러분에게 사진 '샌드위치,' 접착 티슈, 마운팅 보드를 어떻게 만들며 이들을 한데 붙일 때 얼마만큼의 열과 압력을 적용해야 하는지를 알려 줄 것이다.

사진을 디스플레이 하기 전까지는 봉투에 넣어 두어라. 사진 에세이 또는 디스플레이를 위한 큰 보드에 각 사진을 붙일 때도 동일한 마운팅 과정이 적용된다. 그러나 보드에 보드를 붙일 때는 주름지는 것이 문제가 되지 않기 때문에 고무풀과 같은 접착제로도 충분하다.

9. 사진 기사 레이아웃

2페이지 잡지 스프레드이든 또는 전시회를 위한 사진 디스플레이를 계획하든지 여러분은 각 사진들을 묶어서 어떤 한가지 주제를 구성하고 싶어할 것이다. 편집자나 설계자는 패턴과 포지셔닝으로써 사진을 보는 사람의 흥미를 돋우어 영향을 증대시킨다.

콘택드 쉬트에서 사진을 고르는 방법의 논의를 통해서 알 수 있듯이 목표는 다목적 사진, 감성적인 인간적 흥미를 내포하는 사진, 사건의 극치를 보여주는 사진을 찾아내는 것이다. 여기에 우리는 사건이 발생한 환경을 보여주는 상황 사진과 사진의 등장인물이 보이는 반응보다는 관찰자들의 반응을 보여주는 반응 사진을 추가할 수도 있다. 이러한 분류는 일반적인 것이지만 이러한 분류가 좋은 비주얼 담화(story-telling)의 기본요소를 이룬다.

10. 일러스트레이션을 위한 구상

작업하는 과정에 사진 이외의 어떤 것을 필요로 할 때 대안으로서 일러스트레이션을 소개한다.

> 클립아트(clip-art) 서비스를 신청하면 모든 주제의 간단한 펜화(line drawing)에 관한 두꺼운 책을 공급받는다. 이 펜화는 간단한 음영을 나타낸 흑백으로 제공되기 때문에 이러한 일러스트레이션은 카메라로 바로 찍도록 준비된 옵셋에 걸 수 있다.
> 좀 비용은 비싸게 들겠지만 여러분은 파이차트, 막대그림표 및 컴퓨터에 입력되어 있는 그 외의 정보 포맷 등 컴퓨터를 이용한 그래픽을 찾을 수 있을 것이다. 이러한 소프트웨어는 차트에 표를 달고, 색조나 음영을 고르고 원하는 규모의 그래픽을 프린트 해낸다. 대기업은 그 자체의 시스팀을 갖출 수 있을 것이다. 소규모 기업은 슬라이드를 포함하여 컴퓨터 그래픽을 주문할 수 있다.
>
> 클립 서비스와 컴퓨터의 최신 테크놀로지 사이에서 일러스트레이션의 주문을 받아 제작하는 자유 예술기고가들이 있다. 여러분이 발간해 내는 출판물에 필요한 점을 알고 이해하는 예술 기고가를 발견하기란 쉽지 않지만 일단 발견하면 그 예술가를 계속하여 이용하게 된다.

주

1) 파트북에 대한 이해는 편집자 일러두기 참조—편집자 주.
2) Sol Worth (Edited by Larry Gross), *Studying Visual Communication*(Philadelphia: University of Pennsylvania Press, 1981), pp. 162-184.
3) David Micklos, "Visual Complexity and the Function of Graphics in *Scientific American and Science 81*." Paper presented to the Graphics/Photojournalism Division, Association for Education in Journalism, Athens, Ohio, July 1982.
4) 크레딧 라인은 사진 제공자에게 감사를 나타내기 위해 그 이름을 적은 부분—역자 주.

참고 문헌

Cherry, David, *Preparing Artwork for Reproduction*(New York: Crown, 1976).

Geraci, Philip C., *Photojournalism: Making Pictures for Publication*(Dubuque, Little, Brown, 1974).

Horenstein, Henry, *Black and White Photography: A Basic Manual*(Boston: Little, Brown, 1974).

Kemp, Weston, *Photography for Visual Communicators*(Englewood Cliffs, N. J.: Prentice-Hall, 1973).

Kobre, Kenneth, *Photojournalism: The Professional's Approach*(Somerville, Mass.: Curtin & London, 1980).

Kodak, *Encyclopedia of Practical Photography*(Garden City, N.Y.: American Photographic Book Publishing Co., 1977).

10
슬라이드와 멀티미디어 프레젠테이션

"자, 그러면 전기불을 끄고 슬라이드를 봅시다."

이 말을 들을 때마다 몸이 근질근질해진다면 여러분은 아마도 나레이터에게만 흥미 있는 설명으로 가득 찬 슬라이드를 많이 보았음에 틀림없다.

그렇지만 슬라이드는 공공 커뮤니케이션의 조잡한 시스템 중 가장 쓸모 있는 커뮤니케이션 시스템이다. 잘만 제작하면 슬라이드는 훌륭한 PR 도구가 될 수 있다.

1. 경영상의 고려

우리가 보통 사진에 관한 장에서 논의한 경영상의 고려 사항 중 대부분이 슬라이드와 멀티미디어 프레젠테이션에도 적용된다. 그러나 우리는 지금 여러 장의 사진을 프로젝터에서 보여주는 이야기를 하기 때문에 이 테크닉은 이용 범위가 좁으며 좀 다른 효과를 지닌다.

슬라이드는 각 PR 모형에서 커뮤니케이터의 의도가 다를지언정 네 가지 PR 모형 각각에 다 이용될 수 있다.

> 언론 대행 모형은 슬라이드로 수동적인 수용자를 대상으로 하여 흔히 제품, 쇼, 이벤트의 프로모션에 이용한다.
>
> 공공 정보 실무자는 슬라이드를 세미나, 전시회, 오픈하우스 등에서 조직이나 프로그램에 관한 정보를 살포하기 위하여 사용한다.
>
> 쌍방 불균형 모형의 실무자는 슬라이드, 특히 멀티미디어 테크닉을 이용하는 슬라이드는 관여도가 감정을 불러일으키기 때문에 설득력이 높을 수 있음을 발견한다. 일례로 버슨 마스텔러(Burson-Marsteller) 대행사는 석유회사 간부들에게 공해 문제를 일깨워 주기 위하여 멀티미디어를 이용하여 공해 장면을 보여주었다.
>
> 쌍방 균형 모형의 커뮤니케이터는 프로그램 전체를 슬라이드에 의존하지는 않는다. 그러나 그러한 슬라이드는 조직의 예비적 입장을 표명하고 인지 공중 및 활동적 공중과 집단적으로 논의를 일으키는 유용한 방법이 될 수 있다.

1) 슬라이드는 면대면 접촉을 보완한다

슬라이드는 파트북[1) 『PR의 기능과 운영』에서 논의된 모든 특수 PR 프로그램에 사용할 수 있다. 그러나 그러한 프로그램을 통해서 목표 공중들과 집단 토론이 이루어질 때만 사용할 수 있다. 그래서 PR 실무자들은 다음과 같은 프로그램에서 슬라이드를 가장 자주 이용한다.

> 지역 사회 관계－여행, 오픈하우스, 연설, 지역사회 지도자들과의 대화를 보충하기 위하여
> 종업원 관계－특별 세미나 또는 프레젠테이션, 경제 · 교육에 관한 논의, 종업원 혜택에 관한 프레젠테이션 또는 집합적 제안에

재정 관계－주주 또는 재정 분석 전문가들에게 재정에 관한 정보를 제공하기 위한 것

프로모션과 기금 모금－구매자, 기부자, 봉사에 특별한 관심을 지닌 공중들을 위하여

교육 관계－강의 보조 재료로서

여러분은 언론 매체에 대한 퍼블리시티로서 슬라이드를 이용하고 싶어할 것이다. 그러나 언론은 슬라이드를 보기 위하여 '가만히 앉아' 있지 못할 것이다. 기자들은 질문을 퍼부을 것이다. 그러나 슬라이드는 신제품 소개 프레젠테이션으로는 효과적일 것이다.

또한 활동 공중에 대한 프레젠테이션용으로 슬라이드를 이용할 수 있으나, 활동 공중들은 이야기하고 주장하고 싶어서 슬라이드 쇼가 길어지면 참지 못할 것이기 때문에, 대화 시간 모두를 슬라이드로써 채울 수는 없을 것이다.

2) 목표, 공중 그리고 평가

다른 사진사들과 마찬가지로 여러분도 슬라이드를 상영할 때 목표와 효과를 염두에 두어라. 메시지 파지와 이해를 최대화하라. 여러분 자신에게 수용자가 이미 알고 있는 것은 무엇이며 그들에게 알려 주고 싶은 것이 무엇인지 물어 봐라.

슬라이드 상영은 좀처럼 태도와 행태를 변용 시키지 못하지만 사진보다는 이러한 효과를 가져 올 확률이 조금은 높다. 극적인 내용의 슬라이드를 연속적으로 상영하면 한번 상영에 그치는 것보다 관여도를 늘이고 감성적 영향을 가져 올 수 있다.

우리는 앞 장에서 사진은 복잡한 것이기 때문에 수동적인 공중의 주목과 관심을 모을 수 있으며 능동적 공중을 위해서는 도구적 정보가 될 수도 있다고 했다. 슬라이드 상영은, 특히 복잡한 멀티미디어 프레젠테이션으로서 시각적 복합성 때문에 그러한 효과를 증대시킬 수 있다. 그렇지만 이러한 복잡한 시각적 프레젠테이션은 흥미와 감성을 불러일으키겠지만 메

시지를 전달하는 것은 아님을 명심하라. 만일 명확한 메시지의 전달을 원한다면 프레젠테이션이 너무 복잡하지 않도록 해야 한다. 보통 사진은 구독 연구의 한 부분으로 평가될 수 있지만 슬라이드 상영의 효과를 측정하기는 쉽지 않다. 슬라이드를 방금 본 사람들에게 질문지를 내민다는 것은 너무 속이 들여다보이는 일이다.

그 대신 표본 수용자에게 슬라이드의 예비 테스트를 하라. 여러분은 파트북 『PR의 원칙과 책임』 제5장에서 제시된 것과 유사한 질문지를 이용하여 각 목적을 측정할 수 있다. 또한 신호 중단기법(signaled stopping technique)을 이용하여 수용자들이 메시지를 어떻게 이용하는지를 알아낼 수 있다. 사람들에게 슬라이드 목록을 나누어 준 다음 슬라이드 내용 설명서 옆에 다음 중 한 가지 이유로 멈추고 싶을 때는 언제든지 표시하도록 하라(혼동, 동의 또는 이해).

3) 비용과 시간에 대한 예산을 세워라

슬라이드 상영은 투입된 노동, 필름과 현상에 든 비용보다 조금 넘는 비용이 들 수도 있고 또는 여러분이 최신 장비와 전문 요원을 추가하면 훨씬 비싸질 수도 있다. 그래서 그렇게 비싼 장비에 투자하기 전에 PR 부서가 얼마나 자주 슬라이드를 상여할 것인지를 알아두어야 한다. 장비를 임차하거나 외부 전문가와 계약을 맺는 것을 생각해 보아라. 예산을 주의 깊게 세울 것이며 슬라이드 장비를 이용하게 될 빈도수를 감안한 비용을 계산해 보아라.

여러분이 알다시피 슬라이드 상영은 많은 준비와 계획을 필요로 한다. 이처럼 여러분은 갠트(Gantt) 차트와 네트워크 분석이 매우 유용한 것을 알게 될 것이다.

2. 계획과 스크립트 작성

목적을 세운 다음에는 어떤 비주얼(visuals)을 사용할 것인가는 걱정하지 말고 프레젠테이션의 요점을 정리하라. 요점 목록은 연설의 개요나 다른 형태의 매스커뮤니케이션에 해당된다. 다시 말해서 메시지의 내용은 전달할 비주얼 이미지를 고르기 전에 결정되어야 한다. 만일 비주얼 이미지부터 결정해 놓으면 전달해야 할 목적을 세우기가 어려워진다. 프레젠테이션이 미학적으로는 어느 정도 만족스러울지 몰라도 이 구체적인 점을 전달하는 데는 실패한다.

개요는 두 부분으로 나누어야 한다.

① 개별 정보 조각－단일 아이디어 또는 개념

② 비주얼 이미지 또는 개념들을 나타내는 일련의 이미지들

여기서 텔레비전 제작 기술을 이용하면 도움이 된다. 분할된 스크립트 플래닝 쉬트 한 쪽에 개념(단일 정보 조각)을, 다른 한 쪽에 비주얼 이미지를 넣어라. 결국 여러분은 개요에 제시된 중요한 점과 중요하지 않은 점 각각을 촬영하게 된다.

스크립트 개요와 시각물이 결정되면 다음에 할 일은 나레이션을 작성하는 것이다. 그러나 우선 여러분은 목적에 토대를 두어 몇 가지 중요한 결정을 내려야 한다.

> 프레젠테이션을 좀더 개인적으로 만드는 생 나레이션으로 할 것인가? 아니면 정확도와 소리와 비주얼의 적합한 조화를 높이는 녹음된 내레이션으로 할 것인가? 나레이터를 권위를 지닌 인물, 전문 아나운서 또는 종업원과 같은 현실적인 인물로 할 것인가?

스크립트가 준비되면 어느 부분에 사진 촬영이 더 필요한지의 여부가 확실해진다. 나레이션이 슬라이드 상영을 메울 만큼 충분치 못한 부분에서 발생하는 '지연'을 방지하기 위하여 비주얼을 압축시킬 필요가 있다. 이따금씩 단지 슬라이드를 한데 모으고 어떤 사람으로 하여금 읽을 스크립트를 작성하게 함으로써 만족스런 결과를 얻을 수 있음을 주목해야 한다. 나레이터가 지적하는 순간마다 스크린에 슬라이드가 불쑥 튀어 오를 것이다. 그러나 비주얼 이미지와 구두에 의한 진술을 잘못 병렬시키는 경

우도 발생한다. 사장의 사진이 스크린에 나타나듯이 나레이터는 조직의 마스코트에 관한 이야기를 한다.

나레이션의 동사나 명사는 스크린의 행동이나 사건에 해당된다.

스크립트의 '큐(cue)'라는 단어에는 밑줄을 그어 나레이터가 비주얼과 오럴(aural)이 연관되도록 하면서 그 단어를 강조할 수 있게 한다.

요점	비주얼
Pelham 회사는 센터빌에 위치하고 비즈니스계의 한부분이다.	Pelham사의 지붕 위의 싸인을 보여 주는 몇 장의 근접 사진과 함께 센터빌의 스카이라인.
Pelham사는 오염을 발생시키지 않는 일하기에 깨끗한 곳이다.	종업원들이 점심 식사하는 곳의 잔디, 화초와 소품 테이블을 보여줌.
Pelham사는 찬 곳이 아니며 비인격적인 장소가 아니다.	종업원들과 마주 앉아 대화를 나누는 사장.

슬라이드 상영은 보는 것(sight)과 듣기(hearing)의 두 가지 주요 감각을 요한다. 이 두 가지 감각이 잘 조절되면 요점을 제대로 전달하게 될 확률이 높아진다.

스크립트와 사진이 준비되기 전에 슬라이드 쇼를 시각화하기 위해서 텔레비전이나 영화의 스토리 보드와 동일한 기능을 하는 기획 보드를 준비하면 훨씬 도움이 된다. 인덱스 카드를 이용해서 사진을 각각 스케치하여 어떤 점이 시각적 이미지에 의해서 전달되는지 그 스케치 밑에 적어 놓아라. 이 스케치 카드를 전체 기획팀이 볼 수 있도록 보드에 둠으로써 빠진 부분이나 반복되는 부분을 쉽게 찾아낼 수 있다. 이러한 도구는 각기 다른 사람들이 스크립트를 준비할 때 매우 도움이 된다. 기획 보드에 둘러앉아 팀 구성원들은 완성된 제품이 어떻게 될 것인가에대한 더 훌륭한 일체감을 얻어낼 수 있다.

내레이션	비주얼
"이 지역의 젊은이는 성인들의 지도를 필요로 한다."	카운슬러가 그의 손을 십대의 어깨 위에 올려 놓고 있다.
"어떤이가 그 젊은이들에게 생활에 필요한 기술을 보여 주어야 한다."	카운슬러가 자동차 수리 지침서를 들고 있다.
"그리고 젊은이들은 스스로 배울 필요가 있다."	두 젊은이가 고장난 자동차 부품을 고치는 모습.

3. 사전 프레젠테이션의 평가

완성된 슬라이드의 시사회를 갖기 이전에 PR 부서원들에게 처음부터 끝까지 보여줄 계획을 세워라. 이를 통해서 다음과 같은 점들을 찾아내라.

상영이 너무 짧다 각 슬라이드마다 스크린에서 2 내지 3분씩 비춰 주면서 전체 슬라이드 숫자는 12개에 그치는데 각 슬라이드에 많은 양의 구체적 정보가 들어 있지 않다면 지루한 슬라이드가 될 것이다. 수용자는 고작 몇 개의 시각물을 동반한 강의에 귀를 기울이면서 어두운 방에 앉아 있기 싫어한다. 슬라이드 쇼에 시각적 정보가 아주 적다면 슬라이드 대신 포스터나 차트를 이용하는 것이 낫겠다.

상영이 너무 길다 한 시간짜리 슬라이드 프레젠테이션은 많은 양의 정보가 전달되거나 나레이터가 생동감 있는 설명으로 시청자들을 흥미 있게 만들 수 있다면 성공적일 수 있다. 일반적으로 슬라이드 상영은 질의응답 시간을 포함해서 10분 내지는 20분 정도가 적당하다. 슬라이드 상영의 길이가 옳지 못한 이유로 정해지는 경우가 종종 있다. "매 30분마다 견학이 시작되니 슬라이드 쇼는 25분짜리여야 한다."

너무 느리거나 너무 빠른 상영 너무 빨리 슬라이드를 돌리게 되면 시청자들이 중요한 점을 놓칠 경우가 생긴다. 산탄총 접근법에 의한 상영이 시각적이고 흥미를 유발할 것이라고 생각한다면 이것은 두통만 일으킬 뿐이고 시청자들의 주의력을 빼앗아 갈 것이다. 만일 슬라이드의 상영 속도를 매장마다 15초로 하듯이 엄격히 조정한다면 시청자는 편안해 하지 못할 수도 있다. 때때로 좀더 주목을 필요로 하는 슬라이드와 빨리 넘겨야 되는 슬라이드를 적당히 섞어 속도에 변화를 주어야 한다.

슬라이드 선별의 지루함 조금씩 다른 각도에서 찍은 사진을 여러 장 보게 되면 스크린상의 정보의 변화를 주겠지만 효율성은 떨어진다. 운동장에서 놀고 있는 어린이들에 대한 2장의 사진이 기술적으로 우수하며 잘 선별된 사진만큼 성공적인 젊은이 프로그램의 메시지를 전달하지 못한다. 한 큐 단어 또는 한 줄의 나레이션으로 여러 장의 사진을 설명해야 되는 경우엔 전체적 상영 자체에 대한 재점검이 필요하게 된다.

요점이 제대로 부각되지 못함 스크립트 상의 각 중요한 점은 관련된 시각적 정보에 의해 예시되어야 한다. 슬라이드를 반복 상영하면 그 문제를 해결하는 데 도움이 되지만 동일한 사진을 반복 이용하게 되면 시청자들이 속는다는 느낌을 갖게 될지도 모른다.

4. 제목, 차트와 그래픽

도표, 차트와 같은 표에 슬라이드 및 그 외의 그래픽은 슬라이드 상영에 전문성을 추가해 준다. 제목은 또한 긴 상영 시간을 여러 부분으로 나누어주고 한 주제에 다른 주제로의 전환을 마련해 주고 요점을 보장하는 데 도움이 된다.

몇몇 그래픽 상점에서는 간단한 제목과 도표를 넣을 수 있는 빈 슬라이드를 취급하지만 이러한 슬라이드는 조잡하게 보이기 때문에 비상시에만 사용해야 한다. 만일 슬라이드 상영을 치밀하게 계획하려면 처음부터 모든 제목과 그래픽을 계산해 넣어야 한다. 한 장의 인덱스카드는 각 제목마다 기획 보드에 따라 천연색으로 코드화하여 한 묶음으로 제목을 만드는 사람에게 넘겨주면 된다.

모든 제목과 그래픽은 컬러, 밝기, 색조에 일관성이 유지되도록 동일 카메라와 라이트를 사용하여 동시에 촬영해야 한다. 배경 색깔, 인쇄체, 그 이외 디자인 요소들은 사진과 조화가 이루어져야 한다. 일례로 공원에 관한 슬라이드라면 초록색과 갈색을 사용해라. 새로운 제품을 소개하는 슬라이드라면 포장에 관한 색을 찾거나 그 회사의 심볼과 관련된 색을 찾아라. 앞장에서 언급했듯이 비용이 많이 들긴 해도 컴퓨터 그래픽은 지금 가장 앞선 기술에 속하며 예산이 허락된다면 구입하여 사용하는 것이 바람직하겠다.

1) 수용자를 염두에 두어라

수용자의 구성 상태를 잊지 말아라. 중서부에 있는 한 신문사가 광고 세일즈 담당자와 소매상 광고주들을 겨냥한 디스플레이 광고에 관한 슬라이드 상영을 했다. 여기에 숫자를 가리키며 수용자를 보고 미소를 짓는 포즈를 취한 말숙하고 작은 사람의 그림을 사용했다. 이것은 중년 남자 수용자를 겨냥하는 데 효율적인 도구였다.

그러나 이 슬라이드가 대학 광고학과 학생들에게 상영되었다면 그 학생들은 그 작은 사람을 보고는 구식이라고 웃음을 터뜨렸을 것이다. 한 강사는 그 바보스런 세일즈맨을 부각시키는 슬라이드를 없앰으로써 그 문제를 해결할 수 있었다.

한 PR 부장은 상급자로부터 제목 카드의 글씨를 손으로 쓴 것 같이 만들라는 충고를 받은 적이 있다. 그 상급자의 말에 의하면 그 슬라이드 상영은 너무 우아해 보여서 마치 정보 캠페인에 부정적으로 작용할지도 모르는 아주 독선적인 인상을 줄지도 모른다는 것이다.

2) 준비는 간단하게

예술 부문의 훈련을 받지 않은 PR 실무자일지라도 전사체 글자와 무반사 카드를 이용하여 제목 카드를 만들 수 있다. 만일 여러분이 표제를 35mm 카메라를 이용하여 카피 스탠드에 찍는다면 실제 제목 영역을 7×10 1/2 인치로 축소시키는 선이 그어진 9×12 인치 카드를 이용해라. 계획하는 과정에 여러분은 어느 단어, 어느 문구 또는 전체 제목과 차트가 둘 또는 그 이상의 카드에서 반복될 것인가를 생각해낼 수 있다. 이러한 요소들을 다음 카드에 옮겨서 매번 재사용할 수 있도록 움직일 수 있는 판에 놓아두어야 한다.

읽기 힘든 제목과 차트는 그 목적을 수행할 수 없다. 슬라이드에 너무 많은 정보를 집어넣는다거나 스크린에서 2~3피트 거리에서도 보기 힘든 작은 활자를 이용하게 되면 읽기 어려운 슬라이드가 되고 만다. 코닥에서 발행된 소책자에는 각 장 끝에 활자의 크기와 시계거리의 적당한 비율을 제시하고 있다. 지나치게 화려한 활자체를 사용하고 그래픽 요소들과 그 배경간의 대조가 불충분하면 비효과적인 슬라이드가 된다.

5. 기본적 슬라이드 상영 장비

앞장에서 언급한 대로 외부 자유 사진기고가들을 고용하여 사진을 촬영하게 할 수도 있다. 그러나 슬라이드를 교육용과 프로모션용으로 정기적으로 제작하고 싶은 PR 부서는 몇 가지 기본적인 장비를 구입해야 한다.

카메라 슬라이드는 보통 35mm 반사 카메라로 촬영한다. 반사 카메라의 렌즈를 통하여 관찰하면 촬영할 때 정확한 프레임 구성 상태를 알 수 있다. 여러분은 제목을 만드는 데 필수적인 클로즈업 렌즈가 장착된 카메라를 갖기 원할 것이다. 광각 렌즈를 이용하면 좁은 공간에서 훌륭한 촬영을 해낼 수 있다.
삼각대(tripod)와 케이블 릴리즈를 구입할 계획을 세워라. 이 두 가지는 안정되고 선명한 촬영을 하는 데 도움을 준다.

카피 스탠드 제목과 차트를 만들고 사진을 복제하는 데 카피 스탠드는 필수품이다. 이 스탠드는 복제될 자료가 놓여지는 판판한 지면에 카메라를 평형 상태로 놓는 데 도움이 되며 또한 복제물로부터 반사가 되지 않도록 필요한 라이트를 적당한 위치에 고정시키는 데 사용된다.
코닥의 엑타그래픽 비주얼메이커(Ektagraphic Visualmaker)가 비교적 저렴한 가격의 카피 기구이다. 그러나 가격이 문제가 안 된다면 트로핑과 포지셔닝에 대한 안내서와 마스크가 포함된 전문적 모형을 원하게 될 것이다.

라이트 제목과 복제 작업과 좁은 공간에서 촬영한 클로즈업 사진을 위해서 여러분은 삼각대에 장착된 사진 촬영용 투광 조명등과 반사경을 필요로 할 것이다. 한 라이트는 조명도를 높이는 데 사용할 수 있으며 다른 라이트는 얼굴 주변이나 그 외의 그늘을 밝게 하는 데 사용한다.

편집 스탠드 편집 스탠드는 슬라이드를 비춰 보고 정리 할 수 있도록 뒤에서 불빛이 비치는 반투명체 표면이다. 가급적이면 큰 것으로 준비하여 한꺼번에 80 내지 100장의 슬라이드를 편집할 수 있어야 한다.

저장 열, 먼지, 급격한 온도의 변화는 슬라이드의 적에 해당된다. 슬라이드는 트레이에 넣어 철제 캐비넷에 보관해야 한다. 복제된 슬라이드와 아직 상영되지 않은 슬라이드는 플라스틱으로 칸막이 된 페이지에 보관해 둔다.

프로젝터와 부속품 프로젝터를 사고자 할 때 여러분은 프레젠테이션을 향상시킬 수 있는 특징과 부속품이 포함되느냐의 여부를 토대로 결정하게 된다. 리모트콘트롤 체계를 이용하면 상영 기사가 프로젝터 앞에 서 있지 않아도 된다. 페이드 디졸브 메커니즘은 둘 또는 그 이상의 프로젝터가 협력하여 작동할 수 있게 조정해 준다. 그 외의 애드온(add-on) 녹음기로써 화면과 음향을 일치시킨다. 코닥의 유명한 카루셀(Carousel)은 이 분야에서 선두주자이지만 다른 회사에서도 이와 유사한 장비를 생산해 내고 있다.

6. 멀티미디어 프레젠테이션

슬라이드 상영은 손으로 조작하는 프로젝터의 찰카닥 하는 소리와 깜박거리는 특성을 지닌다. 이에 반하여 영화는 지속적이고 부드러운 사진의 몽타주를 제공한다. 이러한 구분은 페이드 디졸브 메커니즘의 개발과 복합적 이미지의 개발로 흐려지게 되었다.

Bell System 마케팅 전문가들이 고객들에게 새로운 커뮤니케이션 시스팀을 보여줬을 때 그것은 단지 슬라이드 상영이 아니었다. 안락의자, 완벽한 음향 시설, 그리고 조명 시설을 갖춘 특별 세미나실에서 대형 스크린을 이용한 상영이었다(AT&T 제공).

슬라이드 상영은 다음과 같은 멀티미디어 접근법 중 하나를 이용함으로써 크게 향상되고 있다.

2중 프로젝터 페이드 디졸브(Fade-Dissolve) 코닥 카루셀 디졸브 콘트롤과 연결된 2중 프로젝터는 한 슬라이드가 사라지면 또 다른 슬라이드가 등장하여 마치 움직이는 이미지를 주는 슬라이드의 상영을 가능케 한다. 슬라이드를 편집한 후 홀수 번호 슬라이드는 한 묶음으로, 짝수 번호 슬라이드는 또 다른 묶음으로 처리하여 둔다. 프로젝터는 나란히 놓아두거나 포개 놓아둔다. 프레임은 포개 놓는다. 디졸브 콘트롤 메커니즘은 리모트 스위치를 풀게 되면 자동적으로 한 프로젝터에서 다른 프로젝터로 바뀐다.

슬라이드 테이프 동시성 슬라이드 상영을 하고 난 다음 상영 기사가 프로젝터 스위치를 누를 때마다 녹음된 사운드트랙에서 시끄러운 '단속음(beep)'을 들을 필요는 없다. 다음 슬라이드를 위한 큐를 나레이션과 배경 음악을 한쪽 트랙에서만 전담하는 스테레오테이프 레코더의 두 번째 트랙에 넣을 수 있다. 그리고 레코더와 프로젝터 외에도 여러분은 슬라이드 상영에 필요한 장비를 연결시키고 자동적으로 조정하는 코닥 카루셀 사운드 신디사이저(Carousel Sound Synchronizer)가 필요하게 될 것이다. 테이프 레코더, 프로젝터, 싱크로나이저를 넣는 대형 캐비넷은 슬라이드 상영이 반복되는 전시회에서 이용된다.

모자이크 프레젠테이션 창의성, 인내력, 적당한 예산이 확보되고 직원 중에 시청각 전문자가 있다면 8개의 프로젝터를 한꺼번에 가동시키는 대형 스크린 프레젠테이션으로 수용자를 깜짝 놀랠 수 있다. 네 쌍의 프로젝터를 나란히 놓고 각 쌍이 페이딩과 디졸빙으로 스크린의 1/4을 차지하게 함으로써 영화와 흡사한 슬라이드 상영을 할 수 있다. 여러분은 스크린에 기업의 본사의 빌딩을 비추면서 스크린의 다른 부분에는 본사에서 행해지는 여러 가지 활동을 보여 주는 파노라마를 연출할 수도 있다. 여러분에게 멀티파트 스크립트를 읽을 수 있고 장비를 잘 다룰 수 있는 프로젝트 전문가가 있다면 슬라이드 상영 과정에서 부분적으로 동영상(moving pictures)을 사용할 수도 있다.

여러분의 회사가 이처럼 복잡한 슬라이드 상영을 고려한다면 여러분은 컴퓨터로 조정되는 복합 미디어 프레젠테이션을 위한 최신 시청각 장비 공급자의 조언을 받아 구입해야 한다.

지금은 모든 프로젝터큐와 음향큐를 미리 프로그램화하여 슬라이드 상영을 효율적으로 할 수 있다.

컴퓨터화하든, 안 하든 복잡한 멀티미디어 상영을 준비하고 연습하는 데 수백 시간을 요한다. 심지어 모든 프로젝터에 값비싼 램프를 갈아 끼워야 하는 일이 발생하지만 이것은 스크린 전체에 이미지를 일관성 있게 투영할 수 있게 해준다. 수용자에게 인상적인 것을 제공하기 원한다면 이러한 접근법은 그만한 가치를 지닌다.

주

1) 파트북에 대한 이해는 편집자 일러두기 참조—편집자 주.

참고 문헌

Kodak publication No. T-43, "A Simple Wooden Copying Stand for Making Title Slides and Filmstrips"(Rochester: Kodak, 1976).

Kodak publication No. V1-30, "Effective Visual Presentation"(Rochester: Kodak, 1978).

Kodak publication No. AE-92, "Selecting Slides for Color Prints and Duplicate Slides"(Rochester: Kodak, 1976).

Kodak publication No. AA-6, "Slide Showmanship with a Kodak Carousel Projector" (Rochester: Kodak, 1975).

Minor, Ed, and Harvey R. Frye, *Techniques for Producing Visual Instructional Media*(New York: McGraw-Hill, 1970).

Ward, John, "Slide Shows: Turning Professional," *Audio-Visual Communications* (January 1978): 28, 62-64.

11
영상물

새롭게 설립된 뉴저지 체육진흥국이 문제를 안게 됐다. 시민이나 투자가들, 은행, 그리고 주의 다른 기관들이 그들이 하고 있는 일에 의구심을 나타낸 것이다. 뉴욕시에 가려져 있다시피 한 뉴저지의 목초지(meadowlands)에 새로운 스타디움과 경기장, 레이스 트랙을 건설한다는 것이 가능하며, 바람직한 일일까? 언론과 주의회 역시 회의적이었다.

체육 당국은 그들의 야심만만한 개발 계획이 충분한 검토를 거친 것이라고 생각하고 있었기에 개발 계획을 홍보하기 위해 16mm 컬러 필름을 만들기로 하였다. 홍보필름은 이 거대한 사업이 가능하기도 하며 또 필요하다는 느낌이 들도록 꾸며졌으며, 뉴저지 사람들이라면 모두 갖고 있는 자긍심에도 호소할 수 있게끔 만들어졌다.

이 필름은 끝없는 지평선의 모습을 앞머리에 보여 주면서, 현대화된 고속도로와 철로로 이어진 대지의 광활한 아름다움으로 관객을 사로잡았다, 여기에는 뉴욕 시의 마천루를 오른쪽으로 하고, 왼쪽은 뉴저지 전원도시의 주요 중심부들이 보인다. 카메라가 축구 경기장과 레이스 트랙을 전면으로 쓸고 지나갈 때, 이것은 강력한 음악 소리를 배경으로 하여 정지사진(still photo)이 보여줄 수 있는 것보다 훨씬 더 관객의 상상력을 자극시켰다.

비슷하게 개발 기금과 지역의 경제적 성장을 예측 설명해 주는 그래픽은 생생한 색채로 그려졌다. 이것은 봉사 인력의 수와 예상 수입, 고용 효과에 대한 사실적 정보 제공에 한결 생동감을 덧붙여 주었다. 심지어, 회의적이었던 기자들조차 언론 시사회에서 좀더 구체적인 사실적 정보를 알고 싶어 했다. 영상화된 메시지의 효과는 주목할 만한 것이었다. 사실, 높은 수준의 필름은 체육 당국의 경영 관리의 열의와 전문성을 말해 주는 상징적 증거가 되었던 것이다.

(필름은 항상 체육 당국의 PR 담당진에 의한 짧은 소개가 있은 뒤에 상영되었다. 이들은 또 필름을 보여 준 직후에 관객들의 질문을 받았다. 체육 당국의 PR 부서는 잠깐 동안의 영화 상영 하나로는 관객을 이성적으로 보다는 감성적으로 오도하려는 듯이 보일 수도 있다는 것을 알고 있었기 때문이다.)

오늘날 '메도우랜드 스포츠 콤플렉스'는 현실이 되었다. 이것은 풋볼팀 자이언트, 축구팀 코스모스, 농구팀 네츠, 하키팀 데블스, 경마 경주의 최고 이벤트인 함블토니안의 고향이다. 필름은 이 성공 사례들에 중요한 역할을 하였다.

누구나 영사기가 돌아가기 시작하고, 조명이 꺼지며 영상이 스크린을 흐를 때의 흥분을 즐긴다. 특히 필름은 그 새로운 특성으로 인해 20세기 초 이래 사실상 프로모션에 이용되어 왔다. 1913년 노예였던 흑인들을 교육시키기 위해 설립된 햄프톤대학은 흑인 청년들을 모집하기 위해 대학 생활을 묘사하는 다큐멘터리 필름을 만들었다.[1] 일찍이 미국 정부는 제1차 세계대전에서 군 장병 모집을 촉진하기 위한 것에서부터 물자 절약, 전시 공채 모집, 외국의 선전에 대응하기 위한 것에 이르기까지 필름을 이용했었다.[2]

다음은 PR에 있어서 필름의 역할에 대한 근래의 사례들이다.

메릴 린치의 중개회사가 조사한 결과에 따르면, 여성은 투자의 주요 잠재원이지만 많은 여성들이 그것이 어떻게 이익이 되는지 이해하지 못하는 한 투자하려 들지 않음을 보여주고 있다. 또한 여성 투자가들은 남성에 비해 개인적인 접근 방식을 더 원하고 있었다. 따라서 회사는 전문직 여성, 직장 여성, 그리고 남편과 사별하고 혼자 사는 여성들의 재정 문제에 관한 필름을 제작했다. 이 필름은 메릴 린치가 주최하는 세미나에, 특히 여성을 위한 세미나에 사용되었다.3)

위스콘신주의 워터타운에 있는 베데스타 루터란 교회에서는 정신박약과 장애인 보호시설에 대한 NBC 다큐멘터리 필름을 사용해 왔다. 그러나 이 시설이 최신기법의 치료와 훈련을 도입하게 되면서 새로운 필름이 필요하게 되었다. 치료 과정에 기독교 정신의 역할을 강조한 새 필름의 출연진은 치료팀과 환자들, 그리고 교회를 가득 메웠던 200명의 지역 구민들이었다. 〈희망을 앞에 두고〉라는 이 필름은 수백 개로 복사되어 교회와 지역사회 그룹, 학교, 신학교, 사회운동단체, 정신 건강 워크숍, 미래의 기부자들 앞에서 상영되었다.4)

거의 대부분의 미국인들은 맥도날드의 '올 아메리칸 핸드볼'의 시가행진과 로즈볼 경기 장면 또는 머시의 추수감사절 시가행진을 보아왔다. 선발 절차에 관계되는 음악 교사나 교장 선생님 그리고 학생들을 모집하기 위해서 햄버거 체인은 아주 신나는 필름, 〈뮤지컬 올 아메리칸〉을 배포했다. 이 필름은 참가자 선발을 위한 음성 테스트와 연습 장면, 실제 시가행진의 주요 장면들을 보여주고 있다.5)

대기업에 의해 만들어지는 산업 필름들은 새로운 에너지원의 개발을 위한 회사의 노력을 상세히 설명하는 딱딱한 내용의 메시지부터 제목 밑에 오직 후원사의 이름만이 소개되는 프로모션용 필름들, 예를 들면, 인류의 역사나 인간의 지혜를 돌아다보는 연성화된 메시지에 이르기까지 다양하다. 코닥이나 제너럴 모터스와 같은 거대기업들이 세계박람회에서 보여준 360°로 보는 특수 스크린이나 와이드 스크린 같은 것들처럼 카이저 알루미늄 화학 주식회사를 위해 만들어진 수상작품 〈인간은 왜 창조되었는가〉도 연성화된 필름의 한 예이다.6) 산업계와 정부, 또는 소비자와의 관계를 보다 공개적으로 다루고 있는 필름들은 몬산토의 〈삶의 화학적 사실들〉, 프록터앤갬블의 〈누구 듣는 이 없나?〉 또는 텍사코의 〈대단한 일〉 등을 들 수 있다.7)

오염 물질이나 핵에너지 문제에 대한 대기업의 메시지에 대응하여 그린 마운틴 포스트와 같은 사회운동 단체들은 〈러브조이의 핵전쟁〉과 같은 다큐멘터리 필름을 마련하여 배포하고 있다. 이 필름은 핵발전소를 건설하려는 당국의 계획에 맞서 싸우는 한 사람의 시민 불복종 운동을 그리고 있다. 이 내용은 책자를 통해 홍보되고, 환경보호단체나 정치 운동단체에 빌려주거나 판매되고 있다.[8)]

1. 경영 관리상의 고려 사항

앞의 예들은 PR의 4개 모델을 담고 있다. 필름은 직원이나 지역사회 모임에서, 또는 학교와 박물관, 박람회장 그리고 다른 전시장… 등에서 상영되도록 제작될 수 있다. 필름은 프로모션 목적으로, 정보 제공을 위해, 설득을 위해 또는 주요 공중과의 대화를 촉진시키기 위해 만들어질 수 있다.

다른 시각 매체와 마찬가지로 필름은 특히 '수동적 공중(passive public)'과 '저관여 공중(low involvement public)'에게 적합하다. 사람들은 비록 필름이 실질적인 정보를 담고 있지 않다 하더라도 필름을 즐기면서 '소비' 한다(교수가 강의 대신에 필름을 보여 줄 때의 즐거움을 생각해 보라!). 필름은 또한 흥미 있고 유용한 정보를 제공한다.

1) 필름 역시 목표에 맞아야

사진이나 슬라이드를 보여 주는 것과 마찬가지로 필름 역시 메시지의 기억과 수용을 극대화시킨다. 또한 태도나 행동을 변화시키는데 도움이 될 수도 있다. 시청자를 대상으로 이 같은 4가지 커뮤니케이션 효과를 측정하는 설문지를 만들어 필름을 평가해 보라.

만약 당신의 조직이 여러 가지 필름을 사용한다면 당신은 인쇄물의 경우에서 사용하는 신호 중단기법(SST, Signaled Stopping Technique)과 같은 방식으로 필름을 평가하기 위한 수용자 분석기를 구입할 수 있다. 수용자 분석기는 시청자가 필름을 보면서 그들의 견해에 따라 버튼을 눌러 반응을 기록할 수 있도록 되어 있다. 버튼들은 SST의 방식과 비슷하게 반응의 종류에 따라 구분되어 있다. 즉, 흥미 있다, 지루하다, 동의한다, 혼동

된다 등…. 컴퓨터가 이 반응을 필름의 순서와 연관시켜 기록한다.

만약 당신이 수용자 분석기를 살 여유가 없다면 조사 대상이 된 시청자에게 필름 대본을 나눠주고 그들이 필름을 시청함에 따라 위와 같은 기록을 하도록 요청하면 된다. 기계적 장치에 비해 이 방법은 시청자의 시청 행위를 방해하지만 그래도 그럴 듯한 대안이라고 할 수 있다.

2) 필름은 시간과 돈이 든다

워싱턴의 미 농림부는 할리우드를 제외하고는 가장 많은 필름을 만들고 있다. 몇몇의 PR 부서는 영상 전문가들을 보유하고 있지만 제작 시설을 갖추고 있는 부서는 얼마 되지 않는다. 통상적으로는 외부의 필름 제작자들과 촬영 계약을 맺으며, 특정한 부문으로 편집되어, 다 완성된 다음 복제 된다.[9)]

확실한 것은 PR 관리자가 표적 공중에 적합한 매체로서 필름을 선택하기 전에 신중한 조사와 계획이 선행되어야 한다는 점이다. 만약 필름을 선택하게 된다면 자체 제작과 외부 제작비용의 차이를 비교하거나 또는 둘을 혼합했을 경우를 비교해 보아야만 한다.

필름 역시 복잡한 시간상의 투자를 필요로 한다. 만약 필름이 특정 시간 안에 제작되어야만 한다면 제작 활동의 시간적 순서를 계획해야 된다. 비록 필름이 결정적인 마감 시간이 정해져 있지 않다 하더라도 네트워크 분석은 시간의 낭비를 피할 수 있도록 해줄 것이다. 예를 들어 이미 일을 끝낸 대본 작가를 필름 제작진이 기다리고 있는 경우가 그렇다.

2. 포맷의 선정

'슈퍼 8(super 8)'은 소위 아마추어 또는 가정용 필름 포맷으로 값싸고 사용하기 쉽게 만들어졌다. 그러나 Super 8 카메라나 영사기, 기타 부속물들은 점차 고급화되어 가는 경향이다. 소형 8mm 포맷이 16mm를 대체하고 있는 것이다. 이것은 '극장용' 35mm에 의해 지배되던 시장을 16mm

가 차지하게 되었던 것과 마찬가지이다. 농업문제 언론인 오리온 새뮤얼슨이 1978년 무역 대표단을 따라 중국에 갔을 때, 중국 정부는 그에게 오직 슈퍼 8 카메라만으로 촬영하도록 제한했다. 만약 그들이 그가 찍은 필름의 영향을 줄이고자 원했다면 그들은 잘못한 셈이다. 촬영에 쓰인 필름의 길이는 공영방송 PBS의 맥닐/레러 뉴스시간에 사용될 만큼 훌륭했기 때문이다.

슈퍼 8에 사용되는 대부분의 사운드 시스템은 PR용이 필요로 하는 기준에는 미치지 못한다. 따라서 소형 포맷은 실제 설명자가 자리에 함께 할 수 있는 경우에 보다 적합하다. 그러나 신축 건물의 다큐멘터리나 기공식과 같은 특별 행사를 기록하는 데는 슈퍼 8로도 충분하다.

슈퍼 8의 등장에도 불구하고 16mm 필름 포맷은 텔레비전이나 학교 보급용, 또는 정부나 산업계의 훈련용 사운드필름에 보다 적절한 표준형이다. 16mm 필름으로부터 나오는 영상은 2,000명의 청중이 앉아 있는 실내에서조차 밝고 명확하다. 그리고 16mm 영사기를 위해 개발된 사운드 시스템 역시 비슷하게 효과적이다. 필름 편집자는 16mm를 선호한다. 그 이유는 이것이 다루기에도, 자르기에도 쉽기 때문이다. 또한 촬영 장면을 빛에 비춰 볼 때 영상을 보기가 훨씬 쉽기 때문이다. 필름 제작실은 16mm용의 모든 종류의 특별 효과 장비, 예를 들면, 영상을 지우고, 천천히 사라지게 하고, 점차 나타나게 하는 것들을 위한 장비들로 가득 차 있다.

3. 필름의 계획 설계와 극본 짜기

대부분의 필름은 일반적인 아이디어로 시작된다. 그 아이디어는 개요의 형태로 아래처럼 정리된다.

> 이 10분짜리 필름은 두 사람이 카누를 타고 델라웨어 강을 따라 여행하는 내용을 다룬다. 그들은 미리 예정된 델라웨어 워터갭의 북쪽 지점으로부터 출발한다. 이 여행의 첫 번째 부분은 아름답고 평화로우며, 아무런 일도 일어나지 않은 채, 자연의 모습을 즐기는 사람들의 마음을

사로잡는다. 그러나 필라델피아 대도시 부근에 가까워지면서 오염 상태와 수질 변화가 증가한다. 그리고, 산업 폐기물이 강으로 쏟아져 들어오는 곳에서 이들이 여행을 포기하게 되는 장면은 인간이 가장 소중한 자원을 어떻게 망치고 있는지를 말해 주게 된다.

필름의 핵심 요점, 그리고 스타일 또는 분위기를 말해 주기 위한 내용은 100단어 형태로 압축되어있어야 한다. 대본이 승인을 받게 되면 필름에 담겨질 각 장면의 모든 것(반드시 한 장 한 장의 사진마다 설명할 필요는 없다)을 설명하는'세부 지침'을 준비하게 된다. 위에 주어진 예에서'세부 지침'은 아마도 다음과 같이 시작될 수 있겠다.

두 사람이 카누를 실은 차를 몰고 델라웨어 워터갭 사인이 서 있는 지점을 지나는 것으로 시작한다. 그들의 차는 강 쪽으로 가는 비포장 도로를 만나게 된다. 그들은 차를 멈추고 빠져 나와 심호흡을 하며 신선한 공기를 들이마신다. 그리고는 물 위에서 노는 오리들을 가리킨다. 차 범퍼 위에 지도를 펼쳐 놓고 강을 따라 가게 될 그들의 여정을 점검 한다.

개요처럼, 세부 지침은 PR 매니저가 필름을 시각화시켜 볼 수 있게끔 돕는다. 이것이 승인을 받게 되면 당신은 〈도표 11-1〉에 있는 것과 같이 카메라의 방향과 시간, 대화로 완결된 대본을 준비해도 된다.

대본에 덧붙여, 필름의 개별 샷에 대한 스케치가 있는 스토리보드를 준비하는 것이 좋다. 이것은 인물들의 움직임, 그리고 줌 인(zoom in), 풀 백(pull back), 또는 팬(pan) 등과 같은 카메라 움직임과 더불어 프레임 안의 대상들이 갖는 관계를 나타낼 수 있기 때문이다. 대부분의 PR 필름들은 집단적인 협조에 의해 이루어지며, 필름에 대해서는 아무 경험이 없을지도 모르는 최고 경영자의 결재를 필요로 한다. 스토리보드는 초기의 계획 단계에서 경영자에게 필름 내용을 시각적으로 제시할 수 있게끔 해 준다. 또한 스토리보드에 포함되어야 할 것들 중에는 타이틀 보드, 자료 제공자나 협조자에 대한 치사, 스틸 사진 차트나 그래픽이 들어가야만 한다. 이

도표 11-1 '댈라웨어를 따라 내려가면'

장면 1/shot 1 (롱 샷) 10초간

카누를 위에 실은 승용차가 나무들과 담장을 배경으로 고속도로를 따라 달리고 있다. 카메라는 왼쪽에서 오른쪽으로 움직이며 '델라웨어 워터갭' 표지판이 오른쪽 시야에 들어 올 때까지 파노라마로 찍는다.

장면 1/shot 2 (미디움 샷) (대략) 5초간

정지 카메라. 표지판이 스크린의 반쪽을 채우며 왼쪽의 반은 고속도로로 채워진다. 샷은 텅 빈 고속도로를 시작으로 카누를 실은 승용차가 표지판을 지나갈 때까지 따라 찍는다.

장면 1/shot 3 (클로즈업) 10초간

오른쪽 각도에서 움직이는 차를 따라 샷을 앞뒤로 움직이며 바깥 창 족에서 카누를 타고 있는 두 사람의 모습을 프레임에 담는다. 바깥쪽에 있은 사람이 차창을 통해 손가락질하는 제스처를 보인다.

장면 1/shot 4 (미디움 롱 샷) 3초간

창문을 통해 보이는 전경. 본선 고속도로로부터 강 쪽으로 갈라지는 비포장 도로가 나타난다.

장면 1/shot 5 (클로즈업) 5초간

장면 1의 3과 마찬가지. 승용차 승객의 '바로 저기야'를 나타내는 머리 끄덕임.

러한 것들은 아트 부서에 의해 준비되며, 스튜디오 조명으로 촬영되고 최종 필름으로 편집된다(벨 시스템 사가 전화의 역사에 대한 다큐멘터리의 일부로 역사적인 흑백 스틸 사진을 사용했을 때, 사진에 검은 세피아 색조와 다른 색조를 첨가했는데 이것은 오래된 사진을 보다 생생하게 보이게끔 한다).

4. 프로모션을 위한 준비

완성된 필름이 그 배포를 위해 복제되는 동안, PR 부서는 필름의 프로모션을 위한 계획을 세워야만 한다. 여기서 포스터와 브로셔가 필름 상영을 홍보하기 위해 인쇄될 수 있다. 시청자들은 필름에 담겨진 정보를 일일이 기억하기 어렵기 때문에 구체적 정보를 담은 사실제공 인쇄물을 준비해 영화상영 때 제공하는 방법도 있다.

필름이 학교나 대학에서 사용될 수 있을까? 대부분의 교육자들은 필름의 상영과 함께 교실에서 사용할 수 있는 학습 지침서나 관계 문헌, 배경 정보, 기타 다른 인쇄 자료들을 원한다.[10] 필립스 석유회사는 미국의 경제적 발전에 대한 고등학교 수준의 〈미국 기업〉이라는 시리즈물을 만들어 배포하였는데 이것은 소규모 교과 과정과 토론 지침서, 학생들을 위한 학습 과제들을 포함하고 있다.[11]

5. 필름의 배포

필름이 준비된 뒤 어떻게 그것을 의도된 수용자들에게 보여줄 수 있을 것인가? 대부분의 PR인들은 거의 자동적으로 필름을 보게 될 사람들의 숫자를 극대화시킬 생각만 한다. 그러나 일반적인 관람자 수의 크기와 표적공중에의 도달은 같은 것이 아니다. 아주 소수의 사람들만이 표적공중을 대상으로 필름이 성공적으로 배포되었는가를 생각한다. 이처럼, 커뮤니케이션 목표의 달성은 얼마나 많은 수의 표적공중이 필름을 보았는가를 점검해 봄으로써 측정할 수 있다.

다음은 PR 부서가 필름의 메시지를 전달하게 되는 많지 않은 몇 개 방안들이다. 각각의 배포 경로를 통해 도달하게 되는 공중은 어떤 종류의 사람들일까도 생각해 보자.

시청각 서비스를 하든가 필름을 배포하는 사람들은 산업 필름이나 홍보용 필름을 설명하는 여러 가지 인쇄물들을 준비하고 배포한다. 교육자들이나 클럽의 프로그램 책임자, 그리고 서비스 단체들에게는 필름을 무상으로 대여해 줄 수 있다. 이런 경우에는 당신의 조직이 개개의 상영 비용을 지불한다. 그 대신, 필름의 배포를 폭넓게 할 수 있으며 다양한 특성의 관람자가 얼마나 많이 필름을 보았는지 알게 된다.

또한 단편 산업영화는 영화관에서도 상영된다. 필름 배포자와 극장 소유주의 지역협회는 영화관의 목록을 제공해 주며, PR 필름을 그들의 영화 프로에 끼워 사용하도록 연결시켜 준다. 예를 들면 '고속도로 안전'을 위한 보험회사는 극장 체인에 대해 자동차의 안전띠 사용과 자동 공기주머니, 안전유리 등을 사용할 것을 권장하는 10분짜리 필름이 상영되도록 설득할 수도 있다.[12)]

만약 당신의 조직이 지원과 인력을 갖고, 자체 광고와 계약, 인쇄물 발송, 필름의 유지관리를 원한다면 당신은 학교나 전문직업협회의 전국 연합회로부터 교육자들이나 클럽 회원들의 주소와 명단을 구할 수 있다.

당신 자신의 직원들은 PR 필름의 첫 번째 관람자이며, 그들은 당신의 조직체가 지역 단체 네트워크, 예를 들면 PTA(Parent-Teacher Association)나 친목 단체, 교회, 전문직 단체들과 연결되는 연결점이다. 예를 들면, 당신의 변호사는 법률가 협회의 회원이며 당신의 회계사는 주협회와 전국협회에 소속되어 있으며, 당신의 PR인들은 반드시 저널리즘이나 공공 서비스 단체에 소속되어 있다. 모든 사람들이 잠재적 수용자라고 볼 수 있다.

케이블 텔레비전은 앞부분(제5장)에서 언급하였듯이 무료 필름을 아주 환영한다. 만약 당신의 조직이 고객에게 정기적으로 고지서를 보낸다면 수용자를 찾기 위한 방안으로서는 고지서를 사용하는 것이 좋다. 전화회사의 미니 뉴스레터는 흔히 커뮤니케이션이나 테크놀러지, 또는 미국

역사에 대한 필름의 목록을 싣고 있다. 필름을 홍보하고 상영하기 위한 가장 좋은 시기는 교사나 클럽의 프로그램 책임자가 내년도 계획을 짜게 되는 때이다.

사람들이 모이는 곳은 모두 필름을 상영할 수 있는 좋은 장소가 된다. 상품 전람회장이나 기타 박람회장, 공항, 그리고 기차 정거장 등은 소극장의 위치로서 아주 훌륭하다. 왜냐하면, 지루하고 무엇인가를 기다리거나, 또는 머리를 식히고 싶은 일련의 군중들을 끌어 모을 수 있기 때문이다.

6. 적합한 필름 상영

물론 가능할 때마다 당신은 필름이 적절한 때에 상영될 수 있도록 조절하여야만 한다. 최선의 결과를 얻기 위해서는 다음 내용을 점검해 보라.

① 필름이 상영될 방이 화면의 질적 수준을 유지하고 주의 집중이 잘 될 수 있게끔 충분히 어두워야 한다. 완벽한 관람을 위해서는 관람석이 스크린 중앙으로부터 30도 각도를 벗어나지 않도록 해야 된다(코닥의 고객 서비스 팜프렛 AD-43은 다양한 스크린 넓이와, 렌즈에 따른 최적의 영사 거리를 소개해 주고 있다).

② 영사기를 안정되게 고정시킬 수 있는지, 또 적절한 전기 코드를 사용할 수 있는지 미리 확인한다. 전기 코드를 사람들의 왕래로부터 안전하게 보호할 수 있도록 마루에 플라스틱 테이프로 고정시킨다.

③ 여분의 영사기 램프를 확보한다. 만약 영사 램프가 꺼지게 되는 경우가 있다면, 보통은 처음 영사기를 켤 때 일어난다. 음성 영사기는 광음성 시스템의 일부로서 제2램프를 필요로 한다. 각 영사기는 끊어지거나 나빠질 수 있는 퓨즈를 갖고 있다. 이런 물건들은 그 여분을 항상 확보해 놓는다. 또한 필름이 끊어질 경우를 대비해서 응급 접착제를 갖추어 놓는다. 마스킹 테이프가 이와 같은 일을 쉽게 해준다.

④ 상영할 필름을 영사기에 걸기 전에 중요하지 않은 소규모 필름으로 영사기를 테스트 한다. 또한, 만약에 당신이 필름 앞쪽에 빈 테이프를 충분히 갖고 있다면 영사기가 작동 불량일 경우, 소중한 필름 대신 앞쪽의 빈 테이프가 상할 것이다. 조심스런 영사기사는 필름을 제목의 첫 번째 프레임에다 미리 맞추어 놓은 다음에 관람자들이 준비될 때까지 기다릴 것이다.

⑤ 필름의 상영이 방해될 경우를 예상하여 대응 계획을 마련한다. 이것은 다른 어떤 사람이 몇 마디 말을 해줌으로써 영사기로부터 관람객들의 주의를 돌려놓을 수도 있을 것이라는 말이다. 이때는 필름에서 보게 될 정보 내용을 반복하기보다는 필름 내용과 관련된 얘깃거리가 보다 적절할 것이다.

⑥ 필름 상영이 끝나자마자 필름은 되감아 놓고, 영사기는 닦아서 손질을 하여 다음 상영에 대비해 시원하고 건조한 장소에 보관한다.

조심성과 준비성은 그럴 만한 가치가 있다. 왜냐하면 적절하게 상영된 필름은 당신의 조직이 미래에 대한 안목을 갖고 있으며, 자원을 적절하게 배분할 능력과 성취해야 될 일이 무엇인가에 대한 좋은 시식을 확보하고 있음을 말해 주기 때문이다.[13]

주

1) Nickieann Fleener, "Using Sponsored Films to Tell Story: A Contribution of the Hampton Institute to the Evolution of Public Relations Practice in Higher Education." Paper presented to the PR division of the Association for Education in Journalism, Boston, August, 1980.
2) Richard Dyer MacCann, *The People's Films: A Political History of U. S. Goverment Motion Pictures*(New York: Hastings House, 1973).
3) Case study of a 1980 PRSA Silver Anvil Award winner.
4) Marlys Taege, "Hospital Film Produced to Serve Dual Function," *IABC News* (December 1980): 6.
5) Carl H. Lenz, "How to Use PRint Power in Film," *Public Relations Journal* (September 1978): 30-35.
6) Ott Coelln, "The Business Side of Picture Street," *Public Relations Journal* (September 1980): 14-16, 34.
7) Will A. Parker, "PR Films: Populist Pressures and Cinematic Excellence," *Public Relations Journal* (September 1978): 28-29.
8) Green Mountain Post Films Bulletin (Spring 1980).
9) G. William Gray, "How to Pick Your Film Producer," *Public Relations Journal* (September 1981): 20-24; see also Sam H. Saran and Charles A. Nekvasil, "Inland Steel's Experience," sidebar to preceding attricle, pp. 21-23.
10) Lenz.
11) Lenz.
12) Michael deCourcy Hinds, "Theater Chain Shows a Dramatic Safety Film," *New York Times* (Jan. 28, 1982), p. A-15.
13) 최근의 영상기술은 이렇게 복잡하게 일을 하지 않아도 되게끔 변했다. 영사기 대신 웬만하면 빔 프로젝터를 사용할 수 있기 때문이다－역자 주.

참고 문헌

Baddeley, W. Hugh, *The Technique of Documentary Film Prodution*(London: Focal Press, 1970).

Jowett, Garth, and James M. Linton, *Movies as Mass Communication*(Beverly Hills, Calif.: Sage, 1980).

Lee, Robert, and Robert Misiorowski, *Script Models*(New York: Hastiongs House, 1978).

Mayer, Michael F., *The Film Industries-Practical Business/Legal Problems in Production, Distribution and Exhibition*(New York: Hastings House, 1980).

Merce, John, *An Introduction to Cinematography*(Champaign, lll.: Stipes, 1979).

Mercer, John, *The Informaitons Film*(Champaign, lll.: Stipes, 1980).

Pincus, Edward, *Guide to Filmmaking*(New York: New American Library, 1969).

Reisz, Karel, and Gavin Millar, *The Technique of Film Editing*(New York: Hastings House, 1970).

12
전시와 특별행사들

비록, 이 책에서 설명하였던 대부분의 테크닉을 계획하고 실행하고 있는 커뮤니케이션 전문가라 할지라도 흔히 지루하고 반복적인 일들이나 사무실 밖에서의 비일상적인 업무들, 예를 들면, 로비에서의 전시품 정리, 무역 전람회장의 시설물 설치, 오픈 하우스의 계획, 회사의 연례 모임 진행 등과 같은 일들을 피할 수 없다.

이러한 특별 행사들은 모두 장소가 적절한가에 대한 검사라든가 디자이너나 예술가들과의 공동 작업, 물품을 배치할 때에 생길 수 있는 문제의 예상, 본사 사무실과 멀리 떨어진 곳에서의 긴급사태 처리 등을 내포하고 있다. 대부분의 담당자들은 이 같은 문제에 따른 도전을 지루한 일상을 바꾸는 기회로 생각한다.

본 장에서는 공중을 구성하는 사람들과의 대인 접촉 방법을 소개하고자 한다. 전시와 전람회, 멀티미디어 프레젠테이션, 오픈 하우스, 투어, 그리고 연례회의, 모든 것들이 PR 테크닉들이다. 많은 것들이 과도하게 사용되는 반면, 그 중 몇 가지만이 실행 결과가 평가된다. 따라서 경영관리의 차원에서 고려해야 될 점부터 시작하자.

1. 경영 관리상의 고려

거의 언제나 PR 기술자들은 일방적 커뮤니케이션 활동으로서 전시회나 특별 이벤트 등을 기획한다. 따라서 이런 것들은 통상적으로 PR의 '언론 대행 · 홍보 모형'과 '공공 정보 모형'을 가장 많이 사용한다. 그러나 전시회나 특별 이벤트들의 경우에는 PR의 '쌍방 균형 모형'을 적용할 수도 있다. 예를 들면, 무역 박람회장은 판매자와 구매자 사이의 대화를 위해 사용될 수 있으며, 따라서 홍보 모델을 '쌍방 불균형 모형'으로 대치할 수 있다. 연례회의나 지역사회 포름은 비판 내용을 청취하는 데 이용할 수 있다. 따라서 공공 정보 모델을 '쌍방 균형 모형'으로 전환시킬 수 있다.

1) 이유가 있음을 확실히 하라

PR 기술자들은 경영관리 훈련을 적게 받았거나 관리감독이 없을 때 PR 테크닉을 쉽게 사용한다. 이들은 그 같은 테크닉이 무엇을 위한 것인지 설명할 수 없다 하더라도 창조적인 작업이 개입된 일을 즐기기 때문이다. 예를 들어 그루닉은 전화 회사의 지역사회 관계 팀이 가장 많은 특별 이벤트를 열고 있음에도 불구하고 계획과 평가는 가장 적게 하고 있는 경우를 발견한바 있다.[1)]

따라서 목표를 설정해야 된다. 프로모션용의 전시회가 때로는 관람자의 태도와 행동에 영향을 주기 위한 것일 수도 있으나 보통 그 목표는 의사소통을 위한 '커뮤니케이션'과 '메시지의 기억'에 있다.

도달하고자 하는 공중의 커뮤니케이션 행동에 대해 현실적으로 대응해야 한다. 때로 당신은 적극적이고 정보추구형인 공중과 접촉 할 것이다. 예를 들면, 워싱턴의 연례 컴퓨터 쇼의 경우에는 컴퓨터를 구입하려고 생각하거나 구입할 의향이 있는 사람들이 전시품을 보기 위해 올 것이다. 그러나 대부분의 경우, 전시회나 특별 이벤트는 전시 토픽에 흥미는 있지만 적극적 관여의 의도는 없는 사람들이 온다. 호기심 많은 사람들 역시, 단지 자신의 아이들이 비디오게임을 할 수 있기 때문에 컴퓨터 쇼에 올지도 모른다. 학교 교사들이 공장 견학을 오는 것도 하루만이라도 학교를 벗어날 수 있기 때문이다. 가족들은 주말에 '무엇인가 할 것'을 위해 오픈 하우스 행사에 참여할 수도 있다.

이와 같은 값비싼 테크닉이 갖고 있는 제한적인 효과 때문에 현실적인 목표를 설정하는 것이야말로 더욱 중요하다. 전시회나 특별 행사가 당신의 조직체를 위한 올바른 커뮤니케이션 방법인가를 결정하기 전에, 가능한 결과를 비교하여 시간과 돈의 할애를 저울질하는 것이 필요하다. 당신이 계획을 실천하려 할 때 시간과 돈을 어떻게 쓸 것인가 따져 보아야 한다.

2) 행사의 평가

전시회와 오픈하우스를 평가하는 사람들은 비교적 적다. 이들은 보통 관람자나 참석자들이 질문에 응답하도록 질문지를 테이블 위에 놓아둔다. 소수의 사람들이 질문지에 답하지만 이들은 대표성을 갖는 표본이 될 수는 없다. 그러나 훌륭한 평가도 이루어진다. 당신의 첫 번째 목표가 표적 공중과의 커뮤니케이션이라는 점을 기억하라. 그 같은 목표가 달성되었는지 평가하기 위해서는 참석자의 숫자를 세고, 그들이 표적 공중인가를 확인할 수 있도록 참석자의 특성을 관찰할 사람을 두어야 한다. 컴퓨터 쇼를 관람한 사람들 중 얼마나 많은 사람들이 컴퓨터를 구입할 수 있는 연령인가? 무작위로 선정된 사람들에게 그들이 컴퓨터 구입을 생각해 보았는지 질문하라(공중의 '문제인식').

'메시지의 기억' 역시 중요하다. 당신은 전시장에 온 사람들이 '메시지를 받았는지' 알아야만 한다. 그렇지 않으면 참석자 수를 세는 것은 의미가 없다. 몇 몇 경우에 당신은 표적 공중의 태도나 행동에 영향을 미치고자 할지도 모르기 때문이다. PR의 평가 조사방법(제9장)에서 설명되는 질문 문항들을 이용하여 결과를 조사해 보라. 스텝 멤버로 하여금 무작위로 선별된 사람들에게 질문지를 나눠주고 적합한 질문을 하도록 하라. 만약에 당신이 참석자들의 명단을 갖고 있다면 후에 전화를 이용한 전화조사를 할 수도 있다. 행사 뒤에 만약 당신이 50% 정도의 회수율을 얻을 수 있다면 우편 조사가 이상적일 수도 있다. 이제 특별 행사나 전시회의 개별 테크닉에 대해서 알아보자.

2. 전시 계획

특별한 일을 기념하거나 새로운 프로그램에 대한 관심을 불러일으키려 할 때, 또는 주요한 사업 계획에 직원들을 끌어들이려 할 때 당신 조직체의 건물 로비에 전시품들을 설치하는 것도 훌륭한 방법이 될 수 있다.

그러나 전시용 부스가 홀로 서 있는 경우는 드물다. 무역 쇼나 직업인의 날, 또는 정보 박람회의 경우 보통 다른 전시물들과 함께 앞쪽이나 뒤쪽 구석 등의 할당된 공간에 자리 잡게 된다. 아주 좋은 위치(중앙이나 코너)를 차지할 수 없는 한, 대부분은 두 개의 다른 '부스'들 사이에 끼어 있을 가능성이 높다.

첫 번째 문제는 쇼의 관리를 담당하는 사람들로부터 전시를 위한 세부 규칙과 가능한 서비스(전력을 포함한), 그리고 정확한 전시 공간을 알아두어야 할 일이다. 후면과 측면의 벽이 제공될지, 커튼으로 분리될지, 단지 마룻바닥의 선으로 공간이 마련될지 보는 일이다. 집회나 무역 쇼의 시설들은 그 서비스에 있어서 상당히 규격화되어 있으나 호텔이나 모텔, 그리고 정부기관들은 흔히 당신이 알아서 해결하도록 한다.

전시대를 디자인하기 전에 그것이 한 번만 사용될 것인지, 아니면 규격화된 전시 재료로서 재사용될 것일지를 결정한다. 일회용은 그 전시가 한 장소와 한 가지 메시지만을 위해 만들어짐을 의미한다. 다회용 전시는 다양한 장소와 목적에 적용될 수 있어야만 한다. 왜냐하면 내구용의 전시 재료들은 비싸기 때문에 전시대는 새롭게 꾸밀 수 있고 쉽게 고칠 수 있도록 디자인되어야 한다.

운반용 부스는 쉽게 조립될 수 있게끔 만들어지고 파넬은 전시용 시설물 공급회사에서 공급받는다. 기타 책상이라든가, 브로셔를 놓는 곳, 난간, 조명, 물품보관 캐비닛은 서로 다른 위치에 적합하도록 다양한 방법으로 정리될 수 있다. 여러 장소에 전시장을 갖고 있는 대부분의 회사들은 기본적인 '부스' 재료를 위해 5천 달러 정도에서부터 운반에도 견딜 수 있고 몇 사람이 수 시간 안에 쉽게 조립할 수 있는 주문 디자인된 전시대를 위해 5만 달러까지도 지불한다.

1) 시각적 인상

기본적인 '부스'는 후면 벽의 사인과 관련 자료가 놓여 있는 테이블, 질문에 대답할 준비로 미소를 띠고 앉아 있는 사람으로만 구성될 수 있다. 그러나 성공적인 대부분의 전시는 이보다는 세련되게 만들어진다.

'부스'의 전체적인 인상이 관람객을 끌어들일 수 있음을 고려해야 한다. 전시 내용이 한 가지 콘셉트만 전달할 것인가, 아니면 몇 가지를 전달할 것인가? 이 경우 주요 주제를 위해 전체 효과와 공간의 70%를 할애하고, 부수되는 다른 주제에 30% 정도를 할애할 수 있다. 예를 들면, 무역 박람회에서 회사는 신제품에 주안점을 두는 한편 기존 제품들에 대한 정보도 함께 제공할 수 있다.

전시가 관람객의 적극적인 참여를 부추길 수 있는가, 아니면 소극적으로 정보만 얻도록 하는가? 관람객이 단순히 전시장을 지나갈 것인가, 아니면 전시장 안으로 들어 올 기회가 있는가? 연례적인 필라델피아 가든 쇼에서 아트리버피 사는 온실을 만들고 통로에 조그만 채소들을 심어서 방문자들이 그곳을 지나가면서 채소들을 가까이 관찰할 수 있도록 했다. 개인적인 관여(individual involvement)는 회사 제품에 대한 관심을 높일 수가 있다.

분위기가 진지한가 아니면 즐거운가? 뉴욕 콜리세움의 연례 프리미엄 쇼에서는 몇 개의 전시자들이 후원 조직의 이름이 새겨진 게임과 장난감을 전시했다. 그러나 캘리포니아의 펨 오 메뉴팩쳐링 사는 이름이 새겨진 프리스비(던지기 원반)를 프로모션에 사용하였다. 전시장을 지나는 사람은 누구나 표적물의 구멍에 프리스비를 열 번씩 던져보도록 권유를 받았다. 만일 다섯 개가 표적물의 구멍을 정확히 통과하면 현상금을 받았다. 승자는 많지 않았지만 그와 같은 분위기는 쇼의 참가자들에게 펨-오의 메시지를 확실히 갖게끔 만들었다고 볼 수 있다.

호텔 볼룸에 설치된 그루만 데이터 시스템 사의 전시에는 여기에서 논의된 많은 요소들이 보이고 있다. 왼쪽에 제품을 설명하기 위한 비디오 테입이 모니터에서 돌아가면서 고객의 주의를 끈다. 고객은 다음에 부스 안으로 들어와 앉아 상호교류 컴퓨터 데이터-베이스 시스템을 직접 살펴 볼 수 있다(그루만 사 제공).

때로는 고급스런 명성에 주안점을 두어 성공한 수도 있다. 무역 쇼에서 베아트리스 식품회사는 무엇이든 금으로 치장했다. 금색의 옷을 입은 사람이 금색으로 칠해진 팜프렛을 배포했다. 그와 같은 장식은 베아트리스 제품은 최고급의 품질을 갖고 있다는 콘셉트를 전달하고 있는 것이다.

2) 통행 패턴과 조명

전시장으로 접근하는 길과 통로는 반드시 계산에 넣어야 한다. 넓은 공공장소에서 전시장으로 통하는 길은 대부분 한쪽 방향이며 입구와 출구로 연결되어 있다. 이것은 몇 가지 의미를 갖는다. 전시가 어느 방향을 향해 이루어질 것인가? 직원의 위치는 어디가 될 것인가? 이외에도 통로의 넓이는 사람들이 '부스' 가까이 지나가게 만들든가 아니면 그들이 멈춰야 할 곳(부스)으로부터 멀리 떨어지게 만든다는 것을 명심해야 할 것이다.

전시장의 전체 조명이 얼마나 훌륭한가는 상관없이 반드시 보조 조명

등이 사용되어야 한다. 이것은 주요 사인들을 적절하게 비춰주고 제품이나 다른 주요 물품들이 눈에 띄도록 그림자를 없애주기 때문이다. 전시를 위해 특별히 디자인된 조명 이외에도 미처 예견하지 못한 어두운 곳을 비춰 주기 위해서 비싸지 않은 소형 등을 함께 준비해야 한다.

3) 가구와 마루덮개

앉을 자리, 전시공간의 표현, 필기 공간, 그리고 물품 보관소는 전시자와 관람객 사이에 활기를 북돋우기 위해서 반드시 준비되어야 한다. 이것들은 디자인의 중심 부분으로서 같은 스타일과 톤을 지니고, 동일한 색깔로 서로 어울려야 한다.

보기 흉한 마루는 인상적일 수도 있는 '부스'의 효과를 반감시키기도 한다. '부스'의 벽을 위한 페인트나 벽지를 선택하고 가구를 선택할 때 비슷한 색조의 카펫을 마련하는 것이 좋다. 이것은 전시장의 모양을 아름답게 하고 음향의 질도 높일 수 있으며 고급스러운 분위기와 함께 '부스'에서 일하는 사람들이 느낄 수 있는 발의 부담도 덜어 준다. 카펫은 사방을 잡아당겨 맞는 색깔의 플라스틱 테이프로 바닥에 고정시킨다.

4) 시청각 장비

녹음된 음향은 옆 부스의 소리에 방해받지 않는 한 전시장의 부위기를 돋운다. 만약 확성기 시스템이 사용되면 옆의 전시장에서 불평을 하거나 아니면, 그들의 볼륨을 높일 것이다. 만약 슬라이드테이프나 필름테이프, 또는 비디오 프레젠테이션에 음향을 맞추면, 영상 이미지가 청중의 주의를 끌게 되므로 소리가 크지 않더라도 적당하게 알아들을 수 있다. 후드와 판넬, 섬유물질, 그리고 방음재는 소리가 퍼져 나가지 않게끔 만들어 준다.

만약 당신이 필름이나 비디오를 사용한다면 옆의 전시장에서 넘어 오는 빛이나 스포트라이트로부터 스크린을 보호하기 위한 후드나 판넬 또는 덮개를 준비할 필요가 있다. 만약 당신이 시청각 자료를 집중적으로 이용할 계획이라면 전기꽂이가 맞는지, 전력은 충분한지 쇼의 진행 관리자와 미리 협의해 두는 것이 좋다.

5) 전시장의 유지관리

전시장의 직원을 잘못 두거나 관리를 잘못할 경우 효과적인 전시 디자인이 소용없게 된다. 반드시 두 사람이 활동 중인 부스를 담당해야 하며 혹시, 판매나 훈련, 또는 데몬스트레이션이 있을 경우에는 그 이상의 사람이 필요하다. 회사 표지나 회사 뱃지 등을 단 상의나, 같은 유니폼으로 고객과 직원을 구분한다. 음식이나 음료와 같은 것들은 고객을 위해 준비한 것이 아닌 한 금지한다.

누가 인쇄 자료나 샘플 또는 포상품을 받을 것인가에 대한 기준은 사전에 마련해 놓는다. 만약 전시가 상당기간 계속 될 경우에는 정보자료를 매일 보충할 수 있도록 준비한다. 전시 그 자체로 모든 것이 끝난 것은 아니다. 전시는 미래의 고객과 커뮤니케이션 통로를 열게 되는 한 방법이다. 관심 있는 방문자들의 이름을 받아 놓도록 계획하라. 이름을 우편 목록에 올리고 전시회를 방문한 직후 후속 자료를 받게 될 것임을 보장하라.

전시물을 고치거나 바꾸어야 될 예기치 못한 상황이 항상 존재한다. 다음은 전시 중, 필요한 최소한의 응급조치 내용이다.

테이프 선택 : 구조물 수리를 위한 강력한 접착 테이프, 전시장의 사인을 고치기 위한 셀로판 테이프, 카페트를 위한 여분의 플라스틱 테이프.

압축 공기를 넣은 조그만 깡통 : 사진 자료를 파는 상점에서 구할 수 있으며 사인이나 샘플에 앉은 먼지를 털지 않고 날려 보낼 수 있으며 시청각 장비의 청소에도 사용한다.

여러 가지 색깔의 매직 펜과 아무 것도 쓰이지 않은 사인보드 : 이것은 당신이 예측 못한 관람객의 행동에 대비해 즉석으로 표지판으로 사용하기 위한 것이다(예 : "다이아몬드 바늘을 만지지 마시오…," "여러 가지 색깔이 가능함…," "직원은 10분 안에 돌아 올 예정임").

당신 사무실의 책상서랍 속에 있는 명함, 펜, 주소가 인쇄된 편지용지, 봉투, 우표……그리고 다른 비슷한 것들도 준비한다.

전화를 걸기 위한 동전, 전시장에 필요한 물품의 공급자 명단(사용 물품이 다 떨어졌을 때를 대비하여), 그리고 당신이 잘 모르는 내용을 사람들이 물었을 때 대답해 줄 수 있는 당신 조직체 사람의 전화번호 목록.

줄, 로프, 전기줄, 전기 코드, 전구와 시청각 기재를 위한 여분의 전구 또는 램프, 시청각 장비를 위한 배터리와 퓨즈, 먼지깔개, 옷솔, 에어후레셔 분사기. 물병, 아스피린, 컵들의 준비.

3. 멀티미디어 프레젠테이션

앞의 '슬라이드와 멀티미디어 프레젠테이션'(제10장)에서 보았듯이 복합적인 이미지와 다양한 시청각 형태를 섞어 제시하는 것은 주의를 집중시키고 여러 복합적인 콘셉트를 제시하는 데 있어 매우 효과적인 방법이며, 정서적 반응을 불러일으키는 데에도 강력한 효과를 발휘한다. 특별 행사를 위한 여러 매체의 복합적 사용에 대한 몇 가지 예를 보자.

유료 텔레비전 서비스는 무대 위에서 정신없이 자연경관을 바라보는 관광객의 역할을 맡은 배우들의 머리너머로 멀티스크린 쇼를 펼쳐 미래의 고객들을 즐겁게 한다.[2)]

제조회사에서는 방문객의 오리엔테이션을 위한 슬라이드 쇼에서 사분포맷(quad format)을 사용하여 오른쪽 위에서는 표제 슬라이드를 보여 주고, 왼쪽 위에서는 각 부서의 일반적인 광경을, 아래쪽 좌우에서는 일하는 사람들의 빠르게 바뀌는 클로즈업 사진을 보여 주기도 한다.

운동선수들의 부상에 대한 공중보건 강의는 움직이고 있는 체조 선수들의 모습을 묘사하는 짧은 필름으로 시작되고, 이 필름의 마지막 장면이 정지화면으로 멈추면 이것은 그대로 인체사진으로 전환된다. 다음, 화살표가 사진의 신체 각 부분을 가리킴에 따라 여러 가지 부상에 대한 진단과 치료법을 상세하게 보여 주는 일련의 슬라이드 화면이 서로 디졸브되는 방식으로 오버랩되며 제시된다. 이 같은 형식은, 시청자가 특정한 것에 주의를 모으면서 동시에 보다 큰 맥락을 이해하도록 만든다.

유나이티드 펀드의 시작 만찬은 자원 봉사자들을 고무시키고, 그들에게 기부금에 의해 움직이는 많은 프로그램들이 있음을 상기시키기 위한 목적을 갖고 있다. 중앙의 스크린에 비춰지는 이 필름은 '보통 시민'이 거리를 지나 공원과 학교, 노인 센터, 기독교 회관을 거쳐 사회 봉사와 자선 활동을 나타내는 표지판을 걸어 지나가는 것을 보여 준다. 움직이는 상을 따라 여섯 개의 슬라이드 영사기가 봉사를 받고 봉사를 해주는 사람들의 모습을 순간 순간 비춰준다. 이 같은 멀티미디어 이미지는 자원 봉사자들로 하여금 그들이 하는 일이 가져올 결과를 생각하게 함으로써 길고 지루할 언어 메시지를 필요 없게 만든다.

4. 오픈 하우스와 방문 견학

한동네에서 이웃들이 그렇듯이 어떤 사람을 초대하여 두루 살펴보게 허용하고 커피를 대접하고 얘기를 나누는 것은 커다란 조직의 경우에서도 마찬가지이다. 바로 이 이유 때문에 기업이나 정부기관, 그리고 일반 공중의 지원이 필요한 비영리 단체 등이 정기적으로 문을 열고 사람들로 하여금 직접 와서 보도록 한다. 카리비안 연안의 아주 조그마한 섬, 아루바의 방문객들은 평화로운 이 섬의 가장 흥미 있는 매력 중의 하나로 엑슨 정유공장의 2시간짜리 방문 여행을 꼽는다. 엑슨 정유공장은 베네주엘라로부터 오는 대부분의 기름을 정제해서 옮겨 싣는 일을 한다. 여행객들은 슬라이드 쇼와 엑슨 클럽에서의 간담회를 마치면 버스를 타고 거대한 정제소를 통과해 거대한 기름 탱크가 기름을 뽑아내는 것을 보게 된다. 관람 여행의 끝에 이르러서 이들은 가벼운 휴식을 즐기고 그들이 보았던 거대한 용광로나 기름 저장 탱크에 대해 질문할 기회를 갖는다. 외부 사람들이 시설물들을 방문하는 것은 이웃사람이 커피 한잔을 마시러 오는 것에 비해 상당히 복잡한 일이다. 즉, 손님들의 안전과 보안 문제를 고려해야만 된다. 손님들이 두꺼운 모자를 착용하여야만 하는가? 이들이 회사의 보험 혜택을 받을 것인가? 손님들을 위해 텐트를 세워야 할 필요는 없는가? 또는 트레일러 차를 마련해야 할 것인가? 비밀이 지켜져야 할 제조 방법에 대한 불법적인 관찰을 방지하기 위해 어떤 조치를 위해야 할 것인가? 견학이나 오픈 하우스가 제조 공정을 방해하거나 일하는 사람들의 개인적 권리를 침해하는 경우는 없을까? 이러한 것들은 노동조합을 통해 자문을 구해야만 할지도 모른다.

존슨앤존스 사의 PR 부서가 신축 공장의 개업식을 준비하기 위해 마련했던 회사의 지침서는 위와 같은 계획의 다른 부분들로 언급하고 있다.[3)]

시기 시설물들은 반드시 준비 완료된 상태이어야만 하고 가장 최선으로 보일 수 있게끔 되어야만 한다. 프로그램은 견학이 가치 있는 일이 되도록 충분한 시간을 가져야만 하나 지루하거나 되풀이되는 일이 있어서는 안 된다.

초대 2주일 전에 미리 초대권을 발송한다. 만약 한 명의 정치인이나 한 명의 대학교수 또는 한 명의 하청산업 계약자라도 초청된다면 관련된 모든 정치인과 모든 학자 그리고 하청 계약자들이 전부 초대받도록 한다. 달리 말하면, 관련 방침을 조심스럽게 수행함으로써 어떤 사람도 불쾌감을 갖지 않도록 해야 한다. 가능하다면, 직원과 그들의 가족들도 이 일에 참여할 수 있게끔 한다. 초청 카드가 얼마나 회수되었는가를 파악할 수 있도록 함으로써 정확하게 어떤 사람이 얼마나 많이 왔는가를 알 수 있어야 한다.

교통수단과 주차 외떨어진 장소를 위한 버스 편과 주차장 그리고 방문객을 위한 주차 표시를 확실하게 한다. 커다란 행사를 위해서는 교통정리를 위해 지역 경찰의 협조를 받도록 한다.

편의와 서비스 적절한 화장실과 코트와 짐을 보관할 수 있는 체크룸, 공중전화, 어린이들을 위한 유아실, 비상시 손님들을 안내할 안내원… 등의 서비스를 제공한다.

마중 모든 사람들이 조직체의 공식대표로부터 마중 받을 수 있도록 한다. VIP 인사들은 조직체의 주요 인물들이 맞이해야 한다. 방문객에게는 약도와 안내서를 제공한다.

선물 회사의 제품이나 회사의 이름이 새겨진 조그만 기념품은 선의의 표시로서 대부분의 방문자를 흐뭇하게 한다.

홍보 모든 미디어에 대해 보도자료를 준비한다. 행사를 기록하기 위해 사진 전문가를 고용한다. 취재 기자를 보내지 않은 미디어라 할지라도 기사를 보도할 수 있도록 보도자료와 사진을 우송하거나 전달한다. 기자들에게 PC와 전화가 준비된 프레스 센터를 설치해 주어야만 한다. 전력을 필요로 하는 텔레비전 취재진들을 돕고 특별히 마련된 인터뷰를 위해서는 PR 부서원들을 배치한다.

음료 마지막으로 적절한 음료도 준비되어야만 한다. 약간의 알콜 음료가 취재 기자나 기업인들을 위해 준비될 수도 있고 과자나 청량음료가 가족들을 위해 준비된다. 만약 행사 장소가 먼 곳이든가 행사 진행이 오래 걸릴 때는 점심을 위한 도시락이 마련되어야 한다.

5. 연례회의

어느 법인조직이든, 조직의 규약과 주 법률에 따라 이사회장의 선출과 재정보고서의 승인을 받기 위한 연례회의를 소집해야 한다. 회의는 반드시 사전에 공고되어야 하며 참가 주주들은 발언권과 투표권이 있다. 실제로는 대부분의 투표가 대리투표제도에 의해 계산된다. 그리고 발언자는 흔히 충분한 이익을 내지 못했다고, 공기를 오염시켰다고, 또는 회사의 관리가 미숙하다고 꾸짖는 '정해진 소란꾼'들이다.

어찌되었든, 대부분의 조직체는 연례회의를 그럴 만한 가치가 있는 의례행사로 믿고 있다. 그것은 공중으로부터 나오는 소리를 듣는 기회와 더불어 조직체에 대해 커다란 관심을 갖고 있는 사람들에게 직접 말을 할 수 있는 기회를 제공하기 때문이다.

조직체는 예상되는 참가 인원수를 수용할 만한 크기의 강당이나 회의실을 가질 수 있다. 그렇지 못할 경우 근처의 극장이나 호텔 또는 다른 공공 시설물을 빌려야만 한다. 심지어는 더 많은 수의 사람들이 참여하도록 전국의 회의실과 회의장을 폐쇄회로 텔레비전을 사용하여 연결시킬 수도 있다. 관람 여행과 오픈 하우스의 논의에서 제기된 대부분의 관심 내용들은 연례회의에도 적용된다. 사실상 많은 조직체들이 연례회의와 함께 공장 견학, 만남의 시간 또는 여흥 행사를 곁들인다.

회사 간행물에는 대리투표 자료와 공고 사항을 통해 회의 장소에 대해 충분한 주의가 가도록 실린다. 그러나 특별 초청장은 직원들이나 재정 분야의 인사들, 공직자들, 권위자들 그리고 기타, 다른 손님들에게 발송되도록 한다.

연례회의는 보통 1, 2명의 최고위층의 연설로서 장식된다. 당신의 회장이 특별히 할 이야기가 많지 않다면 그에게 되도록 짧은 연설을 하도록 조언하고 대신, 조직의 발전 상황과 계획을 알려 주는 필름이나 멀티미디어 쇼를 준비한다.

환경오염 문제나 에너지, 각종 사회적 차별행위 또는 기타, 다른 이슈들에 대해 관심을 갖는 공공사회단체들은 연례회의에서 점점 더 목소리를 높여 오고 있는 바, 오늘날의 PR 부서는 누가 얼마나 오래 말할 것인가에 대해 합리적이나 확고한 규칙을 정해 놓을 필요가 있다. 또한 앙심을 품고 있는 날카로운 질문을 다룰 수 있도록 비디오테이프를 이용한 사원 훈련도 좋다.

마지막으로 PR은 또한 모든 참가자들에게 인쇄 자료와 비싸지 않은 기념품으로 가득 채운 쇼핑백을 준비할 수도 있다. 이러한 '선물 꾸러미'야말로 많은 주주들을 만족시켜주는 것일지도 모른다.

AT&T의 맘모스 연례회의의 장면－이것은 텍사스의 휴스턴에서 가진 모임이다. 주주들은 티켓과 더불어 인쇄물과 기념품으로 환영을 받는다. 넓은 전시장은 신제품을 선보이고, 여러 분야에 진출하고 있는 회사의 활동을 설명하고 있다. 회의장 연단은 벨 사의 로고가 압도하고 있다.

Energy Communications Service

주

1) Unpublished research for the American Telephone & Telegraph Co., New York, N. Y.
2) Linda Kline, "Industrial Show Business," *American Way*, Vol. 13, No. 3, pp. 62-67.
3) Johnson & Johnson, "Guidelines for Coordinating New Plant Openings," in-house publication, undated.

참고 문헌

Berry, Elizabeth, "How to Work With Your Facility," *Public Relations Journal*(May 1978): 18-19.

Widder, Frank, "Annual Meeting Check List," *Public Relations Journal*(July 1981): 24-25.

Good Show! A Practical Guide for Temporary Exhibitions(Washington, D. C.: Smithsonian Institution, 1981).

"Putting Pep in the Annual Meeting" *Public Relations Journal*(May 1978): 22-31.

"How to Determine Your Level of Exhibit Participation" and "Did Your Exhibit Pay Off," *Public Relations Journal*(May 1978): 36-38.

13
연례보고서와 재정보고서

업계지를 읽고 PR인을 만나 이야기를 해보면 연례보고서는 PR이라는 개가 아양 떨기 위해 흔드는 '꼬리'라는 인상을 받는다.

"올해의 보고서가 나온 바로 다음날부터 우리는 내년도 보고서를 위한 일을 시작한다."며 한 PR 매니저는 한숨을 쉰다. 그 한숨은 일부는 지친 나머지 나오는 것이며, 일부는 조직체에 대한 PR 부서의 기여에서 연례보고서가 차지하는 막중한 비중을 생각할 때 나오는 것이다. 〈도표 13-1〉에서 보여주고 있는 것이 기업의 연례보고서이다.

100개의 미 상위 기업들에 대한 최근의 연구는 연례보고서의 60%가 내부에서 준비되고(나머지는 외부 자문에 의해 만들어진다), 준비의 초반 부분에 거의 반년을 소비하며, 거의 모든 기업들이 연례보고서를 주요한 마케팅 수단으로 간주하고 있음을 보여준다.[1] 또한, 1980년에 발간된 100개 이상의 연례보고서들에 대한 연구는 연례보고서 포맷의 표준화로 자극적인 그래픽과 가독성을 강조한 것으로 특징짓고, 이것들을 '예측가능한,' '방어적인,' '상례에 따른 것'이라고 말하고 있다.[2]

연례보고서와 재정보고서 작성은 파트북[3]『PR의 기능과 운영』 제7장에 묘사된 것처럼 재정 PR에서 사용되는 고정적인 테크닉들이다. 연례보고서나 재정문제 보도자료를 준비할 때 이것은 조직체의 재정 자료를 필요로 하는 적극적인 정보추구 공중을 위한 것이라고 하겠다. 따라서 명확하고도 사실적인 정보를 마련하는 것이 가장 중요하다.

비록 재정 정보를 필요로 하는 공중이 멋들어진 총천연색 연례보고서를 좋아한다고 해도, 만약 보고서가 그들이 필요로 하는 정보를 담고 있지 못하다면 외면당할 것이다. 연례보고서는 너무나 자주 그 독자가 수동적인 정보처리 공중인 것처럼 작성되고 있다.

PR 담당자는 재정 정보를 만들어 내는 데 4가지 PR 모형을 전부 사용하고 있다. 보통, 공공 정보 모형과 쌍방 균형 모형을 사용하는 PR 매니저는 가장 정보 제공적인 보고서를 만들어 낸다. 언론 대행 · 홍보 모델과 쌍방 불균형 모형을 사용하는 사람들은 연례보고서를 너무나 자주 프로모션과 선전용으로 사용한다. 쌍방 균형 모형은 주식 투자가들과 재정 분석가들의 관심 사항을 예견하고 말해 주는 재정보고서의 가장 이상적인 모델이라고 보겠다. 연례보고서와 재정보고서를 좀 더 자세히 살펴보도록 하자.

1. 무엇이 '요구되나'?

연방법은 증권거래위원회와 함께 기업으로 하여금 매년 서식 10-K를 제출하도록 요구하고 있다. 여기에 덧붙여, 증권거래위원회는 주주들에게 제공되는 연례보고서가 위임장 자료들에 앞서서, 최소한 동시에 전달되도록 요구하고 있다.
증권거래에서 필요로 하는 것은 기업이 연례회의를 개최하기 최소한 15일 이전에 주주들에게 연례보고서를 가능한 한 빨리 전달하는 것이다. 또한 기업의 이윤과 정책에 대한 정보의 적절한 유통을 위해서 증권거래위원회가 요구하는 것은 간단한 분기별 보고서를 작성하는 것이다.[4)]

1980년 초, 증권거래위원회는 보다 많은 정보가 연례보고서에 포함될 수 있도록 요구하기 시작했다. 재정 자료는 5년 전의 것까지, 그리고 경영 결과는 물론 재정 상태에 대한 논의와 분석까지도 포함한다. 달리 말하면,

증권거래위원회는 기업들이 이제까지 주주들에게 제공했던 것 이상의 전반적인 기업공개를 요구하고 있다.[5] 오늘날의 PR 부서는 연방법이 보고서에 요구하는 사항을 만족시키기 위해 이제까지 해왔던 것의 배 이상을 더 노력하여야만 하며, 한편으로는, 마케팅 기능을 충족시키기 위해 생동감 있고 흥미 있는 연례보고서를 만들어야만 한다.

많은 주주들은 물론 자신들의 주식구매 결정이 옳았음을 확인하기 위해 화려하고 낙관적인 연례보고서를 단순히 훑어보기만 한다. 그러나 보다 비판적인 투자가들은 투자 분석가들과 함께(적극적인 정보추구 공중) 회사의 주식을 구입할 것인가 팔 것인가 아니면 그냥 갖고 있는 것이 좋을 것인가를 결정하기 위해 연례보고서를 연구한다. 200명의 주식 보유자와 주식 분석가들을 대상으로 실시된 조사결과를 보면, 연례보고서 독자의 반이 연례보고서의 재정분석과 경영분석 부분(숫자와 설명문으로 가득찬 건조하고 재미없는 페이지)을 읽는다고 한다. 그들은 훌륭한 경영이야말로 주식의 잠재적인 이윤 가능성을 말해 주는 지침계라고 보기 때문이다.[6]

법인조직체의 경우와 같이 비영리적인 조직체와 서비스 기관들은 그들의 재정기록을 필요로 하는 주주들이 없으므로 그와 같은 의무를 이행할 필요가 없음에도 불구하고 연례보고서 포맷을 개발시켜 옴으로써 수년 동안 널리 알려진 성공적인 커뮤니케이션 사례가 되었다. 미네소타대학이 매년 발간하는 『투자가들을 위한 보고서』는 실제로 개인이나 법인단체 또는 재단을 대상으로 발간되고 있는데 이들의 사적인 후원은 대학의 주지원금과 수익금을 증가시켜 주기 때문이다. 아메리칸 필드 서비스(American Field Service)의 국제적인 문화교류 프로그램의 연례보고서는 교환프로그램 내용에 이전의 참가자들을 항상 포함시키고 있다. 다우존스에 의해 설립된 교육재단인 신문기금(Newspaper Fund)의 연례보고서는 전문적인 저널리즘 교육의 확대라는 목표를 달성하기 위한 방안의 하나로 직업 정보와 인턴쉽, 그리고 재단이 운영하는 훈련 프로그램에 대한 내용들을 싣고 있다.

어떤 회사들은 사회적인 내용의 보고나 감사 내용을 주주들에게 알려주기 위해서 연례보고서 행태를 이용하기도 한다. 파트북 『PR의 역사와

도표 13-1

대담하고 화려한 색깔의 연례보고서의 표지가 경영 책임자의 말을 인용한 문구, 액션 사진, 회사의 로고, 기업의 주요 업무 성과나 눈에 띄는 그래픽 디자인 등으로 꾸며져 있다.

개념』 제3장에서 논의한 바 있지만 과거 십수 년간 제너럴 모터스는 회사의 목표라든가 프로그램들, 그리고 오염 방지 프로그램이나 안전 문제, 공산권과 교역 문제, 생활의 질, 고용 평등, 정부 관계, 자선 활동 등과 같은

분야에서의 발전을 다루기 위해 '공익 보고서'를 따로 발간해 왔다. 엑슨은 통계 자료로 보완된 연례보고서와 함께 엑슨의 전 세계적인 활동을 담은 『이것이 엑슨이다』라는 책자를 주주들에게 보내고 있다. 베아트릭스 식품은 전 세계적으로 판매되고 있는 200여 개의 제품들을 설명하는 소책자를 제공해 왔다. 이것은 주주들로 하여금 회사가 소유한 상점이나 제품들을 후원하게끔 만들어 주고 있다.

도표 13-2

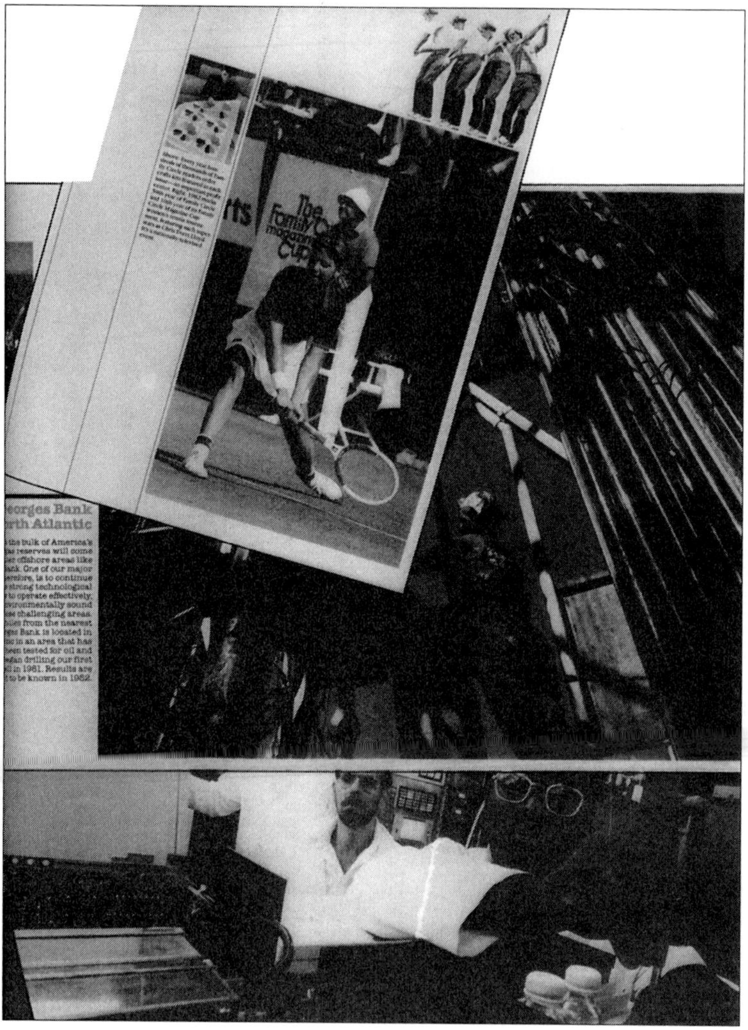

현대 잡지들로부터 얻어 낸 아이디어로 연례보고서의 편집자들은 이익성이 높은 서비스나 제품의 생산에 참여하고 있는 근로자들의 모습을 담은 극적인 사진들을 아낌없이 사용하고 있다.

도표 13-3

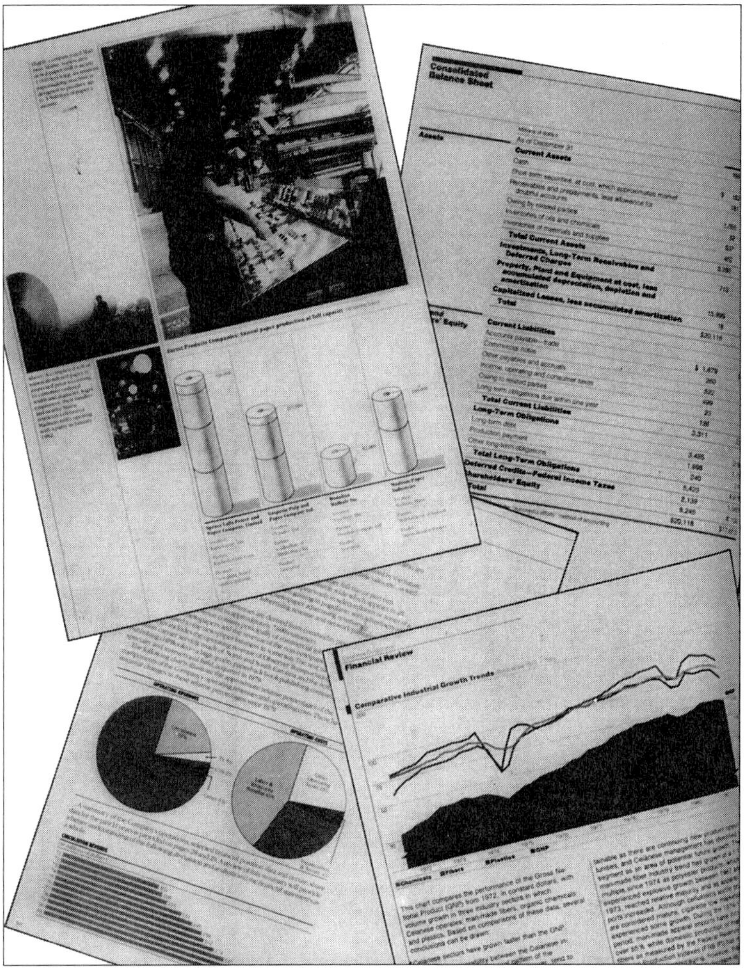

정리된 대차대조표는 보통 직설적인 방법으로 제시된다. 그러나 10-K 서식의 나머지 부분들의 가독성은 그래픽이라든가 파이 차트, 바 차트 등으로 보완된다.

2. 관리상의 고려 사항

연례보고서는 '적극적인 공중'을 대상으로 배포되는 것이기 때문에 보고서의 목적은 이들을 계속 독자 공중으로 유지할 수 있어야만 한다. 편집자의 목적은 이들이 조직체의 재정 상태를 이해할 수 있도록 하는 것이다. 이 같은 목적이 달성될 수 있는가를 파악하기 위해서는 보고서의 초안에 대한 가독성 검사를 해야 한다. 소수의 독자들을 대상으로 앞서 소개한 SST 기법(신호중단기법)을 사용하여 독자의 이해 수준을 체크할 수 있다. 사람들은 물건들이나 다른 사람의 사진에도 쉽게 반응을 하기 때문에 사람들의 흥미를 자아내는 〈도표 13-2〉에서와 같은 사진을 택할 수 있다.

그래프와 차트들은 이것들이 갖고 있는 정보를 독자들이 어느 정도 이해했는가를 평가해 보아야만 한다(〈도표 13-3〉 참조). 1960년대에 위스콘신 대학에서 행해졌던 일련의 연구들은 단순화시킨 그래프와 표들이 독자의 이해를 높여주고 있음을 보고하고 있다.[7] 예를 들면, 독자는 표보다는 그래프를 더 쉽게 이해한다. 또한 길다란 숫자표 보다는 짧은 표를 쉽게 이해한다. 그리고 표의 참고문안이 짧을수록 더 쉽게 이해한다.

연례보고서를 만들어 내는 일에는 시간이 걸리기 때문에 네트워킹 테크닉(networking technique)은 필수적인 PR의 일이다. 또한 연례보고서의 제작비용이 비싸기 때문에 예산의 배정은 피할 수 없는 일이다.

3. 내용의 설계

연례보고서라는 것은 매년 거의 대부분 동일한 수용자들을 대상으로 보내지는 것이기 때문에, 그리고 재정자료 부분은 정보를 필요로 하는 것이기 때문에 다음 발간되는 것은 통상 먼저 것을 품평하는 것으로 시작된다. 즉, 잡지 편집자가 앞서의 발간호를 바탕으로 다음 호를 설계하는 방식으로 PR 부서도 내년의 연례보고서를 구상한다.

다음은 편집자가 보다 나은 연례보고서를 만들기 위해 생각해 볼 수 있는 몇 가지 자문사항들이다.

다음번에는 어떤 수용자에게 보다 나은 봉사를 할 수 있겠는가? 직원들의 역할이 충분히 눈에 띄고 있는가? 올해의 새로운 점은 무엇인가? 훌륭한 보고서는 사실 뉴스잡지와 같다. 회사의 발전과 번영을 취급하는 방식은 주간 시사지의 시사 보도처럼 흥미 있어야만 한다.

우리의 고정취급 항목 가운데 어떤 것이 새로운 접근 방법으로 가장 이득을 볼 수 있을까? 만약 매년 회장으로부터의 인사말로 시작했다면 (말 그대로 공식적인 딱딱한 인사말) 올해는 인터뷰 포맷을 사용하여 최고경영자를 보다 인간적으로 보이게 하는 것이 더 좋은 방법이 아닐까? 고등학교 연감처럼 보이는 회장의 공식적인 사진 대신에 흥미 있는 일상 작업을 하고 있는 생동감 있는 직원의 사진들을 함께 모아 놓는 것은 어떨까?

다른 편집 전문가에게 서비스를 의뢰하거나 아니면 사진 전문가로 하여금 조직체 업무에 대한 혁신적인 접근시각을 시험해 보도록 자유롭게 위임함으로써 새로운 시각 효과를 만들어 낼 수 있지 않을까? 어떻게 하면 연례보고서의 독자들이 첫 번째 페이지를 넘길 때 보고서를 계속 보고 싶도록 만들 수 있을까? 이에 대한 해답이야말로 지속적인 주제이며 한편 조직체를 두루 살펴보도록 만들고 싶은 해설자의 주제이기도 하다.

통계적인 요약표가 우리가 만들 수 있는 것만큼 읽기가 쉬운가? 색을 칠한다든가 도움이 되는 제목 또는 여백의 설명들이 차트라든가 표의 가독성을 높일 수 있을까?

보험 서비스회사인 프랭크 홀 사의 1980년 보고서는 혁신적인 연례보고서가 어떤 것인가를 보여 주고 있다. 즉, '미국인의 활기는 불운 속에서도 미소를 짓는 능력에 있다'는 경구와 함께 '스마일'이라는 단순한 단어가 표지를 가로질러 문장으로 만들어져 있다. 화려한 60페이지 간행물의 첫 번째 20페이지는 미국 사회에서 유머가 담당하는 역할에 대한 사진과 말의 생생한 기록물로 가득 차 있다. 딱딱하고 공식적인 회장의 사진 대신으로는 양쪽 귀까지 이를 드러낸 채 웃고 있는 회장의 모습을 담고 있다. 1980년대를 시작함에 따라 회사가 원하는 것은 미국의 경기 침체와 정신의 침체는 반드시 극복되어야 한다는 메시지를 전달하는 데 있었다. 국민과 정부 그리고 기업 부분은 항상 위기를 극복하고 승리해 왔으며 인생을 웃으며 살 수 있는 능력에 감사한다는 메시지다. 이 같은 신선한 메시지는 연례보고서가 반드시 관례에 따르고 예측할 수 있어야만 된다는 생각을 바꿔 놓는다.

기업의 전면 공개를 위한 증권거래협회의 규정에 따르더라도 몇몇 회사는 그와 같은 규정 이상의 보고서를 내고 있다. 한 회사는 복잡한 사회에서 사람들이 감수할 수 있는 위험의 정도를 파악하기 위한 여론조사를 실시하여 그 결과를 9페이지에 걸쳐서 싣고 있다. 또 다른 회사는 피쳐 기사의 토픽을 위해 집단토론을 해서 결정하고, 어떤 회사는 향후 5년간의 사업 확장 계획을 사업별로 각기 그 근거를 제시하여 설명하는 기사를 싣고 있다.[8] 확실히 미래의 연례보고서는 지나간 성공사례에 대한 홍보성 내용이 줄어드는 반면, 앞으로의 프로그램을 위한 안건 설정에 더 비중을 두게 될 것이다. 이 같은 변화는 PR 분야에 진출하게 될 새로운 전문가들이 도전해야 될 새로운 일이다. 앞 장에서도 언급했지만 비디오는 연례보고서를 위한 또 다른 선택 채널이다. 신문보도에 따르면 『포춘』 500 순위에 들어가는 다수의 회사들이 케이블 TV용의 비디오테이프 보고서와 전 세계에 흩어져 있는 주주들을 위해 위성 통신용 비디오테이프 보고서를 만들고 있다.[9]

4. 재정보고서 작성 : 어떻게 다른가?

'재정보고서 작성'이란 말은 '과학보고서 쓰기'나 '의료보고서 쓰기'가 그러하듯 어떤 불가해한 모습을 갖고 있다. 누구나 '보다 훌륭한 재정보고서를 작성할 필요가 있다'는 점과 '훌륭한 재정보고서 작성자는 발견하기 힘들다'는 것에 동의한다. 따라서 무엇이 기업 세계에 대한 글을 쓰는 것을 멀고 불가해하게 만드는가 하는 의문이 따르게 된다.

실상 이것은 특별한 자질을 요구하는 것이 아니라 기업 분야에 있어서의 용어나 사고방식을 이해하는 능력을 말하는 것이다. 정말로, 훌륭한 재정보고서 작성자는 기업과 기업 간에 이루어지는 알기 어려운 커뮤니케이션의 내용을 이해하고 파악한 다음 이를 명확하고 재미있게 옮겨 쓸 수 있는 사람이다. 어떤 분야이건 간에 전문적인 글을 쓸 때의 핵심은 전문화된 자료를 읽고 이해하는 능력에 있으며 자신의 메시지를 독자에게 맞출 수 있는 기본 원칙을 잊지 않는 것에 있다.

1) 재정보고서의 작성문제

재정 문제의 공중은 적극적이기 때문에 당신의 목적은 그들이 재정적 정보를 기억하고 이해하게끔 도와주는 데 있다. 당신 자신이 쓰는 것이 무엇인가를 이해하여야만 하며 그렇지 않을 경우 당신은 그들을 도울 수 없다. 당신 자신의 글을 쓸 때 SST(신호중단기법)를 사용하여 당신이 이해하고 있는 내용과 차이가 있는가를 살펴보아야 한다.

전문적인 글에 대한 연구들은 메시지의 기억과 이해를 촉진시킬 수 있는 몇 가지 주요 테크닉을 확인해 주고 있다.[10] 가장 주요한 것은 능동태의 문장을 사용할 것과 '피동사'와 연결되는 문장보다는 주어-동사-목적어의 구조를 갖는 문장을 사용하는 것이다. 그리고 독자가 사전 없이 이해할 수 없는 용어는 항상 설명해 주어야만 된다. 비유와 은유를 사용하며, 독자에게 친숙하지 못한 개념은 친숙한 개념과 연결시킬 수 있는 예가 필요하다.

2) 전문지식을 개발하라

다음 재정보고서 작성을 위한 훈련에서 강조해야 될 점은 경제 분야와 기업 분야를 알기 위한 준비와 함께 이에 대한 지식을 쌓는 것이다. 가장 좋은 시작은 대학에서 거시 경제학(세계 경제 질서)과 미시 경제학(세분화된 시장의 운영 작동), 그리고 기업 행정과 마케팅 코스를 택하는 일이다. 학부에서 그와 같은 과목을 택하지 않은 PR 매니저는 많은 대학들이

야간 코스나 여름 세미나를 열고 있으며 직업인들이 통화와 재정체계의 운영 작동에 관한 것을 배울 수 있도록 워크샵을 마련하고 있음을 발견할 수 있을 것이다.

대부분 도서관의 '참고도서실'은 재정 관련 분야의 특별한 전문용어나 업무관행 또는 절차 등을 설명하고 있는 용어 해설집으로 가득 차 있다. 회계전서, 보험전서, 마케팅전서, 부동산전서, 주식회사 비서의 매뉴얼과 지침서, 기업 회계사의 통제사전서 등이 그것이다. 재정 관련 기구들의 크기와 역할 그리고 특정한 전담분야 등을 알기 위해선 그들 각 협회에서 매년 발간하는 백서를 찾아야 할 것이다. 예를 들면, 저축협회미국연맹(United States League of Savings Association)은 매년 『저축과 여신백서(Savings and Loan Fact Book)』와 『저축협회연보(Savings Association Annals)』를 발간한다. 후자는 모든 협회의 상임위원회에서 나오는 보고서와 함께 저축 산업에 영향을 주게 되는 정부조처의 요약과 에세이, 인쇄물 등을 포함하고 있다. 워싱턴의 투자회사 연구소(Investment Company Institute)에서 매년 발간되는 『상호기금백서(Mutual Fund Fact Book)』는 상호기금의 책임자들이 제공하는 자료를 싣고 있다.

홀트, 라인하트와 윈스턴의 '돈과 은행 시리즈'의 일부인 『국제통화메커니즘(Intrnational Monetary Mechanism)』은 국제 경제와 화폐교환, 지불균형, 금의 역할, '국제통화기금'에 대한 명확하고도 간결한 입문서이다. 한마디로 세계 경제 질서에 대해 알고 싶은 것은 모두 있다.[11)] 세계 통화 체계에서의 은행의 역할은 세이지(Sage) 출판사에서 발간하는 『사회조사를 위한 세이지 도서관』이라는 전집물의 하나인 『돈과 권력(Money and Power)』에 설명되어 있다.[12)] 폴 호비츠의 『화폐정책과 재정체계(Monetary Policy and the Financial System)』는 미국의 '연방 자원체제'의 역할을 포함하여 미국과 세계 경제 정책에 대한 포괄적인 이해를 돕도록 되어 있다.[13)]

주식기업에 대한 보고서는 주식회사가 어떻게 자본을 축적하며, 기업활동보고는 어떻게 요구되며, 회계사들이 무엇을 '일반적으로 용인되는 회계 업무 행위'로서 생각하고 있는지에 대한 이해를 필요로 한다. 맥그로우 힐과 같은 출판사는 기업보고서 분야를 전문적 분야로 두고 있으며 그들의 출판 목록에 『재정보고의 이해를 위한 가이드(The Guide to Understanding Financial Statement』와 같은 필수불가결한 참고서적을 발간하고 있다.[14)]

앞으로 재정 관계 필자가 될지도 모를 사람에게 대한 가장 좋은 조언은 참고도서관을 확보하고 기업체 정기간행물을 읽어 현재의 상태에 밝도록 하며, 재교육을 위한 대학 코스를 청강하고, 은행 관련 연구소의 회의에 참석하고, 자신이 이해하고 글을 써야만 되는 분야의 사람과 관계를 가지라는 것이다. 일단 정보를 수집하고 추려냈다면 앞장의 'PR 문장 쓰기'에서 제시된 원칙들을 참조하여야 된다. 즉, 당신의 독자가 누구인가를 확인하고, 간결하게, 단순한 비유로 복잡한 개념을 설명하며, 재정 관련 보고서는 복잡하고 머리 아프다는 자기 성취적인 예언에 빠져들지 말 것이다. 실비아 포터와 같은 성공적인 대중적 재정 문제 필자는 만약 당신이 노력하고 기량을 닦는다면 경제 문제도 이해될 수 있다는 것을 말해준다.

주

1) Ronald Goodmen, "Annual Reports Serving a Dual Market Function: Report of a Survey," *Public Relations Quarterly* (Summer 1980): 21-24.
2) Janet Dyer, "Predictable: The Watchword for 1980 Reports," *Public Relations Journal* (August 1981): 9-10.
3) 파트북에 대한 이해는 편집자 일러두기 참조—편집자 주.
4) H. Zane Robbins, "Your New Quarterly Report," *Public Relations Journal* (April 1976): 24-26, 35-36.
5) Vincent Cannella, "Intergrated Disclosure: Betwixt and Between," *Public Relations Journal* (August 1981): 8-9.
6) George L. Fisher and C. R. Davenport, "What Investors Want to Hear," *Public Relations Journal* (April 1981): 14-15, 18.
7) Richard D. Powers, "Communicating with Graphs," *Journal of Cooperative Extention* 4 (1966): 35-43.
8) William P. Dunk, "28 Trends in Annual Reports," *Public Relations Journal* (August 1980): 10-13.
9) Nancy L. Ross, "The Corporate Score Card Takes to the Airways," *Washington Post* (May 2, 1982), pp. L1, L6.
10) For a complete review of literature of science writing, which is quite similar to financial writing, see James E. Grunig, "Communication of Scientific Information to Nonscientists," in Brenda Dervin and Melvin J. Voight (eds.), *Progress in Communication Sciences,* vol. 2 (Norwood, N. J.: Ablex, 1980), pp. 167-214.
11) Leland B. Yeager, *The International Monetary Mechanism* (New York: Holt, Rinehart and Winston, 1968).
12) Jonathan David Aronson, *Money and Power* (Beverly Hills, Calif.: Sage, 1977).
13) Paul M. Horvitz, *Monetary Policy and the Financial System* (Englwood Cliffs, N. J.: Prentice-Hall, 1979).
14) S. B. Costales, *The Guide to Understanding Financial Statements* (New York: McGraw-Hill, 1979); Louis O. Foster, *Understanding Financial Statements and Corporate Annual Reports* (Philadelphia: Chilton, 1961).

참고 문헌

Aronoff, Craig E., (ed.), *Business and the Media*(Santa Monica, Calif.: Goodyear Publishing Co., 1979).

Braznell, William, "How to Overcome the Annual Report Drag Factor," *Public Relations Journal*(August 1978): 22-24, 29.

Brown, Leland, *Effective Business Writing*(Englewood Cliffs, N. J.: Prentice-Hall, 1973).

Lee, Carol, "The PR Role in Good Annual Report Photography," P*ublic Relations Journal* (Sebtember 1977): 36-41.

Pearsall, Thomas E., and Donald H. Cunningham, *How to Write for the World of Work*(New York: Holt, Rinehart and Winston, 1978).

14
PR 광고

기업체들에 의한 비 상품 광고는 많은 이름으로 지칭된다. 거대한 광고회사인 맥켄에릭슨의 수석 부사장을 지낸, 인디아나대학의 마케팅 교수인 더글라스 존슨은 '콘셉트 광고', '일반적 프로모셔널 광고', '호감유발 광고', '이미지 광고', '사안 광고', '인물 광고', '책임 광고' 등을 포함해 기업 광고의 다양한 뉘앙스를 나타내는 12개 이상의 이름들을 들고 있다. 그가 꼽은 맨 마지막의 이름은 이들을 전부 의미하는 'PR 광고(public relations advertising)'라는 용어이다.[1)]

또 다른 미국의 주요 광고 필름제작사인 푸트, 콘앤벨딩 사는 '코퍼레이트 포지셔닝(Corporate Positioning)'으로 불리는 것을 전문화시킨 FCB/Corporate 부서를 신설하였다. 이 부서가 제공하는 서비스의 광고 머리말은 "회사는 어떻게 제품을 팔아야 할지 확실하게 알고 있습니다. 그러나 그들 자신을 어떻게 팔아야 할지는 아무것도 모릅니다."[2)]이다. 기업이 남과 구분될 수 있는 독특한 특성과 견해가 없는 한, 스스로 주식 분석가들에게 회사가 어디로 향하고 있는지 말할 수 없다고 생각한 이 부서는 고객과 고객의 소비자들을 대상으로 심층 인터뷰를 실시한 다음 바람직한 아이덴티티(identity)를 만들어 내기 위한 광고 캠페인 계획안을 설명한 포

지셔닝 도큐멘트를 마련하였다.[3]

1. 기업 광고는 성장하고 있다

기업 광고는 매년 5~6%씩 성장하고 있으며 1981년에는 처음으로 10억 불을 넘어섰다.[4] 미국 전국광고주협회(Association of National Advertiser)의 조사 결과에 따르면 기업 광고의 가장 큰 목적은 회사를 인정하게끔 만드는 것에 있음을 말해준다. 특히 광범위하고 다양한 계열사를 가진 회사처럼 전천후 아이덴티피케이션(umbrella identification)이 필요한 기업이나 석유나 기초 물자와 같이 공중의 비난과 비판이 높은 산업이 특히 그렇다.[5] 한 광고회사 사장의 말을 빌리면 '사안 광고나 캠페인 광고야말로 얼마 안되 세제나 자동차 광고의 규모만큼 커질 것'이며, '아이디어 기업은 점점 더 제품업과 같아질 것이라 믿는다'는 것이다.[6]

이 모든 것은 PR 산업을 위해 좋은 뉴스라고 하겠다. 왜냐하면 『PR 저널』이 실시한 연례 따르면 기업의 기업광고 정책을 만드는 데 PR 매니저들이 주요 역할을 담당하고 있기 때문이다.[7] PR 부서는 기업광고를 위한 콘셉트와 주제의 일차 제공자이다. 이들은 점점 더 광고의 매체 선택과 광고 배치에 개입하고 있으며 광고부서의 일부 책임까지도 떠맡고 있다.[8] 『PR 저널』의 연례 조사에 따르면 기업광고의 제1차 목적은 다음과 같은 것들을 포함한다.

- 소비자 관계의 향상
- 공공이슈에 대한 입장의 제시
- 주식 소유자/재정관계(stockholder/ financial relations)의 향상
- 업자 관계(trade relations)의 향상
- 지역사회 관계 : 직원 관계(employee relations)
- '이미지'와 평판

대부분의 회사들은 또한 기업광고에 의해 제품 판매가 향상될 것으로

기대하고 있다. 따라서 기업 광고를 마케팅 수단으로 간주한다.[9)]

기업 광고가 얼마나 유용한가? 『타임』지를 위해 '앙켈로비치사'가 실시한 연구를 보면, 제품광고보다 기업광고에 비교적 많은 광고 예산을 투입한 회사들은 제품광고에 주력한 회사들에 비해 보다 적은 예산으로도 거의 동일한 메시지 회상점수(메시지 기억 목표)를 즐기고 있다.[10)]

또한 기업광고의 광고주들은 '특정한 속성과의 연합(메시지 수용 목표)', '전반적 인상에 대한 호감(정서적 평가, 태도 목표)', 그리고 '잠재적 지지 행동(행동적 영향 목표)'을 깨닫는 데 보다 비용이 절감된다. 앙켈로비치의 결론은 기업 광고는 효과 연구의 모든 주요 측정에서 비기업 광고를 능가하고 있다는 것이다.[11)]

2. 광고를 통한 조직체의 '포지셔닝'

몇몇 회사와 무역 협회가 PR광고를 통하여 수용자의 마음에 어떻게 그들 자신을 포지셔닝했는지 사례를 살펴보자.

1) 얼라이드 사 : 새로운 아이덴티티의 필요

1970년대 말, 얼라이드 사(Allied corporation)는 여러 가지 문제로 어려웠다. 회사는 화학업종 이외의 것으로 다각화되어 있었으며, 중앙집중식 관리구조로 속을 썩였다. 에너지 관련 분야의 사업은 적자로 바닥나 있었다. 뿐만 아니라 버지니아의 제임스강이 회사에서 만드는 페스티사이드 케폰(pesticide kepone)에 의해 오염된 것과 관련된 소송으로 부정적인 뉴스 보도에 시달렸다. 회사는 사태를 해결하기 위하여 외부로부터 새로운 관리자를 영입하였다. 그리고 회사 이름도 얼라이드 사로 바꾸었다.[12)]

새로운 로고(logo)에는 '진심으로'라는 말을 덧붙였다. 1981년 비즈니스 잡지와 주간지들에 실렸던 기업 광고 캠페인은 공격적인 주제를 갖고 만들어졌다. 사진은 '업무 준비 완료'의 태도로 와이셔츠 소매를 걷어붙인 회사 직원들의 모습을 보여주었다. 카피는 얼라이드 간부들은 "우리의 잠재력에 돈과 에너지를 쏟아 붇고 있습니다. 우리는 우리를 퇴보시켰던 사업을 팔았습니다. 우리는 흑자 계획을 가동 중에 있으며, 연구 프로그램을 배로 늘렸습니다."라고 말했다. 업계에 대한 메시지는 '얼라이드는 다시 일어섰고 다시 좋은 이익을 남길 수 있다.'는 내용이었다.

2) 스페리 랜드 : 공중의 인식 확충

비록 컴퓨터와 비행기 통제 시스템, 그리고 농업 중장비의 주요 제조업체이긴 했지만 스퍼리 랜드 사는 공중이 회사를 잘 알지 못하고 있음을 발견했다. 사람들은 그들이 듣는 것의 1/4 정도밖에 귀를 기울이지 않는다는 연구 결과를 이용하여 스퍼리 사는 TV나 잡지 광고 캠페인으로 주의를 돌렸다. '우리는 듣는다는 것이 얼마나 중요한 것인지 알고 있습니다.' 광고는 2만 명의 응모자를 끌어들인 '듣기 퀴즈'를 내걸었는데, 『애드버타이징 에이지(Advertising Age)』에 의하면 캠페인은 스퍼리 사에 호의적인 인지율을 상당히 증가시켰다는 것이다.[13)]

광고 캠페인은 대단히 효과적이었다. 사실 1981년 스퍼리 랜드의 연례 보고서는 관련 주제를 중심으로 만들어졌다. 즉, 9명의 스퍼리 랜드 직원들이 '듣는다'는 것이 얼마나 좋은 일을 그들에게 가져다주었는지 말해 주고 있다.'

3) 노스웨스트와 베들레헴 : 경제 불황 속에서의 성공

많은 미국 회사들, 특히 에너지와 자연자원에 크게 의존하고 있는 기업들은 1980년대 초반의 좋지 않은 경제 상황에서 사정이 나빴다. 걱정스런 투자가들과 소비자들은 한 회사의 곤경 다음에 다른 회사의 지지부진을 지켜보았다. 이 같은 분위기 속에서, 성공적인 기업은 다른 회사들이 실패하는 곳에서 성공할 능력이 있다는 인상을 심어 주어야 했다.

베드레헴 철강회사는 "대통령 각하, 우리는 강철같이 지킬 것입니다. 그리고 번영할 것입니다."라는 것을 선언하기 위해 신문의 전면광고를 샀다. 이 광고 카피는 미국 철강 산업의 재활을 촉구한 대통령의 담화를 빌

LTV의 합병을 피하기 위한 구루먼 사의 싸움은 흔히 『월스트리트 저널』과 『뉴욕타임즈』, 그리고 『롱아일랜드』지의 1면 또는 그 이상의 지면을 모두 채웠다. 이것은 이성적 소구에 초점을 둔 광고이다. 'LTV사의 부채를 합하게 되면 이것은 항공산업에서 가장 큰 부채가 될 것이다.' 직원이 광고주가 된 아래 광고는 감정적 소구에 역점을 두고 있다. 예를 들면, 회사에 대한 프라이드와, 애사심, '가족적 유대' 등을 강조하고 있다(그루만사에 감사).

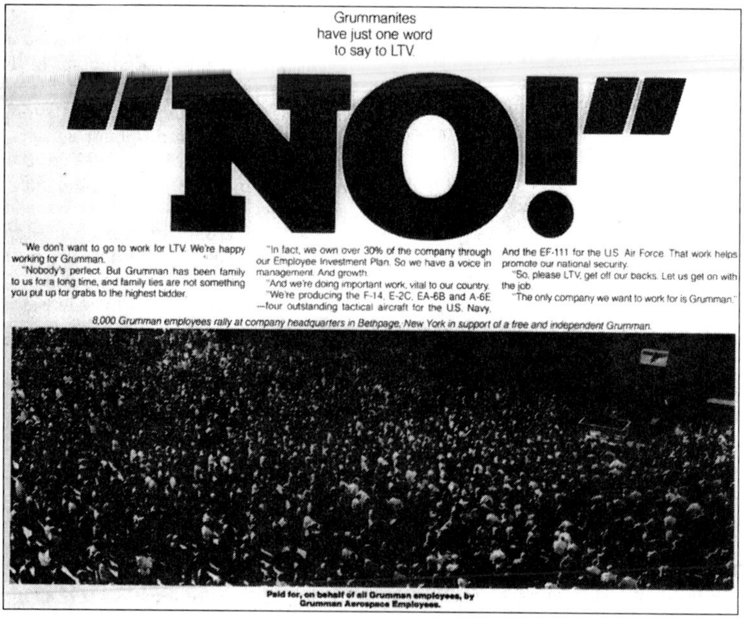

려온 것이다. 광고 카피는 '7억 5천만 달러짜리 현대화 프로그램으로 뒷받침되는 베드레헴의 의지'를 약속하였다. 구체적인 계획이 본문에 설명되고 카피는 마지막으로 "우리는 베드레헴을 생산성과 질 그리고 서비스 면에서 최고의 강철 생산자로 만들 것'이라고 마무리 했다.

미국의 몇 개 안 되는 흑자회사인 노스웨스트 항공사는 전면광고를 사용하여 "오늘날 세계는 우리의 길로 가고 있다."는 것을 말했다. 광고 카피는 그들의 조심스런 운항 계획의 관리가 회사의 성공 요인이라고 적었다. 마지막 문장은 성공을 위한 방책을 말한다. "아메리카가 세계에 가르쳐준 기본 정신으로 돌아가자. 열심히, 정확하게, 보다 훌륭하게 일하자 … 우리를 타고 날아보면 당신은 알 것입니다." 광고는 성공적으로, 약간은 자랑스럽게, 투자가들과 항공 이용객들 모두에게 어필했다.

4) LTV와 그루먼 : 생존경쟁

어떤 회사가 다른 회사의 주식을 사서 그 회사를 접수하려 할 때에 주주들은 수많은 주장과 이에 대응하는 주장의 집중포화를 받게 될지도 모른다. 때때로 『뉴욕타임즈』나 『월스트리트저널』의 광고들은 수백 단어 또는 수천 단어로 쓰여진 이성적 소구로써 왜 예정된 합병이 좋은 일인지 또는 나쁜 일인지를 설명하고자 한다. 또 다른 경우에는 광고는 솔직하고 대담하다. 1981년말쯤 그루먼 사는 주주들에게 1인치짜리 굵은 활자로 말하였다. '만약 당신이 그루먼 주주라면, 여기 LTV가 당신 회사를 접수하지 못하게 할 수 있는 3가지 길이 있다. ① 당신의 주식을 갖고 있어라. ② LTV로부터 오는 어떤 커뮤니케이션에도 대답하지 말아라. ③ 당신의 동료주주에게도 같은 행동을 할 것을 권하라.'

이와 같은 광고가 나간 같은 날, 같은 신문에 LTV는 당시 암살당한 이집트의 사타트 대통령에게 조의를 표하는 전면광고를 내었다. 그루먼 사가 말하는 논쟁점에 대해서는 한마디 언급도 없었다. 그러나 의미심장하게도 그 광고는 뉴스면이 아니라 그루만의 호소가 실려 있는 비즈니스 분야 지면에 실렸다.

열띤 합병 기도가 진행되고 있었던 동안의 또 다른 LTV의 광고는 그루먼 사의 직원들을 대상으로 펼쳐졌다. LTV의 사람은 그들의 자리는 위험하지 않을 것이며 그루먼의 이름과 전통이 지속될 것임을 보장하였다. 광고 카피는 LTV 사람의 친근한 편지 스타일로 짜여졌다. '당신이 꼭 알아야 할 일은 그루먼 사는 내가 가장 가깝게 느끼는 회사라는 것이다-나는 전투기 조종사로서 제2차 세계대전 때 그루먼의 비행기로 싸울 수 있었던 영광을 가졌다.'

이처럼 회사의 소유권이 걸려 있는 경우 공중의 지지를 얻기 위해서는 사용할 수 있는 모든 설득적 도구와 기술이 동원된다고 할 수 있다.

3. 공공논쟁에의 참여 : 주장 광고

제5장에서 언급했던 카이저 알미늄 사의 PR/광고 담당 부사장인 로날드 로디는 "사안광고(issue ad)는 자신의 시대가 도래한 사람의 아이디어"라고 말한다. 카이저 사의 공격적인 주장광고(advocacy advertising)의 사용에 대한 비판에 답하여 로디는 "우리는 국가적 논쟁을 석권하길 원하는 것이 아니다. 단지 참여를 원할 따름이다."라고 했다.[14]

사실 모든 광고가 어떤 문제에 대한 일종의 자기주장을 담고 있는 만큼, 많은 회사들은 '사안 광고'라는 용어를 선호한다. 모빌 사의 허버트 슈머츠 공공업무 담당 부사장은 에너지 자원이나 정부규제, 국가적 사안에 대한 회사의 입장을 일반 공중에게 알리기 위해 매년 4백만불 이상을 지출한다.[15] 오프 에드(사설면 반대면 페이지)에 게재된 한 광고에서 모빌 사는 1980년 9월에 공공문제에 대한 사안광고 캠페인 10주년을 맞이한다고 공고하였다. 모빌 사는 '회사도 생각을 갖고 그것을 표현할 권리가 있다는 것에 놀라는 사람은 이제 소수에 불과하다'고 본다. 모빌 사는 광고를 '공중과 대화를 하는 것'으로 간주한다.[16]

때로는 모빌 사의 광고는 일반적인 경제적 신념에 대한 것도 논의하지만 또는 구체적인 정치적 사안들에 대해서도 말한다. 1981년 11월 '사우디 아라비아, 오일 이상의 것'이라는 제목 아래, 모빌 사는 아랍 동맹국에 대한 군사 정찰기 판매 문제를 놓고 일어난 논쟁에서 '그것은 미국을 위한 거래와 미국인을 위한 직업을 의미하며, 달러를 위한 힘을 뜻한다.'고 지적했다.[17] 앙켈로비치 여론조사 결과는 정부 지도자의 90%가 모빌 사의 정치 광고를 보았다는 것이다. 비록 이들의 3분의 2가 광고에 설득 당하지 않았다고 주장했다지만 모빌 사의 광고는 널리 읽혀졌던 것이다.[18] 그러나 한 광고 자문은 모빌 사의 광고가 특별히 효과적이었는가에 대해서는 회의를 나타냈다. 왜냐하면 '바로 옆의 사설란 페이지의 칼럼니스트가 미 기업 이익의 30%가 오일회사로 흘러 들어간다고 지적할 때 그와 같은 주장이 쉽게 받아들여지기 어렵다'고 볼 수 있기 때문이다.[19]

잘 조화된 광고 캠페인은 확실히 투표에 영향을 미칠 수 있고 또한 영향을 미친다. 1980년 '저축과 여신 재단(Savings & Loan Foundation)'은 예금주들을 은행으로 되돌아오게 할 세금감면 예금법안을 통과시키기 위해 의회를 겨냥한 대대적인 광고 작전에 7백만 달러를 지출하여 이를 성공시켰다.[20] 광고의 표제는 '예금주들을 위해 세금 보너스를 줄 때가 지금이 아닌가?'라고 물었다. 주간지나 일간지에서 메시지를 본 독자들에게는 이에 투표할 투표용지가 주어졌고, 따라서 이들은 자신의 '비과세 예금 · 연금 계좌'를 위한 의사표시를 할 수 있었다. 응답은 '저축과 여신 재단'에 의해 집계되었고 그 결과는 의회에 전달되었다.

또 다른 사안광고의 예들을 보면 다음과 같다.

> 항공기제작사 맥도넬 더글라스(McDonnell Douglas)는 'UN의 날을 어떻게 참관할 것인가'라는 광고로 UN을 지지했다.

> 미국철도협회는 철도 안전을 위해 그의 회원들이 이미 할 수 있는 일 이상의 것을 했다고 주장했다.

> 알코어 사는 미국 경제를 회복시키기 위한 레이건 대통령의 계획에 지지를 보냈다.

> 담배연구소는 비흡연자의 건강이 다른 사람의 흡연으로 영향을 받는다는 이전의 연구 결과에 반대되는 새로운 연구 결과를 인용하고 있다.

뉴욕주 '법정변호인협회(Trial Lawyers Association)'는 오진보험의 요금구조를 바꾸려는 개정안에 관해 주의 의사회가 이를 알려준 의사와의 접촉을 막고 있다고 주장했다.

AT&T는 일 년에 1000만 달러를 비 상품 광고에 쓰고 있다. 대부분의 돈은 사람들에게 ITT가 AT&T와 같지 않음을 이해시키기 위한 목적으로 쓰인다.[21)]

비록 많은 성공사례가 있지만, 한 주간지(『Barron's National Business and Financial Weekly』)에 의해 행해진 조사에서는 응답자의 3%만이 의회와 여론 지도자들에 대한 기업 커뮤니케이션을 뛰어난 것으로 평가하고 있다.[22)] 전문가에 따르면, 미국이 경제적 번영에서 벗어나고, 자원 보존에 대한 관심이 커짐에 따라 사안을 효과적으로 다룰 수 있는 세련된 커뮤니케이션 기술에 대한 요구가 증가할 것이라는 전망이다. 또한 이 같은 기술을 가진 커뮤니케이션 전문가에 대한 요구 역시 늘어날 것이다.[23)]

1) 주장 광고를 사용하는 네 가지 이유

기업정책이 전공인 텍사스대학의 프랑카쉬 세티 교수에 따르면, 기업은 네 가지 이유 때문에 주장 광고를 사용한다.[24)]

공중의 무지나 오해에서 파생된 기업 활동에 대한 공중의 적대감을 협조적인 것으로 전환시키기 위해.

기업 비판자들에 의해 유포된 공중을 오도할 것으로 믿어지는 정보에 대한 대응책으로서, 그리고 복합적인 비즈니스 이슈를 보다 잘 설명하기 위한 것으로서.

자유경쟁 기업 체제에 대한 믿음을 심기 위해서.

미디어에 대한 접근이 거부당해 왔다고 믿는 기업체의 장이 매체의 시간과 공간을 획득하는 방법으로서, 그리고 그들이 미디어의 왜곡 보도

라고 믿는 것에 대한 대응 방책으로.

4. 경영 관리상의 고려

조직체는 미디어에 대한 접근(신문 지면이나 방송 시간의 획득)을 필요로 할 때나 그들이 전달하고자 하는 메시지의 내용을 통제하기 위해 PR 매체에 돈을 지불하는 지불광고를 선택한다. 가장 흔하게 PR인들은 공공사안/정부관계, 지역사회관계, 그리고 경제 교육 프로그램을 위해 광고를 사용한다. 그들이 조직체 이름에 대한 지명도를 획득하기 위한 광고를 할 때는 일반적으로 언론 관계(press relations)를 보완하고 보충하기 위해서이다. 공공사안에 대한 조직체의 입장에 미디어가 충분한 주의를 기울이지 않을 때 PR인들은 흔히 그와 같은 사안에 대한 입장을 알리기 위한 대안 채널로서 지불된 광고를 사용한다.

일견하여, 광고라는 것이 PR의 언론 대행 · 홍보 모델이나 쌍방적 불균형 모형에서 집중적으로 사용하는 테크닉으로 보일지 모르지만, 한편 광고는 공공 정보 모델과 쌍방적 균형 모형에서도 사용된다. 분명하게는 PR인들이 특별 행사나 사람들을 프로모션 하는 데에도 광고를 사용한다는 것이다. 사실 가장 과학적인 설득적 소구는 광고를 통해서 이루어진다.

그러나 조직체는 때로 정보를 전파하기 위해서 광고를 하게 된다. 즉, 공공 정보 모델의 일부로서 그렇다. 예를 들면, 병원은 건강 정보를 공중에게 전달하기 위해서 광고를 사용한다. 이에 따라, 병원 스스로 공중의 공적 사안이 된다.

모빌사의 이슈 캠페인은 회사가 어떻게 광고를 이용하여 사안의 양방적 토론 속에 개입하게 되는가를 보여주는 예이다. 모빌사는 광고 지면이나 광고 시간을 구입하지 않는 한 현재 진행 중인 정치적 논쟁에서 그들의 견해를 표명할 미디어 접근 기회를 얻을 수 없으리라고 믿고 있다. 모빌의 프로그램이 균형 모델인지 불균형 모델인지는 논쟁의 결과에 따라 회사가 그의 입장을 바꾸거나 수정할 의사가 있느냐에 달려 있다. 만약 모빌이 타협할 의사가 조금도 없다면, 캠페인은 불균형적 목적을 갖게 될 확률이

크다. 만약 모빌이 타협의 문을 열어 놓고 있다면 캠페인은 균형적 목적을 갖고 있다고 볼 수 있다.

1) 광고 매체에 따라 공중은 다르다

PR 광고는 인쇄 매체와 방송 매체에 모두 등장한다. 텔레비전에서의 PR 광고는 일반적으로 수동적인 공중에 노출될 것이다. 이것이 왜 그렇게 많은 기업 아이덴티티 광고가 텔레비전에 등장하는지 그 이유를 설명한다. 만약 광고가 충분한 빈도로 TV 공중에게 노출되었다면 수동적인 공중은 정보를 습득하고 조직체의 이름이나 특징을 기억할 것이다.

반면에 인쇄 매체를 통한 PR 광고는 수동적으로 받아들이지 않는다. 독자는 인쇄 광고를 읽은 것인가를 선택하여야만 한다. 따라서 인쇄 광고는 오직 적극적인 공중에게 도달하게 된다. 기업체들은 이 점을 알고 있는 듯 싶다. 그들은 그들의 사안 광고를 그와 같은 사안을 인식하고 있는 사람들 다시 말해 이에 관여되어 있거나 관심을 갖는 사람들이 주로 읽게 되는 뉴욕과 워싱턴의 신문들, 그리고 전국적인 뉴스 잡지들에 집중시키고 있다.

2) 목표 선택에 신중하라

이와 같은 적극적 공중은 사안광고를 읽기 전에 이미 태도를 가질 수도 있고 광고를 읽고 난 후 태도를 정했을 수도 있다. 그리고 광고는 주어진 주제에 대한 유일한 정보원은 아니다. 따라서 PR 관리자는 우선, 광고의 구독(커뮤니케이션 목표)과 조직체 메시지의 기억을 위해 노력해야만 된다. 이런 목적이야말로 결정적인 것이다. 관리자는 메시지의 수용(조직체의 입장과 같은 입장을 취하는 것) 그리고 호의적인 태도와 지지하는 행동까지도 희망할지 모른다. 그러나 이것은 사안 광고 구독의 효과로 흔히 나타날 수 있는 것이 아니다.

제6장에서 논의되었던 '울타리와 쐐기(hedging and wedging)'를 기억해 보라. 사안 광고에서 가장 현실적인 메시지 수용 목표는 '울타리'일 것이다. 표적 공중에게 현실적으로 기대할 수 있는 것은 다른 정보원으로

부터 얻어진 정보내용과 광고에 제시된 정보를 결합하는 것이다. 조직체가 제시한 정보내용만을 갖게 된다는 것은 현실적인 목표가 되기 어렵다. 또한 광고 캠페인은 지지 행동을 유발하기보다는 반대 행동의 빈도를 감소시키는 경우가 더 많다.

조직체의 아이덴티티 광고일 경우 목표는 노출(커뮤니케이션)과 메시지의 기억이다. 이 같은 캠페인에서 PR 매니저는 수동적인 공중에게 그들 조직체의 존재를 알리길 원할 것이다. 이것이야말로 정확하게 두퐁 사가 기업 광고 캠페인의 가장 중요한 효과임을 발견한 바로 그것이다.[25] 여기에서 어떤 부과적인 목표도 비현실적이라고 하겠다.

광고 캠페인이 이들 목표를 달성했는가를 평가하기 위해서 파트북[26]『PR의 원칙과 책임』 제5장에서 설명한 방법을 사용할 수 있다. 통상적으로는 표적 공중을 대상으로 전화면접이나 개인면접을 실행할 수 있다. 첫째, 광고의 구독이나 시청 상태를 파악하도록 된다. 그 다음 메시지의 기억과 메시지의 수용(울타리와 쐐기를 포함), 태도, 행동을 측정하게 된다.

3) 광고는 비용이 든다

광고를 하나의 테크닉으로 선택할 때 기억해야 할 점은 비용이 비싸다는 점이다(제작과 매체노출 양쪽 모두). 따라서 주요한 것은 예산 편성을 신중히 해야 하며 광고에서 오는 이득과 광고비용을 저울질해 보아야만 된다는 점이다. 파트북 『PR의 원칙과 책임』 제4장에서 설명한 단순화된 편성기술을 보라. 조직체가 전면적인 캠페인을 시작하기 전에 표본 공중을 대상으로 사전준비조사를 해볼 수도 있다. 항상 그렇듯이 시간과 예산의 조절 기술이야말로 광고 프로그램이나 광고 캠페인을 조직하는 데 유용함을 발견할 것이다.

5. 기업 광고의 준비

어떤 커뮤니케이션 행태이든 마찬가지로 기업 광고(corporate ad)의 고안자는 광고가 도달하고자 하는 수용자를 결정하고, 성취해야 될 목적을 결정하는 것으로부터 시작해야만 한다. 다음은 전달해야 될 사실들이 무엇인가에 대한 신중한 조사와 어떤 사실이 말하고자 하는 요점을 가장 잘 나타내 줄 것인가를 선택해야만 한다. 그 다음에야 비로소 실제 메시지의 레이아웃에 착수할 수 있다.

1) 인쇄 광고의 요소

신문이나 잡지 광고에는 다섯 가지 요소가 있다.

① 표제 : 독자의 주의를 끌고, 질문을 던지고 문제해결을 위한 제안을 포함

② 본문 : 내용의 주요 부분으로서 표제의 진술 사항을 보다 구체적으로 제시하며 독자가 바람직한 결론을 얻도록 이끔

③ '아트' 또는 삽화 요소 : 주의를 끌고 정서적 소구를 하는 부분

④ 광고주의 이름이나 '로고'와 더불어 관심 있는 독자로 하여금 추가 정보를 요구할 수 있게 하기 위한 주소.

⑤ 여백 또는 시각적 여유분 : 시선을 유도하고 메시지 요소들을 서로 구분토록 하고 광고를 읽기 쉽도록 만들어 줌

2) 방송 광고의 요소

인쇄광고의 경우에는 모든 부분이 눈에 들어온다. 그리고 독자는 메시지의 개개 요소들을 파악하기 위해 얼마만큼의 시간을 쓸 것인지 결정할 수 있다. 그러나 방송광고는 시간의 흐름에 따라 메시지가 직선적으로 흐르며 다양성이 없다. 메시지의 생산자는 수용자의 주의를 사로잡기 위해, 정확하게 몇 초 동안을 써야 할지, 주제를 전개하고 지원하는 데는 몇 초가 필요할지, 요약 또는 특정한 행동을 촉구하기 위해 정확하게 몇 초를 사용할지 결정하여야만 한다. 또한 방송광고는 소리라는 현실성을 제공하고 특히 텔레비전 광고의 경우에는 움직임이라는 현실감을 제공한다. 음향 효과는 문자 그대로 '소리의 음감에 따라 우리를 사로잡는다.' 적절

하게 선택된 음성은 우리가 들을 때 짜증스러움이나 놀라움, 또는 확신감을 갖도록 하는 효과를 갖는다.

텔레비전은 움직임과 정지 화면을 동시에 제공한다. 60초 드라마의 끝에서 마지막 프레임은 정지되고, 로고, 슬로건 또는 보충 정보를 얻을 수 있는 주소 등이 이미지 위에 덧붙여질 수 있다. 텔레비전은 또한 화면이 흐르는 중에도 아나운서의 목소리를 이용하여 정보를 이중으로 덧붙여 내보낼 수 있다.

커뮤니케이션 매체로서 라디오가 갖는 잠재력은 청취자가 메시지의 시각적 부분을 창조한다는 데에 있다. 그 자신의 머리 속에 그림을 만들어 가진 청취자는 아마도 메시지에 담겨진 아이디어를 보다 잘 기억하고 수용할 가능성이 클 것이다. 그러나 라디오 스폿은 아무런 시각적 제시물이 없기 때문에 자주 반복하여 주지 않는 한 회상될 가능성이 낮다. 또한 라디오 메시지는 특정 메시지에 대한 주의 집중력이 낮기 때문에 광고주는 주로 한 가지 사실이나 아이디어를 심기를 원한다. 이것은 후에 인쇄 메시지에 의해 보충되고 보완되게 된다. 라디오 광고는 융통성이 있다. 60초 스폿으로 시작된 캠페인은 뒤에 30초 또는 20초짜리 스폿으로 계속될 수 있다.

3) 직접 광고

'만약 일반 공중이 같은 목적에 기여하고, 조직체에 참여하기를 원한다면, 관련 정보를 우송하고, 투표를 실시하라.' 원하는 행동을 끌어내기에는 매스 미디어를 통한 광고만 갖고는 충분치 않을 것이다. 직접 우편 광고(DM 광고)는 캠페인의 필수 요소이다. 직접 우편 광고의 좋은 점은 매스 미디어를 통한 광고의 지면 제약이나 시간 제약이 없다는 것이다. 성공적인 '사안' 우편에는 여러 장의 '개인적'인 편지, 브로셔, 그리고 반송봉투가 들어 있다. 직접 광고는 또한 공중에 따라 다르게 호소할 수 있는 공중 세분화가 가능하고 원하는 방향의 반응을 보인 사람들에게 그때그때 적절한 대응을 해 줄 수 있다.

주

1) J. Douglas Johnson, *Advertising Today* (Chicago: SRA, Inc., 1978), p. 247.

2) *New York Times* (July 16, 1981): D13.

3) *New York Times.*

4) Philip H. Dougherty, "Corporate Ads Show Growth," *New York Times* (Oct. 17, 1981): D17.

5) Dougherty.

6) Paula Green, "Huge Growth Expected in Issues-Causes Advertising," *Advertising Age* (Nov. 13, 1980): 66, 68.

7) "Public Relations' Role in Corporate Advertising," *Public Relations Journal* (November 1978): 36-37.

8) "Public Relations' Role in Corporate Advertising."

9) "Public Relations' Role in Corporate Advertising."

10) *Corporate Advertising/Phase ll* (New York: Yankelovich, Skelly & White, Inc., 1979).

11) *Corporate Advertising/Phase ll.*

12) "Hennessy's Fast Start at Allied Chemical," *Business Week* (July 16, 1979): 38; "Hennessy Takes Charge," *Fortune* (Dec. 17, 1979): 100.

13) William D. Tyler, "Tyler's Ten for April," *Advertising Age* (April 6, 1981): 50, 52.

14) Address to public relations and advertising divisions, Association for Education in Journalism conference, Aug. 9, 1981, East Lansing, Mich.

15) Lynn Adkins, "How Good Are Advocacy Ads?" *Dun's Review* (June 1978): 76-77.

16) *New York Times* (Sept. 25, 1980), p. A21. See also: "Why Do We Buy This Space?," *New York Times* (April 1, 1982): A27.

17) *New York Times* (Oct. 8, 1981): A27.

18) Adkins.

19) Alfred H. Edelson, "Advocacy Advertising : Issues Ads Are Better, But There's Still Room for Improvement," *Advertising Age* (March 30, 1981): 47-48.

20) Josh Levine, "S & L Group Tries to Get Out the Vote," *Advertising Age* (Nov. 17, 1980): 4.

21) Bill Abrams, "Spreading the Word: How ITT Shells Out $10 Million or So a Year to Polish Reputation," *Wall Street Journal* (April 2, 1982): 1, 6.

22) "Mute Companies to Lose," *IABC News* (July 1981): 1, 4.

23) Edelson.

24) S. Prakash Sethi, *Advocacy Advertising and Large Corporations*(Boston: D. C. Heath, 1977), p. 57.

25) Robert C. Grass, "Measuring the Effects of Corporate Advertising," *Public Relations Review 3* (Winter 1977): 39-50.

26) 파트북에 대한 이해는 편집자 일러두기 참조—편집자 주.

참고 문헌

Barnouw, Erik, *The Sponsor: Notes on a Modern Potentate*(New York: Oxford University Press, 1978).

Grass, Robert C., "Measuring the Effects of Corporate Advertising," *Public Relations Review* 3 (Winter 1977): 39-50.

International Advertising Association, Controversy Advertising(New York: Hastings House, 1977).

Paletz, David L., *Politics in Public Service Advertising on Television*(New York: Praeger, 1977).

Roman, Kenneth, and Jane Mass, *How to Advertise*(New York: St. Martin's Press, 1976).

Sethi, S. Prakash, *Advocacy Advertising and Large Corporations*(Boston: D. C. Heath, 1977).

White, Hooper, *How to Produce an Effective TV Commercial*(Chicago: Cra-in Books, 1981).

Zeigler, Sherilyn K., and J. Douglas Johnson, *Creative Strategy and Tactics in Advertising*(Columbus, Ohio: Grid, 1981).

15
로비하기

쌍방적 균형 모형에서 PR 매니저들은 조직체와 그 공중의 중간 조정자로서 봉사한다. 그의 목표는 조직과 공중의 상호 이해이다.

'로비스트'라는 말에는 부정적인 의미가 함축되어 있다. 많은 사람들에게 로비스트는 탐욕스런 이익 집단을 위해 무제한의 예산을 갖고 의회의 복도에서 남몰래 선량들을 감언이설로 속여 보고자 하는, 도덕성에 의심이 가는, 양심 없는 그런 종류의 인물들로 인식되어지고 있다. 이 같은 편견은 전부 틀린 것은 아니다. 그럼에도 불구하고 쌍방적 균형 모형은 로비와도 관련이 있기에 파트북[1) 『PR의 역사와 개념』 제2장에 있는 위의 말은 여기서도 그 의미를 갖는다.

1. 로비스트의 역할과 평판

매일 매일 로비스트 대대가 의회와 연방기구의 복도를 배회한다. 막대한 규모의 영향력과 돈이 비밀스런 목적을 위해 비밀스런 방법으로 소비되고, 수많은 사적인 이해 관계자들은 부유하고 막강하여, 이들의 비밀스런 업무 때문에 공익이 썩고 있다.[2)]

—에드워드 케네디 상원의원, 메사추세츠주

로비스트들은 많은 경우에 국가적 이해관계에 극도로 유용한 기능을 수행하고 있다. 그들은 난관에 부딪쳤을 때, 필요한 전문 정보를 제공할 수 있으며, 또한 그들이 관심을 갖고 있는 분야와 관련된 입법안의 영향을 분석할 수 있고, 또한 그들이 대변하는 이익 집단을 대변할 수 있는 효과적인 통로이다.[3)]

—찰스 펄시 상원의원, 일리노이주

로빙 개혁 입법안에 대한 청문회 기간 동안 존경받는 상원의원들의 발언에서 나타난 상반된 두 견해는 로비스트에 대한 지킬-하이드식의 평판을 말해주고 있다. 재정 및 국제 문제 권위지인 『이코노미스트(Economist)』도 로비스트의 역할에 대해 한마디하고 있다.

입법 의원들은 그들이 취급하는 모든 문제들에 대해 상세하게 알 수가 없기 때문에 입법 의원들에게 정보와 의견을 제공함으로써 민주적 진행 절차에 자신이 해야 할 몫을 담당한다고 로비스트들은 그럴 듯하게 주장을 한다.[4)]

아마도 로비스트의 역할을 옹호하는 가장 강력한 발언은 다른 케네디(John F. Kennedy)가 제공한 말이라고 볼 수 있을 것이다.

… 많은 경우 로비스트들은 전문적 테크닉션이며 복잡하고 어려운 사안을 명료하고 이해할 수 있는 방법으로 설명해 줄 수 있는 사람들이다. 그들은 의회 의원들과 개인적 토론을 통해 왜 특정 입장을 옹호하는지에 대한 이유를 상세하게 설명할 수 있다.

로비스트는 간략한 설명서, 메모, 입법안 분석, 입법 위원회와 의원들이 사용할 수 있는 입법 초안을 준비 한다. 그들은 그들이 다루는 사안에 대해 필요한 전문가이며 사실 다른 곳에서는 얻을 수 없는 유용한 통

> 계 수치와 정보를 제공해 줄 수 있다.
> 생각컨대 양쪽 모두 편향되어 있다. 그러나 로비스트의 활동은 재판정의 논쟁을 풀어나가는 데 필수적인 요소임이 성공적으로 입증된 변호인의 법정변론과 다를 바 없다. 우리의 입법 대표는 지리적 경계를 바탕으로 하고 있다. 때문에 이 나라의 다양한 경제적 · 상업적 이해관계와 기타 기능적 이해관계를 위해 말해주는 로비스트는 아주 유용한 목적에 봉사하는 것이며, 입법 절차의 진행에 주요한 역할을 담당한다고 생각된다.[5)]

1946년 '로비 법'에 의한 연방등록제가 실시된 이래 12,000개 이상의 집단이 등록을 했으며 거의 반이 현재까지도 활동하고 있다.[6)] 수백 개의 또 다른 집단이 외국의 에이전트로 등록을 하였고 많은 집단이 그들을 대변해 주는 워싱턴과 뉴욕의 커다란 법률회사와 PR 회사들을 고용하고 있다.[7)] 『애드버타이징 에이지』는 그들의 1981년 조사 결과, 로비가 PR 회사를 고용하는 쪽으로 움직이고 있음을 보도하고 있다.

> 예전에는 회사나 기업 협회들이 입법 문제나 국제 문제를 헤쳐 나가기 위해 대개 로비를 전문으로 하는 워싱턴의 법률회사를 흔히 택하고는 했다. 지금은 기업이나 정부 사이의 씨름이 그 빈도가 늘어나고, 폐쇄적이기보다는 공개적으로 진행되게 됨에 따라 많은 고객들이 PR 전문가들에게 눈을 돌리게 됐다.[8)]

다른 말로 하면, PR의 쌍방 균형 모형으로의 변화 양상은 의회와 다른 입법기구들에서 보다 더 뚜렷하게 나타나고 있는 것이다.

2. 무엇을 위해서? 누가 로비를 하나?

로비의 테크닉은 때로는 교묘하고 은밀한 것과 거의 같다고 하겠으나 무엇을 위해 로비를 하느냐 하는 것은 은밀한 비밀이 될 수는 없다. 『의회계간지(Congressional Quarterly)』에 실린 로비 등록에 관한 정보에는 아래와 같은 내용이 들어 있다.

> 아팔라치안 탄광보존 위원회… 로비스트 : 바바라 골맨 월래스… 입법 관심 분야 : HR 2697, S 1222(이들 번호는 하원과 상원의 해당 법률안을 지칭)
>
> 하와이안 설탕 재배협회… 로비스트 : 윌리암과 젠슨… 입법 관심분야 : 협회와 구성원의 이해관계에 대한 설탕 입법
>
> 한라 바버라의 마린랜드… 로비스트-태프트, 스테티니우스과 홀리스터… 입법관심 분야 : 해양 동물, 이해관계가 있는 특정 분야는 채널 아일랜드 국립공원 법안
>
> 휴스턴시… 로비스트 : 허틀러, 비니온, 라이스, 쿡과 냅프… 입법 관심 분야 : HR 3745, S 1648 : 공항과 항공로 발전법
>
> 힐앤놀튼… 로비스트 : 스포포드 캔필드, 로널드 윌리암스… 입법 관심 분야 : 힐앤놀튼 사를 고용한 기업체의 이해와 관련된 사항[9)]

3. 로비스트는 무엇을 하는가?

'폭음과 여자와 뇌물은 잊어라.' 워싱턴의 조사보도 칼럼니스트가 때때로 몇몇의 수치스러운 거래를 캐내어 폭로한다. 전형적인 로비스트의 일은 어느 훌륭한 PR 매니저의 일과도 비슷하다. 그것은 조심스런 조사활동으로 시작된다. 이 말은 필요한 사실을 갖고 적합한 수용자에게 도달함을 의미한다. 그리고 이것은 구식의 평범한 노고가 개입되는 만큼 그렇게 화려한 일은 아니다.

여기서 우리는 로비스트의 지원이 조직체에 얼마나 헤아릴 수 없는 도움이 될 수 있는지에 대한 다섯 가지 기초 분야를 살펴볼 것이다.

제휴 관계의 수립

조사 실시와 보고서의 마련

영향력 있는 사람들과의 관계 수립

증인과 대표자의 준비

논쟁에 초점 맞추기

1) 다른 조직과의 제휴구축

오직 한 조직체에만 해당되는 특별한 이해관계가 있다면 그것은 정말로 특수한 경우다. 입법 청원에서 효과적이기 위해서는 보통 비슷한 목적을 가진 다른 집단들과 힘을 합하여 일하는 것이 필수적이다. 이것은 좀 어려운 일일 수 있다. 왜냐하면 각 집단의 이해가 중복될 수도 있지만, 무엇보다 우선적인 사안이 어떤 것인가에 대한 집단 자신의 전망에 따라 일의 우선순위가 다를 수도 있기 때문이다.

미국교육위원회(American Council on Education)를 위한 연구가 이와 같은 예를 말해주고 있다. 이 위원회는 교육문제에 대한 국민들의 이해를 대변하기 위한 목표를 갖고 만들어진 연합 소식이다. 이 보고서의 연구자는 잘 해야 워싱턴과 근교에 위치하고 있는 250~300개로 추산되는 교육연합회와 조직체를 다룰 수 있었다.[10] 그럼에도 불구하고 이들 단체들은 교사 조합, 학부모단체들(PTA), 또는 미국교육위원회와 같이 산하 단체를 거느린 조직뿐만 아니라 다양한 종류와 크기의 대학 연합회, 여러 가지 교육 영역의 협회, 도서관 협회, 교육 자료를 공급하는 조직체, 소수 집단과 종교 집단을 대변하는 교육 협의회까지 포함하고 있었다.

또 다른 사례는 도시문제를 둘러싸고 계속 변하는 조직의 연합 과정에서도 발견된다. 도시문제 로비 연구의 저자도 미국시장회의(USCM, U. S Conference of Mayors)와 전국도시연맹(National League of Cities)이 재원의 공동부담과 같은 문제로 워싱턴 당국에 압력을 넣기 위해서 공동보조를 취하고 있음을 지적하고 있다. 그러나 미국시장회의는 진보적이며 대도시 위주의 편향성을 갖고 있으며 전국도시연맹은 좀더 보수적인 소도시 시장들이 지배하고 있다. 흔히 두 단체는 도시의 빈민 지역화와 같은 문제에 있어 서로 상반된 입장에 놓여 있음을 확인하게 된다. 예를 들면, 대도시측의 입장에 맞는 해결 방안은 소도시에서는 새로운 문제를 만들어 내거나 그 반대의 문제가 생긴다.[11)]

대부분의 학생들은 자신의 학교에 유리한 입장에 따라 특정한 이슈를 중심으로 제휴 관계를 바꾸거나, 재구축한다. 학생회 측은 본관 건물 앞에서 교수들이 설정한 학점 시책에 반대하기 위해 집회를 가질지 모르며 일주일 뒤에는 학생과 교수 그리고 학교 행정당국이 같은 빌딩 앞에서 등록금 인상과 예산 삭감 발표를 철회하도록 의회를 설득하기 위한 서명 운동에 동참할 수도 있을 것이다.

제휴나 동맹은 특정 입법 조항을 두고 서로를 지원하기 위한 동의 같은 것 이상의 어떤 것일지도 모른다. 이것은 지명된 위원장과 사무실이 있고, 수년의 기간을 두고 사안과 법안에 대한 정보를 모든 회원들에게 알리기 위해 회보를 발간하는 식으로 기구화 될 수도 있다. 동맹이 잘 이루어질 때에도 구성 단체들은 그들 자신의 스타일로 그들 자신의 이슈를 추구하기 위해, 그들 자신의 정체성을 지키기를 선호한다. 또한, 의회 의원들은 개별적으로나 집단적으로 많은 단체들이 관심을 갖고 있다고 보일 때, 좀 더 동조할 가능성이 크다.

2) 조사의 실시와 보고서의 마련

로비스트가 준비하고 배포하는 보고서는 의원들에게 자료를 제공해 주고 일의 성사를 위한 논점에 불을 댕기기 위해 마련된 것이다. 미국시장회의와 전국도시연맹에 의해 합동으로 준비된 『1970년대의 청정수질』이란 제목의 연구 보고서는 수질오염 문제에 주정부가 책임을 질 능력도 없고 의사도 없다는 증거를 제공하였다. 이 보고서는 의회로 하여금 수질 오염을 방지하기 위하여 시에 대한 직접적인 지출금을 네 배로 증액하게끔 만들었다. 그 결과 전국주지사회(National Governor's Conference)의 로비스트들은 수질오염 프로그램이 사실상 진행 중에 있었으며 주가 이에 대한 책임을 감당할 의지가 있음을 보여주는 상세한 조사결과를 만들어 냈다.[12)]

로비스트들에 의한 연구조사는 입법과정에서 이루어지는 논쟁의 완벽한 기록물로서 의회의 회기 동안 매일 발간되는 『의회 기록』에 대한 상세한 검토에서부터 시작된다. 비슷한 간행물 서비스는 대부분의 주 의회에서 볼 수 있다. 또한 가치 있는 간행물들로서는 『에디토리알 리서치 보고서』를 포함한 『의회 쿼털리』가 있으며, 의회의 논쟁과 투표를 담은 주간 기록물이 있다.

국회도서관(Library of Congress)은 조그만 비매품 소책자로부터 지정가로 판매되는 『사실과 수치(Facts and Figures)』의 통계자료 책에 이르기까지 문헌정보 자료를 발간하고 있다. 『미국통계요약집』, 그리고 전문화된 많은 기업들과 인구센서스 조사 보고서에 대한 자료들은 센서스 국에서 구해 볼 수 있다.

훌륭한 로비스트들은 도서관의 어디에 무엇이 있는지 알고 있거나 적어도 참고 서적부의 도서 직원과 사이좋게 지낸다. 로비스트의 가장 좋은 자료원의 하나는 워싱턴에 있는 그들 자신의 의회의원으로서 그의 보좌진은 어떤 이슈에 관한 것이라 하더라도 흔쾌히 자료를 찾아서 정리해 줄 것이다. 이렇게 해서 얻은 자료는 다른 전국적 차원과 주 단위, 지방 단위의 입법자들을 깨우치고 교육시키는 데 적절히 사용될 수 있을 것이다.

3) 영향력 있는 사람과의 관계 수립

텍사스 인터내셔날 에어라인이 콘티넨탈 에어라인을 인수하려 했을 때 합병 후에도 적절한 서비스가 지속될 것임을 미국 태평양 도서의 지도자들에게 납득시켜야만 했다. 텍사스 에어라인의 PR 담당 부사장은 섬에서 섬으로 각각의 지도자를 만나 합병이 서비스의 저하를 의미하는 것이 아님을 보장해야 했다.[13] 사람들과의 대담은 로비스트의 주요 과업의 하나인 것이다.

어떤 입법체이건 많은 구성원들로 이루어져 있기 때문에 로비스트들은 어떤 입법자가 다른 사람들에게 영향을 미치고 있는지, 누가 법안심사 소위원회의 토론을 지배하고 끌고 가는지, 누가 특정한 종류의 입법에 전문적 관심을 갖고 있는지를 파악할 수 있어야 한다.[14] 로비스트인 데이빗

킨저는 입법 의원들은 로비스트가 다음 사항들을 끄집어내 지적할 수 있을 때 마음이 쉽게 움직인다고 암시 한다. ① 어떤 입장을 수용했을 때 얻을 수 있는 홍보 효과 ② 입법안에 대한 선거구민의 관심 ③ 제안된 입법안이 납세자들에게 미칠 영향.[15]

의회 의원과 약속을 정하기 위해서 로비스트는 반드시 보좌진과 접촉하여야만 되고 어떤 토픽과 어떤 종류의 정보가 제시될 것인지 설명해 주어야만 된다. 면담은 짧을 수도 있으나 보통 주는 것이 있어야만 된다. 한 의회 의원은 "적어도 내 시간의 25%는 로비스트의 얘기를 듣는 데 사용 된다."고 주간 뉴스 잡지에서 말했으며, 다른 의원은 그 같은 만남의 이유로서, "정보는 일이다. 가장 효과적인 로비스트는, 흔히 가장 좋은 정보를 갖고 오는 사람이다."라고 말하고 있다.[16]

4) 증인과 대변자의 사전준비

의원들은 행동 이전에 반드시 어떤 법률이 통과되어야만 하는지 자신의 견해를 뒷받침할 자료를 제공할 수 있는 '지도자'나 전문가들로부터 정보를 확보하여야만 한다. 전문적 증인의 역할은 정말로 중요한 것으로, 이제 PR 회사는 서비스의 일환으로 대변자를 위한 훈련과 준비를 포함시키고 있다.[17]

수도 워싱턴에서는 기업체의 선두 대변자로서 최고경영인을 이용하는 추세도 증가하고 있다. 평범한 로비스트는 아마도 입법 보좌관과의 면담으로 만족해야만 하거나 상원의원에게 서류 보고를 제공하는 것으로 만족해야 할지도 모른다. 그러나 CEO(최고경영자)는 일반적으로 주요 인물이기 때문에 어떤 상원의원과도 면담을 가질 수 있을 뿐만 아니라 소위원회의 청문회에서도 다른 대접을 받을 수 있다.[18] 『포춘』지가 보도했듯이,

> … 기업은 위험 부담을 감수하고, 주장하고 그리고 결과를 얻는다. 오늘날의 최고경영인은, 양복을 입은 채로 수많은 전투의 승리자로서 공권력의 보다 넓은 복도로 나가기를 열망한다. 거기서 최고경영자의 위

회사 임직원 역시 입법안과 관계될 수 있다. 이 사진은 제약회사의 공공 문제 부사장이 하원의 소위원회에서 의료 혜택에 병원진료도 포함시키도록 하는 것에 대한 지지 의사를 증언하고 있다. 그의 증언은 회사의 기업이익과 직접적으로 관련된 것이 아니라 '좋은 기업인'으로써 회사의 역할을 정의하는 것으로 볼 수 있다(워너 램버트 제공).

> 치는 기업계의 주장에 무게를 더하고 있다. 이것은 선전 상의 주장만큼 강하지 못하겠지만 또한 여론이 생각하는 것처럼 그렇게 약하지도 않다.[19)]

대변자의 훈련은 완전한 배경보고서의 준비를 수반하게끔 한다. 브리핑을 갖고 비디오테이프와 악의적인 질문자의 역할을 담당하는 참모진을 이용하여 사전 훈련을 갖기도 한다.

5) 논쟁에 초점 맞추기

법안의 심사기간 동안 입법기구의 주위에서 일하면서 로비스트는 이슈와 사실에 관심을 갖도록 주의를 모은 다음 자기 고객의 견해를 의회가 받아들이도록 촉구한다. 한 성공적인 낙태 반대 입법안의 로비스트는 논의의 초기 단계에서 극도로 목소리를 높이고 가시적으로 움직임으로써 그 이슈가 공중의 스포트라이트를 받도록 애를 썼다. 그 다음 다수의 합의

로 든든해졌을 때, 그는 조용히 다수를 계속 유지하기 위해 일했다.[20)]

의원으로 하여금 아래로부터의 지지가 중요함을 깨닫도록 한다. 로비스트는 의원의 선거구에 있는 각계각층의 유권자로부터의 편지나 전화를 규합할 수도 있다.[21)] 일단 자신의 회사를 지지하는 것이 중요함을 의식한 고용주들 역시 개인적으로 또는 집단적으로 자기 지역 출신 의원을 접촉할 때 커다란 효과를 얻을 수 있다.[22)]

마지막으로 로비스트는 고객이 선호하는 입법안에 대해 같은 입장에 있는 정부기관의 공개 지원을 받도록 일을 추진함으로 해서 공개토론과 논의에 정부 기관의 영향력을 끌어 낼 수 있도록 한다.[23)]

4. 경영 관리상의 고려

로비는 정부 관계 프로그램의 일부로서 거의 전적으로 사용되는 PR 테크닉이다. 공공 문제 프로그램은 앞의 파트북 『PR의 역사와 개념』 4장에서 기술된 바와 같이 로비 활동을 지원하고 보완하는 것이다. 그렇지만 로비와 정부관계(goverment relation)는 같은 것을 지칭하는 동의어는 아니다. 파트북 『PR의 기능과 운영』 제4장에서 지적한 바와 같이 워싱턴 또는 주 수도를 담당한 PR 매니저들은 로비스트로 등록되어 있지 않다. 로비스트는 의원들과 공식적인 접촉을 갖는다. 그러나 이것은 많은 다른 PR인들의 지원을 받아 이루어진다.

로비는 PR의 4개 모델 모두의 원칙에 따라 이루어질 수도 있고 또 그렇게 이루어진다. 몇몇 로비스트는 아주 파격적으로 일을 한다. 어떤 사람은 단지 의원과 의원 보좌진들에게 정보만을 제공한다. 그러나 가장 효과적이고 민주적인 로비는 이 장의 앞부분에서 언급한 바와 같이 PR의 쌍방적 균형 모형에 기초를 둔 로비이다. 로비스트들의 경험에 의하면 다른 모델에 근거한 로비 활동은 성공하기보다는 오히려 역효과를 불러일으킬 수도 있음을 말해 주고 있다.

회사 임직원 역시 입법 사안에 관계될 수 있다. 이 사진은 제약회사의 공공문제 부사장이 하원의 소위원회에서 의료 혜택(medical care)에 병원혜택도 포함시키도록 하는 것에 대한지지 의사를 나타내는 증언을 하고 있다. 그의 증언은 회사의 기업 이익과 직접적으로 관련되는 것이 아니라 '훌륭한 기업 시민'으로서의 회사 역할을 규정짓는 것으로 볼 수 있다(워너 램버트 제공).

1) 의원과 보좌진들 역시 공중이다

조직체는 의회와 주의회 또는 지방 자치기구의 의원들과 커뮤니케이션을 하도록 로비스트를 고용한다. 의원이나 보좌진은 확실히 조직체의 표적 공중이라고 할 수 있다. 언뜻 생각하면 의원들은 항상 적극적이고 정보추구형의 공중에 가까운 것으로 생각될 수 있다. 그러나 보다 깊이 생각해 보면, 매년 입법기구는 수도 없이 많은 이슈들을 다루게 되기 때문에 개개인은 이들 사안들의 단지 몇 개 이슈들만을 상대하게 되고 다른 것들은 중요하지 않은 것으로 생각하게 된다.

의원들은 오직 몇몇 사안에 대해서만 특별하게 관심을 표시하게 된다. 어떤 사람은 에너지 문제에, 어떤 사람은 노동 문제에, 어떤 사람은 농업 문제에, 어떤 사람은 외교 문제에 특별한 관심을 갖는다. 흔히 특정 사안에 전문적인 의원들은 그들을 선출한 선거구민이 누구인가에 따른 것이다. 따라서 경험이 있는 로비스트는 주어진 사안에 대해 어떤 의원이 적극적인 공중을 갖고 있는지 알고 있다. 예를 들면, '전국암연구소'의 의회 통은 어떤 상원의원과 하원의원이 암 연구에 특별한 관심을 갖고 있는지 알고 있다. '전국총기협회'의 로비스트는 누가 총기 규제에 관심을 갖고 있는지 알고 있다. 로비스트는 그들이 대표하는 조직체의 메시지가 입법 결정과정에 수용되게끔 하기 위해 위와 같은 적극적인 의원들과 커뮤니케이션을 갖는다.

로비스트는 의원의 관여수준을 높이는 방안을 찾음으로써 소극적인 의원이 적극적인 공중으로 바뀔 수도 있음을 안다. 일반적으로 이런 일은 의원에게 특정 사안이 자신의 선거구민의 이해와 관계가 있음을 보여줌으로써 이루어진다. 공공문제 프로그램은 선거구민들로 하여금 의원의 관심을 촉구하게끔 하기 위해서도 이용될 수 있다.

2) 목표와 평가

로비스트의 장기 목표는 의원 개인과 입법기구의 활동에 영향을 미치는 데 있다. 그러나 단순히 투표기록을 확인하는 것만으로는 로비노력의 효과 여부를 파악할 수 없다. 많은 요인들이 정치인들이 어떻게 투표할 것인가를 결정하는 데 작용한다. 개별 로비스트와의 접촉은 그 중의 하나일 뿐이다.

로비스트의 즉각적인 목표는 주요 의원과 보좌진과의 접촉을 확보하는 일이다. 이 같은 커뮤니케이션 목표가 달성되었는가를 평가하는 것은 의회의 표적공중에 대한 접촉 횟수를 확인하는 것으로 된다.

또한, 로비스트는 그가 접촉한 사람들이 그가 대표하는 조직체의 메시지를 기억하기를 원하며 그 내용이 그들의 인지구조의 한 부분으로서 자리잡기를 원한다. '인지구조의 한 부분'이라는 말은 로비스트가 의원으로 하여금 자신이 대표하는 조직체의 입장을 그의 마음속에 심어놓을 수 있기를 원한다는 뜻이다(파트북 『PR의 원칙과 책임』 제2장 참조). 로비스트가 의원으로 하여금 다른 모든 입장을 배제하도록 하는 일은 극히 드물다. 이 같은 일은 의원이 어떤 사안에 대한 조직체의 입장에 이미 동의하고 있는 경우에 때로 성공하지만 그 이외의 경우에는 극히 어렵다.

정보는 일종의 '힘'임을 기억하라. 메시지의 기억과 수용 목표는 극히 중요한 목표이다. 의원들은 너무나 많은 이슈에 대한 조직체들이 조직한 정보(인지내용)의 세례를 받는다. 이것은 의원들의 행동에 영향을 미칠 수 있는 가능성을 항상 갖고 있다.

가끔 메시지의 기억과 수용 목표가 달성되었는가를 측정하기 위해 전화 면담이나 개인적 면담을 가질 수 있거나, 심지어는 설문지를 사용할 수 있다. 또 한편으로는 파트북 『PR의 원칙과 책임』 제5장에 제시되었던 비공식적 측정이 아주 효과적이기도 하다. 의원이 다른 사람들에게 그리고 의회의 회기 동안 또는 논쟁 중에 무엇을 말했나를 관찰하고 의회기록을 읽는다. 대상 의원이 같은 입장을 고수하였는가? 그들이 제공받은 정보를 사용했는가? 그들이 정보가 필요할 때 정보 제공을 요구했는가?

로비스트로서 당신은 의원의 활동에 영향을 미칠 수 있게 되기를 원한다. 그러나 단지 커뮤니케이션 하나만으로 그렇게 될 수는 없다. 선거구민의 압력이 필요하다. 그렇게 함으로써 의원들은 자신의 행동이 선거구민의 요구에 따르게 된 것임을 믿게 된다. 이 같은 행동을 측정하는 간단하고 쉬운 방법이 있다. 의원의 투표 기록이다. 그러나 이것이 로비스트의 커뮤니케이션 성적을 측정하는 유일한 것은 아님을 주의해야 한다.

3) 시간의 계획이 필수적이다

로비는 돈이 든다. 대부분 봉급과 비용이다. 항상 그렇듯이, 예산의 기획은 필수적이다. 그러나 보다 결정적인 것은 로비스트가 일하는 업무시간의 사용계획이다.

위원회는 시간표에 따라 활동한다. 자료는 맞는 시간에 의원과 보좌진들에게 전달되어야만 한다. 법안에 대한 위원회의 심의가 끝난 뒤나 아니면 이미 투표가 실시된 이후에 정보가 전달되었다면 아무 소용이 없다. 일의 진행 순서에 대한 네트워크 그림표를 만듦으로서, 정보가 필요한 곳에 필요할 때 전달될 수 있도록 준비해야 한다.

주

1) 파트북에 대한 이해는 편집자 일러두기 참조-편집자 주.
2) U. S. Senate Committee on Goverment Operations, Hearings on Lobbying Reform Legislation (April 22, 1975): 8.
3) U. S. Senate Committee on Goverment Operations.
4) "Pressure Groups," *The Economist*(Nov. 26, 1977): 38.
5) John f. Kennedy, "To Keep the Lobbyist Within Bounds," *New York Times Magazine* (Feb. 19, 1956): 42.
6) *The Economist.*
7) "Foreign Grab for Influence in Washington," *U. S. News & World Report* (Nov. 22, 1976): 30.
8) Jonathan Alter, "Politics & PR, a Natural Pair," *Advertising Age* (Jan. 5, 1981): S-8.
9) This and following entries were abridged from *Congressional Weekly* (Dec. 1, 1979): 2732-2737.
10) Stephen K. Bailey, *Education Interest Groups in the Nation's Capital* (Washington: American Council on Education, 1975), p. 6.
11) Suzanne Farkas, *Urban Lobbying: mayors in the Federal Arena* (New York: New York University Press, 1971), pp. 135ff, 245. See also Donald H. Haider, *When Governments Come to Washington* (New York: Free Press, 1974), pp. 233ff.
12) Haider, p. 248.
13) Robert Trumball, "Texas Air's Takeover Effort Shifts to Pacific Island Service," *New York Times* (Sept. 17, 1981): D-1.
14) Andrew M. Scott and Margaret A. Hunt, *Congress and Lobbies* (Chapel Hill, N. C.: University of North Carolina Press, 1975), pp. 106-110.
15) David M. Kinzer, *Laws on Order: Confessions of a Lobbyist* (Chicago: McGraw-Hill, 1971), pp. 6-7.
16) Thomas J. Foley, "Hidden Army of Washington Lobbyists," U. S. *News & World Report* (July 25, 1977): 29-32.
17) Alter.
18) Gordon.
19) Walter Guzzardi, Jr., "Business Is Learning How to Win in Washington," *Fortune* (March 27, 1978): 52-58.
20) Daniel. O'Neill, *Church Lobbying in a Western State* (Tucson: University of Arizona Press, 1970), p. 34.

21) Robert Brandenburg, "Another Way to Lobby," *Public Relations Journal* (October 1980): 17-18.

22) "Browbeating Employees into Lobbyists," *Business Week* (March 10, 1980): 132-133.

23) Bailey, p. 56.

참고 문헌

Lobbying — Guide for Students(Washington: United States National Student Association, 1975).

Eastman, Hope, *Lobbying : A Constitutionally Protected Right*(Washington: American Enterprise Institute for Public Research, 1977).

Moore, John L. (ed.), *The Washington Lobby* (Washington, Congressional Quarterly, Inc., 1979).

에필로그

보다 성숙한 전문직을 향하여

이 책을 어떻게 사용했는가에 따라서 PR의 한 과목 또는 두 과목을 이수한 셈이다. 이제 여기서 배운 것을 기초로 이 직업의 미래와 이 분야에 기여할 수 있는 바에 대해 생각해 보아야만 한다.

PR에 대해 제대로 알지 못하는 사람들은 PR인과 이 분야에 대해 오해가 쌓여 있을 것이다. 예를 들면 1981년에 PRSA(Public Relations Society of America)의 특별과업위원회가 이 직업의 위상과 역할에 대한 보고서를 발간하였다.[1] 이 위원회의 보고서는 대부분의 사람들이 일상 대화에서 PR이라는 말을 사용하고 있음을 기쁘게 보고하고 있다. 그러나 한편 이 보고서는 사람들이 그 말을 부정확하게 사용하고 있음을 말하고 있다. 즉, 'PR 기법에서 쓰는 것처럼' 또는 '… 훌륭한 PR로 치장해라'와 같은 말이 그 예이다. 이와 같은 말들은 PR 분야에서 일하지 않는 사람들이나 아니면 PR의 변두리에서 PR인이라고 자칭하는 사람들을 그렇게 하게끔 만드는 아주 일반적인 용어라고 하겠다.

그러나 PR을 공부한 후라면, PR은 담당자를 고용하고 있는 조직체를 위한 일과는 정반대의 역할을 하고 있음을 깨달아야 한다. 만약 제대로 일을 한다면, PR은 공적책임의 개념을 조직체의 경영관리에 적용하는 힘으로 작용할 수 있다.

1) 이 분야를 위한 미래의 전망

비록 보통 사람들은 PR 직업에 대해 왜곡된 견해를 갖고는 있지만 커다란 조직체의 최고경영자들을 상대로 한 조사 결과는 PR의 기능에 대한 이해가 점차 높아지고 있음을 보여주고 있다. 예를 들어, 힐앤놀튼 사의 집단태도 연구팀이 실시한 74명의 기업 경영인에 대한 연구가 내린 결론은 다음과 같다.

> 이제 PR 분야는 앞으로 커다란 기대를 걸어 볼 만하다고 경영인들은 주장한다. 많은 기업들의 전통이 되어온 '경우에 따라 하는 PR,' '사실을 안 연후의 PR,' 그리고 '위기 시 PR'들은 기업 활동의 거의 전 분야와 연결된 장기적 안목의 계획만큼 값지지 못함을 점차 깨닫고 있다.[2)]

『월스트리트 저널』에 보도된 1980년의 기사는 과거 한때 PR은 '능력 없고 야심 없는 사람들을 위한 장래가 꽉 막힌 직업'이었으나 현재 이것은 '최고경영자를 향한 지름길'로 생각되고 있다고 말하고 있다.[3)] 덧붙여, 현재 기업들은 PR에 관심을 갖는 보다 재능 있는 사람들을 확보하고 있다고 쓰고 있다. 이 기사는 두퐁사의 회장이 말한, "이 분야가 일회성 직업인 시절도 있었으나 이제는 점차 전문 직업이 되어가고 있다."는 얘기를 인용하고 있다.

1981년 오클라호마대학의 PR 담당 교수인 빌 박스터 교수는 이 직업의 미래에 대한 평가를 위해 생존해 있는 28명의 PRSA(미국PR협회) 전직회장 중 24명과 인터뷰를 가졌다.[4)] 그들 역시, PR의 역할에 대한 경영인의 점증하는 관심과 수용 경향을 말하고 있다. 이 분야에서 일어난 가장 중요한 변화로 커뮤니케이션 테크닉에 대한 강조에서 공공이슈와 정책에의 개입으로 PR의 초점이 옮겨가고 있음을 들고 있다.

예를 들어, 1972년의 회장이었던 칼만 드럭의 말에 따르면,

> 가장 의미심장한 변화는 PR이 단순한 언론 관계로부터 벗어나 포괄적인 경영 자문과 경제, 사회, 정치, 기술적인 활동 전반에 연루된 활동 지향적인 기능으로 진화되었다는 점이다.

1957년의 회장이었던 댄 포래스탈은 이에 덧붙여,

> 1947년 내가 이 분야에 발을 들여놓았을 때 가장 중요시했던 것은 커뮤니케이션의 조작 기술이었다(분명 커뮤니케이션 기술이 나쁠 것은 없다. 그러나 PR은 저널리즘의 옆가지에서 벗어나 성장해야만 된다). 행복하게도 오늘날 많은 주요 기업의 PR은 경영 정책과 행동에 대해 자문을 하고 있다.

정부기관이나 비영리 단체, 그리고 협회 등의 경영자 쪽은 그들이 사업에서 그렇듯이 PR에 관해 그렇게 진취적이지는 못하다. 그러나 그와 같은 조직체에서조차, 커뮤니케이션 기술자뿐만 아니라 커뮤니케이션 관리자가 필요함을 깨닫기 시작했다.

2) PR 매니저를 위한 미래는 그렇게 밝지 않다

PR의 역할에 대한 조직체에서의 인식 증가를 보여주고 있는 같은 연구는 한편으로는 그 역할을 담당하는 사람들에 대해서는 확신감이 결여되고 있음을 말해준다. 힐앤놀튼의 집단 태도 연구는,

> 대부분의 경우, 경영자는 PR 전문인들을 기업의 위계에 따라 최고 지위에까지 올라갈 수 있는 선택 사항을 갖고 있는 사람들로 간주하고 있지는 않다. 더 나아가 그들은 PR인이 그의 일을 계속할 수 있을 것인지에 대해서조차 심한 의구심을 나타내고 있다. PR의 최고자리는 흔히 회계사가 아니면 다른 재정 전문가, 또는 법률가, 경제학자, 엔지니어, 판매관리자, 그리고 PR에 대한 사전 경험이 전혀 없는 사람들에 의해 차지된다.

거의 모든 경영자는 예외 없이 PR인들을 특수화된 좁은 교육적 배경을 갖고 기업 작동에 대한 지식을 갖고 있지 못한 사람들로서 설명한다. "그들은 사회과학적 · 수학적 학문에 대한 배경이 없다."고 집단 태도 연구자는 덧붙이고 있다. PR 분야의 주요 결점을 들어달라고 요청 받았을 때 PRSA의 전직 회장 역시 PR인들을 들고 있다. 1977년 회장이었던 케네스 스미스는 이렇게 말했다.

> "나도 깜짝 놀랐지만, 그리고 내가 그 놀람을 무덤까지 갖고 갈까 두렵지만, PR 매니저들은 거의 항상 믿을 수 없으리만치 전문적인 발전을 거부하고 있다."

『월스트리트 저널』 또한 PR 매니저들에 대한 비평을 게재한 바 있다.

> 아직도 대부분의 사람들은 모든 회사가 PR 부서를 격상시키려면 꽤 시간이 걸릴 것이라는 데 동의하고 있다. 경영자는 이 직업에 종사하는 다수의 사람들이 오늘날 요구되고 있는 업무를 취급할 능력을 갖고 있지 않다고 한다. "우리는 PR 아래에 투자 관계를 놓고 싶지만 PR인들이 그것을 다룰 수가 없습니다."라고 한 경영자가 설명하고 있다…

또한, PR 전문직의 위상과 역할을 연구한 PRSA의 특별과업반이 역시 결론짓기를,

> PR은 모든 조직체의 생존 능력에 필수불가결한 열쇠가 되거나 아니면 단순히 유용한 기술을 수행하는 일로 격하될 것이다.

3) 미래는 사람들에 달려 있다

파트북[5)]『PR의 역사와 개념』 제4장에서 다른 직업과 전문직을 구분하는 기준에 따라 PR을 평가해 본 바가 있다. 기준 별로 보았을 때 진정한 전문직을 위해서는 하부 구조가 필요하나 PR의 경우 그와 같은 하부 구조를

이용해 업무를 수행하고 있는 사람은 많지 않다는 결론을 내렸다.

> 전문직 가치관을 가진 사람들이 충분하지 않다.
>
> 전문직 협회는 강력하나 대부분의 PR 매니저들은 거기에 가입하고 있지 않다.
>
> 윤리강령은 존재하나 PR 매니저들은 쉽게 이를 피할 수 있으며, 윤리적 이기를 원하거나 어떻게 해야 윤리적인지 알고 싶어하는 사람은 너무나 적다.
>
> 지식 체계는 존재하나 이것을 PR의 실천에 유용한 집합적인 개념들로 규합하고자 노력하는 학자들의 수는 적다.
>
> PR 교육은 증가하고 있으나 대부분의 프로그램이 경영보다는 커뮤니케이션 기술을 강조하고 있다. 체계적인 이론과 연구를 가지고 가르치는 교수보다는 단편적인 에피소드를 가지고 가르치는 교수들이 더 많다.

이 모든 것이 무엇을 나타내는 것일까? 간단히 말하면 PR은 하나의 성숙된 전문직을 위한 문턱에 있다는 점이다. 그러나 재능이 있고 머리가 좋은 사회적 의식이 있는 학구적인 그리고 폭넓게 교육받은 사람들이 이 분야에 들어오지 않는 한 PR은 영원히 그 문턱을 넘을 수가 없을 것이다.

4) 기회는 기다린다

오늘날 PR 분야에 진출하려는 사람들을 위한 기회는 어떤 전문직의 역사에 있었던 것보다 밝다. 그러나 그와 같은 기회를 활용하지 않는다면 그것은 법률가나 회계사 또는 경제학자에게 넘어갈 것이다. 이 직종의 미래는 PR을 공부하려는 당신들에게 달려 있다. 이 같은 기회를 이용하기 위해 당신이 반드시 해야 할 일은 아래와 같다.

커뮤니케이션 테크닉의 폭 좁은 교육에만 만족하지 말 것이다. PR 이론, 사회학, 심리학, 자연과학, 수학, 마케팅, 재정학, 경영학, 정치학, 그리고 경제학을 알아야 한다. 만약 초급 단계의 커뮤니케이션 매니저 이상의 무엇이 되려 한다면 위의 모든 것이 필수적이다.

자신이 일하는 조직체의 포로가 되어서는 안 된다. 사회의식을 개발해야 된다. 조직체뿐만 아니라 공중을 위한 공익 옹호자가 되라.

PR의 지식 체계에 끊임없이 자신을 노출시켜라. 전문직 저널과 학문적 저널 모두를 읽어라. 거기서 얻은 지식을 PR의 실제에 적용하라. 자신이 스스로 연구하여 그 지식을 넓혀라.

자신의 교육을 계속하라. IPRA(International Public Relations Association)에 의해 쓰여져 PR 교육상을 받은 1982년 논문에 의하면 석사 학위는 PR 전문직의 최소한의 교육 요건이 되어가고 있다.[6] 만약 PR 전문직을 일시적인 것으로 생각하지 않는다면 석사 학위를 갖추도록 노력하거나 최소한 경력을 쌓으면서 그 경험을 통해 자신을 교육시킬 것이다.

5) PR에 관해 공중을 교육하라

재능 있는 사람들을 PR 분야에 끌어 모을 수 있는 한 가지 열쇠는 그 직업에 대한 공공의 이해와 고마움이다. 재능 있는 젊은이들은 '선전가'나 '중고차 판매원' 또는 'PR 기법의 전문가'로 구성된 직업을 원하지 않는다.

PR의 위상과 역할에 대한 PRSA의 특별과업반의 연구에 의하면 PR의 본질에 대하여 공중을 교육시키는 근본적 노력이 있어야만 한다고 결론 짓고 있다. PR에 대한 사람들의 인식은, PR이란 조직체를 위해 사람들을 이용하고자 만들어진 분야라는 것이다. 이러한 인식 대신 사람들에게 가르쳐야만 될 것으로 특별과업반이 지적한 것은,

PR은 우리 사회의 사회적 기관들이 느끼는 공중의 욕구와 관심을 표현

하는 수단이다.

PR은 조직체가 모를 수도 있는 것을 공중을 위해 대변하는 것이며, 또 한편으로는 공중이 모를 수 있는 것을 조직체를 위해 말해 주는 것이다.

PR은 사회적 기구와 집단간의 상호 적응을 달성하는 데 도움이 되며, 공중에게 혜택을 가져다주는 보다 부드러운 관계를 성립시켜 준다.

PR은 자유를 위한 안전장치이다. 조정을 위한 수단을 마련해 줌으로써 합의되지 않은 행동이나 강압적 행동의 가능성을 줄이기 때문이다.

PR은 개인들의 생활에 영향을 미치는 수많은 문제들에 대해 알게 만드는 커뮤니케이션 시스템의 필수적 요소이다.

PR은 조직체의 사회적 의식을 촉발시키는 데 도움이 될 수 있다.

PR은 범세계적인 활동이다. 모든 사람들이 다른 이들의 동의와 협조 또는 호감을 끌어내기 위해 PR의 원칙을 시행한다. PR 전문가들은 단지 보다 더 전문적인 방식으로 이를 시행할 따름이다.

특별과업반이 말하는 PR은 전문직의 사회적 실천임을 사람들에게 보여 줄 수 있다. 이것은 PR 전문인들 자신에게 달려 있다. 또 다른 방법은 그와 같은 가치들을 성인들은 물론 아이들에게도 전달하는 것이다. 특별과업반이 쓴 바에 의하면 PR 전문인들이 PR에 대해 학교에서 가르치는 내용을 반드시 검토하고, 만약 필요하다면 해당 정보를 교정하는 노력이 있어야겠다는 것이다. 거의 항상 어떤 종류의 교과서에서나 PR에 대한 견해는 부정적으로 나타나고 있다.

6) 교육과 연구를 향상시키자

이 마지막 맺음말에서 인용된 대부분의 PR 연구들은 PR 전문직의 밝은 미래로서 교육의 성장과 질적 향상을 지적하고 있다. 그러나 한편으론, 오늘날 PR 전문직이 필요로 하는 경영학과 사회과학적 능력을 강조하는 PR 교육 프로그램은 너무나 적음을 지적한다. 프로그램의 대다수가 아직 커뮤니케이션 기술자를 길러 내고 있다는 것이다.

이런 문제의 한 이유는 지식 체계를 구축하는 PR의 학문적 연구가 거의 존재하지 않는다는 점에 있다. 은퇴했지만 뛰어난 PR 전문가이며 현재 PR 교수로 재직하고 있는 알렌 센터가 『PR 저널』에 기고한 내용에 따르면 PR 교육의 '피라미드'는 거꾸로 되어 있다는 것이다.[7)] PR 교육은 확대되고 보다 향상되고 있다. 그러나 피라미드의 아래 부분— 연구 조사는 위에까지 확대되고 있지 못하다.

1969년에 이 책의 저자가 처음 PR을 가르치기 시작했을 때 가르칠 것이 너무나 조금밖에 없음을 수주 안에 깨달았다. 그는 PR 일을 했지만 PR 업무에서의 단편적인 일화는 금방 바닥이 났다. 그는 또한 매스 커뮤니케이션으로 박사 학위를 받았으나 거기서 배운 이론들의 아주 적은 부분만이 PR에 적용되었다.

그러나 PR 업무를 위해 이론이 갖는 함축적 의미를 해석하는 것으로써 PR 이론을 가르쳤다. 그러나 곧 그가 가르치는 것이 검증되지 않은 원칙들임을 깨닫게 되었다. 그 결과는 PR 연구의 장기적 프로그램이 되었다(그 대부분은 관련 파트북들[8)]에 수록되었다).

이 파트북들을 씀으로써 PR을 명확하게 개념화시키는 데 도움이 된 셈이다. 우리는 관련 파트북들이 PR을 알고자 하는 사람들의 힘을 덜어 줄 수 있기를 기대한다. 그러나 이 파트북들을 끝냄에 따라 한 가지 결론이 드러났다. 우리가 얘기한 많은 것들이 아직 검증되지 않았거나 부분적으로만 검증되었을 따름이다. 이 파트북들의 모든 내용 속에 연구의 소재는 풍부하게 깔려 있다. 우리는 이 책들의 독자들이 대학원에 진학하거나 전문직 업무의 일부로서 연구 소재를 발견하고 연구할 수 있기를 기대한다.

거꾸로 된 피라미드는 반드시 제대로 자리를 잡아야 될 것이다. 만약 그렇지 않다면 PR 업무는 PR 서비스에 대한 막중한 요구와 그와 같은 요구에 맞지 않는 부적절한 지식체계를 갖고서 비틀거리게 될지도 모른다.

주

1) Task Force on Stature and Role of Public Relations, "Report and Recommendations," Public Relations Journal 37 (March 1981): 21-44. Highlights of the report can be found in Phillip Lesly, "The Stature and Role of Public Relations," *Public Relations Journal* 37 (January 1981): 14-17.
2) Walter Lindenmann and Alison Lapetina, "Management's View of the Future of Public Relations," *Public Relations Review* 7 (Fall 1981): 3-14.
3) "Work in PR Now A Route to Top Jobs," *Wall Street Journal* (June 24, 1980): 33.
4) Bill Baxter, "Our Progress and Our Potential." Paper presented to the educators' Section, *Public Relations Society of America,* Atlanta, November 1980.
5) 파트북에 대한 이해는 편집자 일러두기 참조—편집자 주.
6) Education and Research Committee of the International Public Relations Association, "A Model for Public Relations Education for Professional Practice," Gold Paper No. 4, *International Public Relations Association*, London, January 1982.
7) Allen H. Center, "State of the Art: Is the Pyramid Upside Down?" *Public Relations Journal* 36 (July 1980): 20-22
8) 이 책의 원서(原書)가 되는 『현대 PR의 이론과 실제』는 총 4부로 구성되어, 각 부를 『PR의 역사와 개념』, 『PR의 원칙과 책임』, 『PR의 기능과 운영』, 『PR의 테크닉과 실행』 4개의 파트북으로 출간했다—편집자 주.

저자 소개

제임스 그루닉

현재 미국 메릴랜드대학교 커뮤니케이션학과 교수
위스콘신대학 대학원 졸업(박사)
우수 PR 및 커뮤니케이션 관리지 편집자
미국PR연구소 PR 연구 우수상(페스타인 상)수상
미국PR협회(PRSA) 탁월한 PR 교육자 상 수상
미국PR협회재단 행동과학연구상(잭슨, 잭슨 앤 와그너 상) 수상
jg68@umail.umd.edu

저서 및 논문

『PR과 PR 테크닉의 관리』 공저
『우수 PR과 PR 관리의 경영자 가이드』 공저
『조직 문화의 두가지 차원과 그 차원의 PR에 대한 관계의 관찰 및 측정』 공저

토드 헌트

뉴저지 주립 럿거스대학교 커뮤니케이션학과 교수
현재 명예교수
thunt@scils.rutgers.edu

역자 소개

박기순

한국외국어대학교 독어과 학사
미국 미주리대학교(컬럼비아) 신문학 석사
미국 미시건주립대학교 커뮤니케이션학 석사
미국 오하이오대학교 커뮤니케이션학 박사
『코리아 헤럴드』 견습기자

『한국일보』 LA지사 외신부 차장
미국 캘리포니아주립대학교(풀러톤) 커뮤니케이션학과 강사
미국 메릴랜드대학교 아시아분교 스피치커뮤니케이션 강사
미국 타우슨주립대학교 교환 교수
성균관대학교 사회과학대학 학장
성균관대학교 사회과학부 학부장
한국커뮤니케이션학회 회장
한국홍보학회 회장
한국PR협회 PR대상 수상

현재 성균관대학교 신문방송학과 교수

저서와 논문

『언론학의 이론과 연구』(1995)
『대인 커뮤니케이션』(1998)
『인간, 매체, 커뮤니케이션』(2000)
『기업, 문화, 커뮤니케이션』(2000)
『21세기, 마케팅 커뮤니케이션』(공편저, 2000)
『PR 캠페인』(공저, 2001)
『한국인과 문화간 커뮤니케이션』(공저, 2001)
『세계 문화 이해』(공역, 2002)
"문화간 커뮤니케이션과 국가 이미지" 외 다수

박정순

이화여자대학교 신문방송학과 졸
서울대학교 신문대학원 졸
미국 오하이오대학 매스커뮤니케이션학 박사
오하이오대학, 부시연구소 연구원

오하이오대학 객원교수
언론학회 희관언론학 저술상 수상

현재 경북대학교 신문방송학과 교수

저서와 논문

『대중매체의 기호학』(저)
『광고의 기호학-광고의 읽기 그 의미와 이데올로기』(역)
『대중매체와 성의 상징적 질서』(편)
『미디어의 성과 상』(공저)
"지역감정의 본질 : 실상과 상상"
"지역감정과 커뮤니케이션"
"예의 커뮤니케이션"
"뉴스의 객관성과 이념성" 외 다수

최윤희

성균관대학교 영어영문학과 졸업
미국 텍사스주립대학교 언론학 석사
미국 오하이오대학교 언론학 박사
『코리아 헤럴드』 기자 역임
미국 문화간커뮤니케이션연구소(Intercultural Communication Institute)에서 문화간 커뮤니케이션 트레이너 교육과정 이수

현재 수원대학교 언론정보학과 교수

저서와 논문

『여론과 정치 설득』(공저, 1989)
『기업의 위기관리와 PR 전략』(1994)
『사회 캠페인론』(1996)

『인터컬처럴』(1996)
『문화간 커뮤니케이션의 이해』(공저, 1997)
『글로벌 비즈니스맨과 이문화 관리』(1997)
『문화간 커뮤니케이션과 국제 협상』(1998)
『비언어커뮤니케이션』(1999)외 다수
『PR의 새로운 패러다임』(2001)
『한국인과 문화간 커뮤니케이션』(2001)
『세계 문화 이해』(공역, 2002)
『현대 PR』(1992, 개정판 2003)
『국제 PR』(2003)